Kathrin Warweg
Gelingende Konflikttransformation in der arabischen Welt

Kathrin Warweg

Gelingende Konflikttransformation in der arabischen Welt

Die Mediationserfolge der Könige

DE GRUYTER
OLDENBOURG

ISBN 978-3-11-065971-9
e-ISBN (PDF) 978-3-11-048147-1
e-ISBN (EPUB) 978-3-11-047894-5

Library of Congress Cataloging-in-Publication Data
A CIP catalog record for this book has been applied for at the Library of Congress.

Bibliografische Information der Deutschen Nationalbibliothek
Die Deutsche Nationalbibliothek verzeichnet diese Publikation in der Deutschen
Nationalbibliografie; detaillierte bibliografische Daten sind im Internet über
http://dnb.dnb.de abrufbar.

© 2019 Walter de Gruyter GmbH, Berlin/Boston
Dieser Band ist text- und seitenidentisch mit der 2018 erschienenen gebundenen
Ausgabe.
Einbandabbildung: SvetlanaSF/iStock/Getty Images Plus
Satz: fidus Publikations-Service GmbH, Nördlingen
Druck und Bindung: CPI books GmbH, Leck

♾ Gedruckt auf säurefreiem Papier
Printed in Germany

www.degruyter.com

Danksagung

Ich danke Hassan Akhouad, Mitarbeiter des marokkanischen Bildungsministeriums in der Regionalvertretung Tiznit, der mich nicht nur geduldig in die Kultur der Amazighen eingeführt und mir die Türen zu sämtlichen Akteuren der marokkanischen Gesellschaft geöffnet hat, sondern auch die Augen für die Mediationen des marokkanischen Königs und die Sinne für die Schönheit des Islam und des Sufismus.

Allen Gemeinden in Marokkos Süden, besonders den Gemeinden von Tiznit, Rasmouka und Tafraout gilt mein Dank für die herzliche Aufnahme und das Vertrauen in meine wissenschaftliche Arbeit und mein Engagement im Empowerment von Mädchen und Frauen. Sie haben mir die aktive Teilhabe an ihrem Gemeindeleben und an der reichen Kultur der Amazighen ermöglicht.

Ich danke Dr. Martin List, akademischer Rat am Lehrstuhl für Internationale Politik/Vergleichende Politikwissenschaft der FernUniversität in Hagen, der das wissenschaftliche Konzept zur marokkanischen Mediation hart mit mir verhandelt und mich so gefordert und mir geholfen hat, das Beste zum Vorschein zu bringen. Er war es auch, der den Impuls zu den Forschungen zum Oman gegeben hat. Seine Anregungen haben sich mit meinem ethnopolitischen Interesse immer wieder fruchtbringend verbunden.

Ich danke allen Mitwirkenden, die mir Interviews gaben: u. a. Ahmed Khanboubi, Dr. Jürgen Werner und Muwafaq Saeed; die mir mit ihrer wissenschaftlichen und inhaltlichen Einschätzungen zur Seite standen: Dr. Thorsten Hüller und Dr. rer. nat. Wolfgang Bergk; die mit der Korrektur einiger Kapitel die Arbeit unterstützten: Prof. Dr. Marion Bergk und Dr. rer. nat. Wolfgang Bergk; sowie allen, die sich in Diskussionen mit mir zu dem Thema auseinandergesetzt haben, insbesondere Familie Bogdan, deren Haus im Süden Frankreichs mir ein Refugium zum Schreiben wurde.

Ganz besonders möchte ich den Mitarbeitern und Mitarbeiterinnen des Verlags De Gruyter Oldenbourg danken, die das Erscheinen des Buches überhaupt ermöglicht haben. Namentlich seien hier meine geschätzten Ansprechpartnerinnen Anja Cheong, Janine Conrad und Monika Pflegbar genannt, die den gesamten Produktionsprozess äußerst kollegial unterstützt haben.

Meinen Eltern danke ich für eine weltoffene und ganzheitliche Erziehung, die mein ethnopolitisches Interesse gefördert hat und die es mir u. a. erleichtert, mich in andere Kulturen hineinzudenken und -zufühlen. Meinem Sohn danke ich für sein enormes Verständnis und die Wertschätzung meiner Arbeit. Durch sein Vermittlungsgeschick wird Mediationsarbeit in unserer Familie und in unserem Freundeskreis ganz plastisch.

https://doi.org/10.1515/9783110481471-203

Inhaltsverzeichnis

Vorwort

Angesichts der Vielzahl bewaffneter Konflikte im arabischen Raum, bei denen sich Machtrivalitäten zwischen lokalen Gruppen mit der Beteiligung regionaler und internationaler rivalisierender Akteure und wechselnder Allianzbildung zu langanhaltenden und erbitterten Kämpfen steigern, bei denen auch das Konfliktmanagement der UNO wenig zu greifen scheint, verstärkt sich der Wunsch nach gelingender Konflikttransformation. Die Herausforderung aber, in den komplexen Konfliktgemengen der Region mit starker Interessenverfolgung der lokalen, regionalen und internationalen Konfliktparteien zu vermitteln, ist enorm.

Die vorliegende Arbeit geht zwei arabischen Mediatoren nach, die das erforderliche diplomatische Geschick aufbringen und erstaunlich erfolgreich in den Konflikten vermitteln. Das ist zum einen der König von Marokko Mohammed VI und zum anderen der Sultan von Oman Qaboos bin Said Al Said. Genauer untersucht werden ihre Mediationen im Mali- und im Jemen-Konflikt in dem Zeitraum von 2013 bis 2015. Mit den Forschungen wird der Blick auf schon existente positive Sequenzen von Konflikttransformationsprozessen gelenkt, um sie auf ihre Erfolgsfaktoren hin zu untersuchen, Handlungsanleitungen abzuleiten und damit das Erfahrungswissen der politischen und wissenschaftlichen Praxis als Best-Practice-Beispiele zugänglich zu machen. So kann ein Einblick in die Kunst der Diplomatie des marokkanischen Königs und des omanischen Sultans gewonnen und von ihrem Wissen profitiert werden. Da es sich um Mediatoren handelt, die selbst aus der betreffenden Region stammen, wird gleichsam in ihre Denk- und Lebenswirklichkeit eingeführt und diese dem westlichen Leser nahegebracht.

Mithilfe der Ergebnisse sollen Friedensbemühungen gezielter, effektiver und nachhaltiger gestaltet werden können, insbesondere Mediationsprozesse. Darum werden aus jeder Mediation ganz konkrete Handlungsanleitungen für die noch existenten jeweiligen Konflikte abgeleitet und allgemeine Handlungsanleitungen für die Mediationsarbeit im arabischen Raum mit Beteiligung westlicher Akteure herausgearbeitet. Es zeigt sich, dass ganz bestimmte und offenkundige Schritte zu den gewünschten Ergebnissen hinführen können. Es zeigt sich allerdings auch, dass es der Zusammenarbeit der Akteure aller politischen Ebenen, eines starken politischen Willens und klarer Handlungsausrichtungen bedarf, um dem Frieden zum Durchbruch zu verhelfen. Die Arbeit wirbt deshalb, angeregt durch die Mediatoren, für die Ausprägung einer friedlicheren Konfliktkultur im internationalen politischen System und diskutiert in diesem Zusammenhang die ethische Komponente von politischer und wissenschaftlicher Praxis im Bereich der Konflikttransformation. Mit vermehrter gemeinschaftlicher Ausrichtung und Anstrengung kann es gelingen, Transformationsprozesse friedlicher zu gestalten und zu einer konstruktiveren Zusammenarbeit souveräner Staaten zu gelangen.

Durch den besonders kultursensiblen Ansatz werden westliche Forschungsperspektiven im Bereich der Transformationsforschung aufgebrochen und für Per-

https://doi.org/10.1515/9783110481471-205

spektiven aus dem arabischen Kulturkreis geöffnet. Dadurch entstehen neuartige innovative Zugänge zur Entwicklung von Strategien und Ansätzen in der Transformationsforschung. Anliegen des Buches ist es nicht nur, zwei Best-Practice-Beispiele für die so notwendige nachhaltige Konfliktberuhigung und die Gestaltung positiver Entwicklungen im arabischen Raum aufzuzeigen, sondern auch für die reiche arabische Kultur und ihre Werte mehr Verständnis zu schaffen und zu einem fruchtbringenden Wissens- und Erfahrungsaustausch zu motivieren.

Die Arbeit richtet sich im Besonderen an Akteure, die in den Bereichen der Konflikttransformation, der Internationalen Beziehungen, der Migration und Integration in Wissenschaft und Praxis arbeiten. Im Weiteren kann sie all jenen interessante Anregungen geben, die sich mit der arabischen Kultur auseinandersetzen, die aktuellen Geschehnisse im Nahen und Mittleren Osten sowie in Nordafrika besser durchdringen und sich für den Abbau von Spannungen zwischen der arabischen und der westlichen Welt einsetzen möchten.

Potsdam, im Mai 2017   Kathrin Warweg

Abkürzungsverzeichnis

AFISMA	African-led International Support Mission to Mali
AQMI	Al-Qaïda au Maghreb Islamique
AQAP	Al Qaida on the Arabian Peninsula
AU	African Union
CEMOC	Comité d'état-major opérationnel conjoint
CMA	Coordination des mouvements de l'Azawad
GCC	Gulf Cooperation Council
ECOWAS	Economic Community of Westafrican States
EU	European Union
MENA	Middle East North Africa
MIA	Mouvement Islamique de l'Azawad
MINUSMA	United Nations Stabilization Mission in Mali
MNLA	Mouvement National pour la Libération de l'Azawad
MUJAO	Mouvement pour l'Unicité et le Jihad en Afrique de l'Ouest
NDC	National Dialogue Conference
NGO	Nongovernmental Organization
UN	United Nations
UNHCR	United Nations High Commissioner for Refugees
UNO	United Nations Organization
UNSC	United Nations Security Council
USAID	United States Agency for International Development

https://doi.org/10.1515/9783110481471-206

1 Einleitung

Der Kampf um die Vormachtstellung in einer sich wandelnden politischen Weltordnung und um die Georessourcen der Erde wird mit dem zunehmenden Bevölkerungs-
wachstum härter. Besonders deutlich wird das im arabischen Raum, in dem derzeit
zahlreiche bewaffnete Konflikte ausgetragen werden. Die Machtrivalitäten zwischen
lokalen Gruppen wachsen sich mit der Intervention regionaler und internationaler
Akteure und ihren Interessen häufig zu lang andauernden Konflikten aus. Durch
die massiven Flüchtlingsströme und die mediale Berichterstattung ist vor allem der
Syrien-Konflikt ins öffentliche Bewusstsein gerückt. Dramatische Entwicklungen
finden aber auch im Jemen, in Libyen, Somalia (s. a. Warweg 2014) und an vielen
anderen Orten statt. Die hohe Anzahl der Todesopfer und das gewaltige Ausmaß
der Zerstörung, aber auch die lange Dauer der Konflikte und die geringen sichtbaren Erfolge der Anstrengungen zur Konfliktberuhigung, die von der internationalen
Gemeinschaft inklusive der United Nations (UN) unternommen werden, weisen auf
den Bedarf an Strategien zur nachhaltigen Konfliktberuhigung hin.

Die vorliegende Arbeit adressiert diesen Bedarf, indem sie zwei arabischen
Mediatoren nachgeht, welche erfolgreich in den komplexen Interessengeflechten
arabischer Konflikte vermitteln, um ihr Vorgehen für aktuelle und zukünftige Konfliktmediationen nutzbar zu machen. Auf kultursensible Art und Weise werden die
Mediation des Königs von Marokko Mohammed VI im Mali-Konflikt und die Mediation des Sultans von Oman Qaboos bin Said Al Said im Jemen-Konflikt untersucht und
realistisch-konstruktivistisch betrachtet. Dazu werden Ereignisse ihrer Mediationsarbeit mit der Methode des Process Tracing nachgezeichnet, Erfolgsfaktoren abgeleitet
und z. T. empirisch überprüft, um nachfolgend Handlungsanleitungen für die bestehenden Konflikte sowie allgemein für Mediationen im arabischen Raum zu derivie-
ren. Dabei ergeben sich Anregungen für die Entwicklung von Strategien und für die
Steigerung von Wirksamkeit und Nachhaltigkeit in Konflikttransformationsprozessen
sowie Lösungsansätze für aktuelle Fragestellungen der Transformationsforschung.

Es zeigt sich, dass sich der Wissensvorsprung kulturkompetenter arabischer
Mediatoren in Konfliktmediationen in diesem Makrokulturraum sowie umfangreiche
finanzielle Unterstützung umfassend positiv auswirken. Als Erfolgsfaktoren werden
außerdem eine konsequente Dialogorientierung, die Orientierung auf eine lokale
Lösung, die Adressierung von Bedarfen jeder Konfliktpartei, pragmatische Lösungen
sowie eine hohe Beziehungsorientierung identifiziert. Für westliche Akteure ergibt
sich aufgrund der zunehmend stärkeren Einforderung von Souveränität und Selbstbestimmung durch arabische Staaten die Herausforderung, Mediationen kultursensibler vorzunehmen, negative Abhängigkeitsverhältnisse aufzulösen und in positive
Verregelung zu überführen.

Wie diese Ergebnisse entstanden sind, wird in diesem Buch nachvollziehbar dargelegt. Im ersten Kapitel werden die Besonderheiten der Konflikte der Region Middle
East North Africa (MENA) und aktuelle Entwicklungen angesprochen, welche die

https://doi.org/10.1515/9783110481471-001

positiven Entwicklungen kontrastieren und die Brisanz der Thematik, aber auch Sinn und Ziel der Forschungen verdeutlichen. Nachfolgend werden die Forschungsfragen vorgestellt und ihre Bezüge zur Transformationsforschung sowie deren aktuelle Fragestellungen aufgezeigt. In die angewandten Theorien und die Methodik wird plastisch am Beispiel der Mediation im Mali-Konflikt eingeführt. So wird die Brücke geschlagen zum zweiten Kapitel, das ganz dieser Mediation des marokkanischen Königs gewidmet ist. Es werden entscheidende Ereignisse der Mediation nachgezeichnet und zwei Erfolgsfaktoren über eine realistisch-konstruktivistische Analyse empirisch geprüft. Dabei wird ein Einblick in die Geschichte und die Kultur der Amazighen gegeben, die große Teile der Bevölkerung Nordafrikas miteinander verbindet.

Die Untersuchung zur Mediation des omanischen Sultans im Jemen-Konflikt im dritten Kapitel ist ausführlicher, was zum einen dem differenten Ansatz zuzuschreiben ist, mit dessen Hilfe aus Mediationsereignissen Erfolgsfaktoren abgeleitet und realistisch eingeschätzt werden, zum anderen der Umfänglichkeit von Konflikt und Mediation. Hier wird zusätzlich ein Einblick in die Religionsgeschichte und die tiefe Religiosität der Menschen dieses Kulturraums, insbesondere die der Ibaditen, gegeben. Die umfangreiche Mediationspraxis des Sultans bietet den Anlass, an dieser Stelle auch weitere Konflikte im Nahen und Mittleren Osten wie den Syrien- und den Israel-Palästina-Konflikt anzusprechen und die Lösungsvorschläge des Sultans zu aktuellen globalen Herausforderungen vorzustellen. Im Schlusskapitel werden die Ergebnisse zusammengeführt und Handlungsanleitungen vorgestellt. Außerdem wird besprochen, wie die Weltgemeinschaft das Gelingen von Transformationsprozessen konstruktiv unterstützen und in Ko-Kreation mitgestalten kann. Weiterführend wird die Frage nach der Monarchie als alternativem Regierungssystem für die Länder der arabischen Welt thematisiert.

Dabei entstehen sukzessive neue Perspektiven und Ansätze für die aktuelle Friedens- und Konfliktforschung und die Mediationspraxis im arabischen Raum. Es werden Möglichkeiten zum Abbau der Spannungen zwischen der arabischen und der westlichen Welt aufgezeigt. Zusätzlich werden diverse Anregungen zur politischen Diskussion geboten, die kritisch, kontrovers und konstruktiv geführt werden und friedlich verlaufen möge.

2 Gelingende Konflikttransformationen als Herausforderungen unserer Zeit

Eine Vielzahl der bewaffneten Konflikte weltweit wird derzeit im arabischen Raum ausgetragen. In ihrer Gewalttätigkeit haben sie sich über die letzten Jahre erwiesenermaßen zunehmend verstärkt. Ihre Folgen sind in den westlichen Gesellschaften direkter erfahrbar, insbesondere durch die Flüchtlingsströme, die mediale Berichterstattung und die Verunsicherung durch den transnationalen Terrorismus. Im Folgenden werden nun neuere Entwicklungen in den ethnopolitischen und religiösen Konflikten der Region aufgezeigt. Außerdem werden aktuelle Fragestellungen der Transformationsforschung sowie das Forschungskonzept vorgestellt, und es wird in die Mediationen eingeführt.

2.1 Ethnopolitische Konflikte in der arabischen Welt

Der Raum spannt sich weit: Von der westlichen Küste Nordafrikas über die Sahelzone, den Nahen Osten, die Arabische Halbinsel bis Iran reicht die Großregion, die als MENA-Region bezeichnet wird und die die Länder der arabischen Kultur fasst. Auch Mauretanien, der Sudan und Somalia werden in einer weiteren Definition der Region mit einbezogen. Ihre Bevölkerung wächst stetig und liegt nach den Bevölkerungsstatistiken der United Nations Organization (UNO) von 2016 bei mittlerweile 430,4 Millionen Einwohnern (vgl. istizada.com). Wesentliche einende Momente sind die durch das semi-, voll- und hyperaride Klima geprägten Lebensformen, die arabische Sprache und die diversen Strömungen des Islam. Aber auch verschiedenen ethnischen und religiösen Minderheiten bietet die Region eine Heimat.

In dieser Großregion wird derzeit eine Vielzahl von ethnopolitischen Konflikten ausgetragen, in denen sich rivalisierende Gruppen militärisch organisieren und gegenseitig bekämpfen. Dabei werden Merkmale der Gruppe wie ethnische Zugehörigkeit, Religion, Sprache und Kultur überhöht und zur Stärkung des Gruppenzusammenhalts, zur Abgrenzung von der gegnerischen Seite sowie zum Aufbau von Feindbildern genutzt. Kennzeichen der Konflikte ist es, dass sie innerstaatlich bzw. Staatsgrenzen übergreifend durch substaatliche Gruppen ausgetragen werden. Damit gehören sie zu den *non state conflicts*, die in den letzten Jahren massiv zugenommen haben. Seit 2011 liegt der Wert für nichtstaatliche Konflikte nach dem Uppsala Conflict Data Program konstant über dem der staatlichen Konflikte. Waren im Jahr 2008 weltweit noch 36 nichtstaatliche Konflikte registriert worden, so stieg ihre Zahl im Jahr 2015 schon auf 64 (vgl. ucdp.uu.se: Number of Conflicts).

Nicht nur die Anzahl der nichtstaatlichen Konflikte ist gestiegen, auch in ihrer Gewaltsamkeit haben sie sich dramatisch gesteigert. Nach Erhebungen des International Institute for Strategic Studies (IISS) in London hat sich in den Jahren von 2008

https://doi.org/10.1515/9783110481471-002

bis 2015 die Anzahl der Toten in bewaffneten Konflikten weltweit verdreifacht. Die schwersten Konflikte finden in der MENA-Region statt. Syrien und Irak haben mit Abstand die meisten Toten zu betrauern, aber auch in Somalia und im Jemen sind erheblich mehr Menschen als zuvor umgekommen (vgl. iiss.org 2016: Armed Conflict Survey). Dieser Anstieg der Gewalt wird mitverursacht durch Militärinterventionen regionaler und internationaler Mächte, die einerseits unternommen werden, um die Konflikte zu beenden, andererseits aber wird für die Durchsetzung eigener Interessen in der Region die Verlängerung der Konflikte und die Nichtachtung von Menschen- und Völkerrechten in Kauf genommen.

Auf die Frage, worum so erbittert gekämpft wird, gibt es verschiedene Antworten. Zum einen sind es die Georessourcen, die so schwer umkämpft sind. Gerade an Erdöl ist die Region reich. Im Mittleren Osten machen die nachgewiesenen Erdölreserven mit 47,3 % im Jahr 2015 fast die Hälfte der weltweiten Erdölreserven aus. Die größten Reserven weisen Saudi-Arabien, Iran, Irak und Kuwait auf. So verwundert es nicht, dass der Mittlere Osten auch der größte Erdölexporteur ist. Von der Arabischen Halbinsel aus werden alle Kontinente mit Öl beliefert. In Nordafrika ist Libyen das erdölreichste Land. Auch die weltweit größten Erdgasvorkommen befinden sich im Mittleren Osten, hier liegt der weltweite Anteil im selben Jahr bei 42,8 %. Algerien, Ägypten und Libyen führen die Erdgas-Statistiken der nordafrikanischen Länder an (vgl. bp.com 2016: BP Statistical Review).

Die Region ist ebenfalls reich an Erzen wie Kupfer, Platin und Gold. In der Sahelzone liegt zudem rares und begehrtes Coltan, das bei der Herstellung elektronischer Geräte wie Handys und Laptops Verwendung findet. Die Erze, Erdöl und Erdgas ermöglichen den nordafrikanischen Ländern wie auch denen des Mittleren Ostens wirtschaftliche Wachstumsraten, welche stabil die der europäischen Länder und die der USA weit übersteigen. Die Bodenschätze sind für die westliche Welt von strategischer Bedeutung, soll die Versorgung der Bevölkerung gesichert und der Lebensstandard zumindest annähernd beibehalten werden. Das vor allem im Niger und in Mali vorkommende Uran ist wahrscheinlich die als strategisch am bedeutungsvollsten eingeschätzte Ressource, da durch sie die westliche militärische Überlegenheit aufrechterhalten werden kann. Sie ist zu großen Teilen noch unerschlossen und weckt darum Begehrlichkeiten nach Kontrolle über die entsprechenden Gebiete (s. a. aljazeera.com 2016: Shadow War).

Denn darum geht es eben auch: um den Erhalt und den Ausbau von politischer Macht und Einflussnahme. Auf der lokalen Ebene kämpfen strukturell benachteiligte Gruppen für mehr politisches Mitbestimmungsrecht und wirtschaftliche Teilhabe, dabei verlaufen die Konflikte vor allem entlang lokal relevanter ethnischer, religiöser und politischer Konfliktlinien. Auf der regionalen Ebene geht es um die Vormachtstellung in einer Region. Über den Aufbau strategischer Bündnisse mit lokalen und überregionalen Mächten soll die regionale Macht erweitert und gesichert werden. Hier kommt es bereits zu größerer Blockbildung im ethnischen, religiösen und politischen Bereich wie dem von Sunniten und Schiiten im Mittleren Osten. Letztendlich haben auch Großmächte ihre Interessen in der Region, die sie strategisch verfolgen und dazu mit den aussichtsreichsten Akteuren Bündnisse schließen. Auf der internationalen Ebene geht es derzeit um nicht weniger als um die Vormachtstellung in einer sich neu etablierenden Weltordnung. So werden lokale Rivalitäten von regionalen und internationalen Hegemonialbestrebungen überlagert.

Dahinein weben sich die zunehmenden Bemühungen der Staaten der Region, sich aus strukturellen Abhängigkeiten, welche sich im Zuge der Kolonialzeit und danach entwickelten, zu lösen und eine selbstbestimmtere Politik voranzutreiben. Es geht um mehr Unabhängigkeit von westlicher Politik und um die Ausbildung stärkerer nationaler Identitäten, um Freiheit und Selbstausdruck. Innerhalb der Gesellschaften ist dieses Thema präsent im Ringen der Bevölkerung mit den Führungseliten, und innerhalb des Staatensystems ringen die Regierungen mit den internationalen Zwängen. Wo Staaten erstarken konnten, wird neue Motivation freigesetzt. Rückschläge hingegen lösen Frustrationen aus. Verhandelt wird über die Konflikte also auch der Umgang der westlichen Welt mit der erstarkenden Region.

Zu den Unabhängigkeitsbestrebungen der Region ist ebenfalls der zunehmende transnationale Terrorismus zu rechnen. Die islamistischen Organisationen, die sich z. T. aus Untergrundbewegungen gegen die Politik der Kolonialmächte und aus Gruppen, die im Kalten Krieg für Stellvertreterkriege instrumentalisiert wurden, gebildet haben, nutzen die durch die Konflikte entstehenden rechtsfreien Räume, um sich auszubreiten und neue Basislager zu errichten, von denen aus sie Anschläge vor Ort, in Europa und in den USA planen. Die Stiftung Wissenschaft und Politik (SWP) gibt folgende Ziele der islamistischen Gruppierung al-Qaida und der noch radikaleren Schwesterorganisation im Jemen al Qaida on the Arabian Peninsula (AQAP) an: destabilisieren, Gebiete unter die eigene Kontrolle bringen, einen islamischen Staat errichten, in dem das Scharia-Gesetz gilt, den Rückzug der USA aus der islamischen Welt erzwingen (vgl. Steinberg 2015, 2).

Die Konflikte bieten dabei so manchem Akteur ein einträgliches finanzielles Geschäft. Forschungen zu Kriegsökonomien in der Großregion zeigen, dass sich die lokalen Gruppen ökonomisch sehr gut organisieren und gezielt Gebiete besetzen, in denen Ressourcen zur Kriegsfinanzierung gefördert werden können. Über Förderung und Vertrieb der Ressourcen und die Beschaffung von militärischem Material entstehen Netzwerke und Strukturen, in denen die Bevölkerung Arbeit und Lohn und eine relativ stabile Versorgung finden kann. Geiselnahmen sind ein weiteres Mittel, um Gelder bzw. Konzessionen der gegnerischen Partei zu erpressen. Auch hier kommt es zum Aufbau von Strukturen, welche die Fortsetzung der kriegerischen Auseinandersetzungen als erstrebenswert erscheinen lassen (vgl. Le Billon In: zeit.de 2014: Das Geschäft).

In viel umfangreicherem Maße und zu großen Teilen legalisiert findet das Geschäft auf der regionalen und internationalen Ebene statt. Eine Studie des Stockholm International Peace Research Institute (SIPRI) belegt eine Zunahme des internationalen Handelsvolumens mit Rüstungsgütern in dem Zeitraum von 2011–2015 um 14 % gegenüber dem Zeitraum von 2006–2010. Die Tendenz ist weiter steigend. Die fünf größten Rüstungsexporteure sind die USA, China, Russland, Frankreich und Deutschland. Unter den fünf größten Abnehmern finden sich Saudi-Arabien und die Vereinigten Arabischen Emirate (vgl. books.sipri.org 2016: Trends). Die Einnahmen aus dem Rüstungsgeschäft stabilisieren westliche Gesellschaften auf der einen Seite, da sie für Arbeitsplätze und die Erhöhung des BIPs sorgen sowie Großspenden an Parteien ermöglichen. Auf der anderen Seite werden Gegenbewegungen geschürt, die sich z. B. in Form von terroristischen Anschlägen und Flüchtlingsströmen ausdrücken und die Gesellschaften verunsichern und finanziell herausfordern.

In die wirtschaftliche und machtpolitische Interessenpolitik mischen sich immer auch die Bestrebungen politischer Akteure, seien es Einzelpersonen, Nongovernmental Organizations (NGOs), Staaten oder internationale Organisationen, die für Frieden und die Wahrung von Menschen- und Völkerrecht eintreten und proaktiv tätig werden. Durch ihr Engagement kommt es ebenfalls zur Ausbildung von Strukturen, die Konfliktberuhigungen begünstigen und tiefgreifende Konflikttransformationen ermöglichen. Nicht selten verfolgt ein politischer Akteur neben seinem Einsatz für den Frieden in der Region auch eigene Interessen, was zu kontradiktorischen Handlungen, zu offizieller und inoffizieller Politik führt. So entsteht ein vielschichtiges, die verschiedenen politischen Ebenen durchziehendes interkonnektives Interessen- und Handlungsgeflecht, das sich zum Teil offen und transparent, zum Teil hintergründig und undurchsichtig zeigt.

Es bildet die komplexe Umgebung, in der Konflikttransformationen heute stattfinden, und vermittelt einen kleinen Eindruck von der anspruchsvollen Aufgabe, gelingende Konflikttransformationen mitzugestalten. Dass die Konflikte beendet und ihre Ursachen auf friedlichem Wege bearbeitet werden, ist vor allem im Interesse der Bevölkerung der Gebiete, in denen die Konflikte militärisch ausgetragen werden. Sie leidet am meisten unter den Folgen der kriegerischen Auseinandersetzungen, unter dem Tod von Familienangehörigen und Menschen aus ihren engeren und weiteren Beziehungsnetzwerken, unter der Zerstörung von Infrastrukturen und Lebensräumen, unter einer zumeist drastisch verschlechterten Gesundheitsversorgung, unter Mangelernährung und Vertreibung aus der Heimat inklusive der massiven Zunahme von Lebensunsicherheit.

Aber auch der Verwüstung ganzer Landstriche durch Kriegshandlungen sollte ein Ende bereitet werden. Die bereits zerstörten Kulturschätze – seien es die altassyrischen Städte Palmyra in Syrien und Ninive im Irak mit über 5.000 Jahre alten Siedlungsbefunden, seien es Bauten altsüdarabischer Könige wie der Königin von Saba im Jemen oder die Königsgräber von Timbuktu in Mali – sind zum Großteil unwiederbringlich verloren. Das ist nicht nur für die Gesellschaften, die sie hervorgebracht haben, ein Verlust kulturellen Erbes, sondern für die gesamte Menschheit. Es sind Zeugnisse einer reichen vorislamischen und vorchristlichen Geschichte, die vor Ort identitätsstiftend wirken und auf den frühen Austausch der Kulturen und eine gemeinsame vielfältige Entwicklungsgeschichte verweisen. Sie gilt es zu erhalten.

Im Interesse westlicher Staaten dürfte die Abnahme des transnationalen Terrors liegen, der vor allem über die konkreten und vermehrt ausgeübten Attentate und die durch sie ausgelöste verstärkte Lebensunsicherheit Einzug in ihr Alltagsleben gehalten hat. Aber auch über die mediale Berichterstattung, eine sich verschärfende Überwachung und Polizeipräsenz, über das verstärkte Schutz- und Abgrenzungsbedürfnis inklusive der daraus resultierenden veränderten politischen Orientierungen verändern die islamistischen Übergriffe das Gesicht der Gesellschaften. Nach Europol steigt die Anzahl der terroristischen Anschläge gegenüber den Vorjahren weiter an. Im Jahr 2015 wurden in Europa 211 gescheiterte, vereitelte und durchgeführte Anschläge gelistet. Die meisten Anschläge aber werden immer noch in Nordafrika und dem Mittleren Osten selbst verübt, wo sie zur Destabilisierung beitragen und einen weiteren Grund für Flucht und Migration liefern (vgl. Europol 2016, 6 u. 10).

Der Bedarf an gelingenden Konflikttransformationsprozessen ist also offensichtlich. Die Tragweite von Misslingen und Gelingen kann erahnt werden. Gewonnen werden aber kann viel: Die negativen Trends können gestoppt werden, wie der Anstieg der Anzahl nichtstaatlicher Konflikte, die Gewaltzunahme in ethnopolitischen Konflikten, die Aufrüstung, die Verbreitung des internationalen Terrorismus etc. Rückläufige Bewegungen können eingeleitet werden, sodass mit dem Aufbau der zerstörten Regionen, der Belebung der Gemeinden, der friedlichen Bearbeitung der Konfliktursachen begonnen und ein kooperativeres und respektvolleres Verhalten unter den Staaten eingeübt werden kann. Dazu würden u. a. Aushandlungsprozesse über die Nutzung von vorhandenen Ressourcen zählen, die auf einen gemeinsamen Gewinn orientiert sind und kumulative Wachstumsprozesse in Gang setzen, von denen alle Gesellschaften profitieren können. Dazu würde auch die verstärkte gegenseitige Achtung der Souveränität der Staaten, ihrer gesellschaftlichen Werte und Lebensformen zählen.

In diese Richtung wird vielerorts bereits gearbeitet. Wie dabei vorgegangen wird, um sichtbare positive Entwicklungen in Gang zu setzen und langfristig zu befördern, ist Gegenstand dieser Forschungsarbeit. Eine zentrale übergeordnete Frage, der nachgegangen wird, lautet darum: **Wie können Konflikttransformationen nachhaltig friedlich und entwicklungsfördernd gestaltet werden?** Dabei sollen existierende positive Beispiele als Vorlage dienen und genauer untersucht werden. In mein Blickfeld sind dabei die herausragenden Mediationsarbeiten zweier Monarchen der Region gefallen, deren Erfolge hier sichtbar gemacht werden sollen. Aus persönlichem Interesse wird der Fokus auf den Bereich der Konfliktmediation gelegt. Die Forschungsfrage lautet: **Wie erklären sich die Erfolge der Konfliktmediationen des Königs von Marokko in der Mali-Krise und des Sultans von Oman in der Jemen-Krise, welche Erfolgsfaktoren lassen sich aus ihren Mediationen ableiten, und wie können diese für aktuelle und zukünftige Konfliktmediationen in der MENA-Region nutzbar gemacht werden?**

Die Konfliktmediationen werden also erstens so weit untersucht, dass zweitens Hypothesen erarbeitet und Erfolgsfaktoren abgeleitet und empirisch überprüft werden können. Anhand der bestimmten Erfolgsfaktoren werden in einem dritten Schritt ganz konkrete Handlungsanweisungen für die aktuellen Konfliktsituationen in Mali und im Jemen sowie für die allgemeine Mediationsarbeit im arabischen Raum erarbeitet. Dabei wird die Praxis der Mediatoren aus dem arabischen Raum für westliche Akteure in Mediationsprozessen wie Co-Mediatoren zugänglicher, verständlicher und in Teilen anwendbar gemacht. Für den Bereich der Transformationsforschung ergeben sich neue innovative Ansätze und Impulse zu vertiefender Forschung.

Bei der marokkanischen und der omanischen Mediation handelt es sich um Mediationen, die von einem König und einem Sultan ausgeführt werden, von Monarchen, die in ihrer Machtfülle Staaten so lenken, wie es in der westlichen Welt lange der Vergangenheit angehört. Sie erinnern an die reichhaltige Geschichte der Region, die von vorislamischen Königreichen, von frühislamischen Kalifaten, Sultanaten und von nachfolgenden islamischen Herrschern weiß, welche sowohl die geistliche als auch die politische Führung verkörperten und welche noch heute die arabische Welt prägen. Ihrer Welt nähert sich die Forschungsarbeit an. Ein weiterer König der Region aus der heutigen Zeit, Abdullah II bin Al Hussein, König von Jordanien, leistet ebenfalls hervorragende Vermittlungsarbeit, und zwar vornehmlich in dem Konflikt zwischen Israel und Palästina. Aufgrund der zeitlichen Begrenzung und des begrenzten Umfangs der Arbeit sowie der nicht intendierten Schwerpunktverlagerung auf Konflikte des Mittleren Ostens hat der Fall letztlich nicht die Aufnahme in diese Arbeit gefunden, auch wenn er ebenso große Würdigung durch weitere Forschung verdient.

Es wird also eine Mediation im nordafrikanischen Raum und eine im Raum des Mittleren Ostens untersucht. Damit liegt eine sehr kleine Fallzahl vor, die es aber erlaubt, die Fälle umso ausführlicher und in ihren Details zu erkunden. Gemein ist beiden Mediatoren neben ihrer Beheimatung in der MENA-Region und ihrer Rolle als Monarchen, dass sie einen sehr moderaten islamischen Glauben vertreten und in ihren Monarchien befördern, was sich auch auf ihre Mediationspraxis auswirkt. Zu den Ländern, in denen sie mediieren, bestehen historische Verbindungen. So teilen die vorwiegend im Süden Marokkos angesiedelten Amazighen eine gemeinsame Geschichte mit den Amazighen in Mali, zu denen die Tuareg zählen. Die schiitische Gruppe der Zaiditen im Norden des Jemen ihrerseits teilen eine gemeinsame religionsgeschichtliche Entwicklung mit den Ibaditen in Oman.

Mediatoren und lokale Konfliktparteien können alle zusammen auf eine geteilte Entwicklung zurückblicken, die in die Zeit der Islamisierung und die der Kalifen der Umayyaden zurückreicht. Diese beherrschten damals ein Gebiet, das in der Zeit seiner größten Ausdehnung die gesamte Arabische Halbinsel und Teile Nordafrikas bis zum Atlantik im Westen umfasste und damit die Gebiete des heutigen Jemen, Omans und zu Teilen die von Marokko in einem Reich vereinte. Am Ende der Umayyaden-Dynastie um 750 unserer Zeit hatte sich in Basra bereits eine stattliche Gemeinde der Ibaditen gebildet, die missionarisch aktiv war – und dies vor allem unter zwei größeren Gruppen. Es handelt sich zum einen um die Amazighen in Nordafrika, die damals u. a. die Gebiete der heutigen Staaten Marokko und Mali bevölkerten. Bis heute bestehen ibaditische Denominationen im Mzab-Tal Algeriens, auf der Insel Djerba in Tunesien und in den Nafusa-Bergen Libyens.

Zum anderen sind es die Stämme der Azd, die damals auf dem heutigen Gebiet des Jemen ansässig waren. Nach Expeditionen der Ibaditen aus Basra in diese entlegenen Gebiete etablierte sich ein ibaditisches Imamat auf der südöstlichen Hälfte der Arabischen Peninsula, kurzfristig in Hadramawt, und längerfristig in ʿUman, dem heutigen Oman (vgl. Hoffman 2010; Young et al. 1990, 33 f). Als die Kalifen der Umayyaden das Gebiet des heutigen Marokkos an die Abbasiden verloren, übernahmen die zaiditischen Idrisiden im 8., 9. und 10. Jahrhundert die Macht an der Westküste. Auf dem Gebiet des heutigen Jemen errichteten Zaiditen im 9. Jahrhundert das erste Imamat und noch im 20. Jahrhundert ein zaiditisches Königreich: das Mutawikilite-Königreich mit den Hauptstädten Sanaa und Taiz, das bis 1962 Bestand hatte. Danach wurde es zur Arabischen Republik Jemen ausgerufen (vgl. Al-Zaidi 2010, 1 ff; Anhang: Arabische Republik).

Diese historischen Verlinkungen zeigen auf, wie vernetzt die verschiedenen Kulturen, religiösen Strömungen und politischen Bewegungen sind und in welchem umfangreichen Maß sie sich gegenseitig beeinflussen. Die Mediatoren, deren Mediationsarbeit im Mittelpunkt dieser Arbeit steht, agieren in ganz souveräner und feinsinniger Art und Weise in dem historisch gewachsenen aktuellen Spannungs- und Beziehungsgeflecht und transformieren Konflikte erfolgreich zur Zufriedenheit der meisten Konfliktparteien. Als wahre Kenner ihrer Region und deren Konflikte sowie als angesehene Autoritäten gelingt ihnen erfolgreiche Konfliktmediation. Ihre Kompetenz wird nun gewürdigt, genauer betrachtet und auf Lernimplikationen untersucht. Bei der Untersuchung finden neben politischen auch geografische, historische, ethnologische, kulturelle und religiöse Parameter Beachtung, um der Komplexität der Fälle Rechnung zu tragen. Ziel der Untersuchungen ist es, eine weitere Brücke in diesen Makrokulturraum zu bilden und konstruktive Beiträge westlicher Akteure zu erfolgreichen Konflikttransformationen in der arabischen Welt zu fazilitieren.

Die in den Fallanalysen untersuchten Mediationen werden dabei in einen größeren geografischen, historischen und politischen Kontext gestellt. So werden Vernetzungen und Verflechtungen aufgezeigt, die die Gesellschaften der gesamten westlichen Hemisphäre berühren. Es wird deutlich, dass die derzeitigen Spannungen und Konflikte in der MENA-Region ihre ganz konkreten Verbindungen in die westlichen Gesellschaften haben, und wo angesetzt werden kann, um Spannungen abzubauen und Mediations- und Transformationsprozesse konstruktiv zu unterstützen. Die empirisch belegten Erfolgsfaktoren und die weiteren identifizierten Erfolgsfaktoren können als Referenz- und Orientierungspunkte bei zukünftigen Mediationen und begleitenden Maßnahmen dienen. Im Abgleich mit der aktuellen Transformationsforschung wird ersichtlich, wo sich die Mediationsarbeit verortet, wo weiterer Forschungsbedarf besteht und wo sich der Forschungszweig selbst weiterhin der Sache dienlichen Transformationsprozessen unterziehen kann.

2.2 Stand der Transformationsforschung

Mit der Abnahme zwischenstaatlicher kriegerischer Auseinandersetzungen und der Zunahme gewaltsamer innerstaatlicher und interethnischer Konflikte in der Welt (vgl. List 2006, 69) hat sich auch die Konfliktforschung verändert. Sie bezieht in multidimensionalen Ansätzen vermehrt diverse Komponenten ein, die den ethnopolitischen Konflikt in seiner Gesamtheit erfassen, indem sie sowohl die historische Entwicklung der beteiligten Ethnien und des Konflikts als auch das Konfliktumfeld, die Konfliktparteien, Institutionen, Strategien und Veränderungsprozesse berücksichtigen (vgl. Miall 2004, 2 ff). Eine zunehmende Bedeutung wird dabei soziopsychologischen Komponenten beigemessen wie sozialen und kulturellen Traumata, die – wenn sie berücksichtigt und bearbeitet werden – einen Konflikt maßgeblich nachhaltig beruhigen können (vgl. Harff/Gurr 2004, 182 ff).

Generell ist in der Friedens- und Konfliktforschung ein Shift von der Analyse der Konfliktursachen hin zur Untersuchung von Einflussmöglichkeiten auf Konflikttransformationen zu beobachten. Die drei verschiedenen Strömungen zum Umgang mit ethnopolitischen Konflikten setzen dabei unterschiedliche Prioritäten: Während die Theory of Conflict Management vornehmlich an der Eindämmung des Konflikts, seiner Lenkung in angemessene Bahnen und entsprechend konstruktiver Einflussnahme seitens machtvoller Akteure interessiert ist, setzt die Theory of Conflict Resolution bei den Ursachen an. Sie vertritt die Position, dass die Stillung der Grundbedürfnisse von ethnischen Gruppen eine Grundvoraussetzung für die Überwindung von Konflikten ist und dass die Einbeziehung qualifizierter Gruppen aus der Zivilbevölkerung zur positiven Einflussnahme auf Konfliktprozesse wesentlich zu einem Umdenken und zu verbesserten Beziehungen der Konfliktparteien beiträgt (vgl. Miall 2004, 3).

Die Theory of Conflict Transformation weitet das Blickfeld und sucht den Konflikt in seinen komplexen Zusammenhängen systemisch wahrzunehmen. Sie versteht einen Konflikt grundsätzlich als Ermöglicher und Katalysator für konstruktiven Wandel in einer Gesellschaft und arbeitet schrittweise an der Veränderung der vielfältigen Beziehungen der mittelbar und unmittelbar am Konflikt beteiligten Gruppen und an der Überwindung der bei gewaltsamen Konflikten oftmals bestehenden tief sitzenden Spaltungen. Sie ist sich dabei sowohl der Notwendigkeit einer langfristigen Perspektive auf dem Weg zu nachhaltigem Frieden bewusst als auch der vielen kleinen und größeren dafür notwendigen Schritte inklusive nicht linear ablaufender Prozesse und Schleifen im Prozess. Sie setzt zur Zielerreichung außerdem auf die Stärkung innerhalb des Konfliktfeldes bereits existenter menschlicher und materieller Ressourcen und damit auf die Wandlung des Konflikts im Innern und weniger auf die kurzfristige Konfliktmodifikation durch dritte Außenstehende (vgl. Miall 2004, 4).

Die systemische Perspektive auf Wandlungsprozesse nimmt also die verschiedenen Konfliktparteien genauso in den Blick wie Strukturen und Prozesse, über welche diese interagieren bzw. beeinflusst werden, sie berücksichtigt sowohl alle gesellschaftlichen und politischen Ebenen im Konflikt und in der Konfliktumgebung als auch ihre Interdependenzen. Einer solch umfassenden Betrachtungs- und Arbeitsweise verschwistert sich die vorliegende Arbeit. Aus den vielfältigen Praxiserfahrungen und Forschungsergebnissen sind übergreifende Konzepte und Methoden entwickelt worden, die konfliktberuhigende Entwicklungen durchsichtiger und verständlicher erscheinen lassen und die konkrete Ansatzmöglichkeiten aufzeigen.

Es gilt, sich stetig verändernde bzw. stagnierende Beziehungen, Haltungen, Interessen, Strukturen und Prozesse so zu beeinflussen, dass sie nicht mehr den gewaltsamen Konflikt unterstützen und bedingen (vgl. Austin 2011, 10), sondern Frieden und eine gewaltfreie Konfliktbearbeitung befördern. Dies kann auf der lokalen, der regionalen oder internationalen Ebene erfolgen, in der Interaktion mit Einzelpersonen, mit Gruppen oder Institutionen, in der Praxis oder in der Forschung. Die Bereiche sind vielfältig: Sicherheit, Abrüstung, Gute Regierungsführung, Menschenrechte, traditionelle Konfliktlösungsmethoden, Gender, systemisches Denken, Demobilisierung und Reintegration von ehemaligen Soldaten (vgl. Lederach u. Austin in Austin 2011, 8 ff), Versöhnung, soziokulturelle Entwicklung, interkulturelle Beziehungen, um nur einige zu nennen.

Mediationen zwischen Konfliktparteien bilden ebenfalls einen Bereich, in dem auf Transformationsprozesse unterstützend eingewirkt werden kann und auf den im Folgenden der Fokus gesetzt wird. Allein, er bleibt Teil eines komplexen Veränderungsprozesses, welcher nicht von einem alleinigen Akteur gestaltet werden kann, sondern der sich durch das gemeinsame Wirken vieler Akteure und Faktoren vollzieht. Dabei nun kann das Engagement einzelner Akteure einen entscheidenden Unterschied machen, wie die marokkanische und die omanische Mediation zeigen. Was genau diesen Unterschied bewirken kann, wird im Weiteren eruiert und verdeutlicht werden. Dass aber Mediationspraktiken in der arabischen Welt weiter untersucht und unterstützt werden, ist äußerst sinnvoll.

Mediationen in Ländern Asiens und Osteuropas wurden vielfach untersucht. Für den nordafrikanischen Raum und den Mittleren Osten liegen allerdings bisher verhältnismäßig wenige Forschungsergebnisse vor. Die Berghof Foundation stellt Untersuchungsergebnisse zu „Conflict Resolution and Reconciliation in the Arab World" (Safa 2007) vor, in denen die unterschiedlichen Ideologien von Konfliktparteien und Mediatoren, die Komplexität des Konfliktumfeldes und der hohe Finanzbedarf als größte Herausforderungen für die Konfliktmediation herausgestellt werden (vgl. Safa 2007, 14). Deutlich wird hier, dass in den Untersuchungen vorwiegend westliche Vermittler als Mediatoren auftreten und darum der Ideologie Gap eine Rolle spielt. Das Center for Peace and Conflict Studies der Wayne University untersucht systematisch grundlegende Muster arabischer und nicht arabischer Mediationspraktiken. Daten von Mediationen aus über 55 Jahren werden dazu verglichen (vgl. Yassine-Hamdan/ Pearson 2014).

Aus den Untersuchungsergebnissen wird ersichtlich, dass die Mediationspraxis in der arabischen Welt stark mit der politischen Ausrichtung der Regierung sowie mit der arabischen und islamischen Kultur verknüpft ist (vgl. Yassine-Hamdan/Pearson 2014). Frederic S. Pearson spezifiziert das arabische Muster und benennt charakteristische Faktoren wie Ehrgefühl, Gesichtswahrung und pragmatische finanzielle Entscheidungen. Die Mediationen sind zudem meist von kürzerer Dauer, und es wird zu einer schnelleren Einigung gefunden, je gewaltsamer der Konflikt und je ausgewogener das Kräfteverhältnis zwischen Mediator und Medianten ist (vgl. Pearson 2014, Arab Approaches). Pearson führt außerdem an, dass dem Langzeitvergleich nach heutzutage Konflikte generell schwerer zu lösen sind, bei denen Ethnizität und kulturelle Unterschiede eine Rolle spielen (vgl. Pearson 2014, Arab Approaches).

George E. Irani setzt sich eingehender mit Ritualen und traditionellen Vorgehensweisen bei Mediationen im Mittleren Osten auseinander. Er plädiert für die verstärkte Integration der indigenen Denk- und Gefühlswelt sowie ihrer traditionellen Mediationstechniken in die westlichen Beiträge zu Transformationsprozessen in der Region. Die lokalen Rituale wie die wasta-Patronage-Mediation, die tahkeem-Schiedsgerichte, die sulh-Schlichtungsverfahren oder die musalaha-Versöhnungsriten haben sich über Jahrhunderte in den lokalen gesellschaftlichen, religiösen, politischen und geografischen Bedingungen herausgebildet und eine starke Symbolkraft entwickelt. Dementsprechend groß ist die Wirkung auf die Beteiligten. Mit der Einbindung von Prinzipien der traditionellen Methoden in westliche Verfahrensweisen kann nicht nur erfolgreicher zusammengearbeitet werden, es können gleichzeitig die Vorurteile der einheimischen Bevölkerung gegenüber von außen an sie herangetragene Praktiken abgemildert werden (vgl. Irani 2000).

Zu einer erfolgreichen Konfliktbewältigung zählt für ihn ebenfalls, dass die unterschwelligen inneren Überzeugungen der Menschen im Mittleren Osten ernst genommen und in Mediationsverfahren stärker berücksichtigt werden. Dazu zählt ihre Religiosität genauso wie die hohe Stellung der patrilinearen Familien inklusive des großen Zusammenhalts zwischen Clan-Mitgliedern, dazu zählen die auf Ehre und Scham basierenden Werte und Normen sowie das Leid über die Wiederholung von Victimisierung und Vergeltung in den Zyklen der kriegerischen Auseinandersetzungen. Dazu zählen auch die Vorbehalte gegenüber der westlichen Welt (vgl. Irani 2000a; 2000b). Wenn diese Annahmen beachtet werden, kann zu einem vertieften kulturellen Verständnis gefunden werden, was der Zusammenarbeit in Transformationsprozessen eine neue Qualität geben wird.

Eine Herausforderung der aktuellen Konflikttransformationsforschung – weitere werden nachfolgend zur Sprache kommen – besteht also darin, die traditionellen Mediationspraktiken und die geteilten kulturellen Überzeugungen der jeweiligen betreffenden Gruppen verstärkt zu beachten, wenn neue Ansätze und Konzepte entwickelt werden, damit diese bedarfsgerechter, kultursensibler, inklusiver und nachhaltiger werden und bei ihrer Anwendung tatsächlich einen Wandel hin zu einem friedlicheren und würdevollen Leben bewirken können.

2.3 Relevanz für Forschung und Praxis

Diesem Ziel zuarbeitend widmet sich diese Forschungsarbeit den Vorgehensweisen zweier Monarchen bei der Konfliktmediation. Sie möchte dadurch ein diversifiziertes und vor allem tiefgreifendes Verständnis für die Mediatoren der arabischen Welt und ihre ganz besonderen Eigenarten und Weisheiten fördern. Sie will dazu anregen, von König und Sultan zu lernen, wie sie in den hochkomplexen und vielschichtigen konfliktären Zusammenhängen ihrer Region klar und erfolgreich mediieren. Dabei führt sie gleichzeitig ein in das differente Konfliktverständnis, in die spezifische Art und Weise des Herangehens an Konflikte und die Handlungspraktiken, in die kulturspezifische Denkart und Gesprächskultur sowie in weitere kulturelle, soziale, religiöse und politische Besonderheiten. So können kleine Einblicke gewährt werden, die umso deutlicher auf die Notwendigkeit hinweisen, die kulturellen Charakteristika und Unterschiede zu begreifen und sie sowohl in Konflikttransformationsprozessen als auch in jeglicher Interaktion vermehrt wertzuschätzen und zu berücksichtigen.

Im Zentrum der Arbeit stehen also die Mediationen zweier Mediatoren aus der MENA-Region. Damit wird der in der Forschungsliteratur vorhandene dominante Fokus auf westliche Mediatoren in der internationalen Konfliktmediation gezielt in eine andere Richtung gelenkt: hin zu souverän handelnden Mediatoren aus Nordafrika und dem Mittleren Osten. Auch wenn arabische Mediationspraktiken im Vergleich zu nicht arabischen bereits untersucht wurden, so stehen Mediatoren aus Nordafrika und dem Mittleren Osten doch ausgesprochen selten im Mittelpunkt wissenschaftlicher Arbeiten, weshalb in dieser Ausrichtung ein wissenschaftlicher Mehrwert für die aktuelle Forschungsdebatte liegt. Die vorliegende Arbeit untersucht an den Einzelfällen der marokkanischen und der omanischen Mediation Einflussfaktoren für eine gelingende Mediation und kann beispielgebend dazu inspirieren, von Mediationspraktiken aus der MENA-Region zu lernen und sie auf eine natürliche und selbstverständliche Art und Weise in die Wissenschaftspraxis zu integrieren.

Ein zusätzlicher Mehrwert entsteht in diesem Zusammenhang durch die bewusste Einbeziehung nicht westlicher Sichtweisen in den gesamten Forschungsprozess. Der in der Wissenschaftspraxis selten hinterfragte vorwiegend westlich geprägte Diskurs erfährt eine Aufweitung durch das Heranziehen von wissenschaftlichen Arbeiten, Papieren und Berichten afrikanischer und arabischer Autoren und nicht westlicher Medien. Im Zuge dieser angestrebten Modifikation der gebräuchlichen Schwerpunktsetzung wird allen Konfliktparteien eine gleichwertige Bedeutung beigemessen und Unvoreingenommenheit entgegengebracht. Durch diese Herangehensweise und Ausrichtung ermöglicht die Arbeit eine neuartige Verknüpfung aller inhaltlichen Aspekte, woraus sich neue aufschlussreiche Perspektiven ergeben.

Inhaltlich nun eröffnet sie neue Einsichten in das Geschehen im Vorfeld des aktuell laufendenden Mediationsprozesses in Mali mit Algerien als Konfliktmediator bzw. Einsichten in die Mediationsarbeit des Sultans von Oman. Der Fokus der Arbeit liegt dezidiert statt auf einer Konfliktanalyse auf einer Analyse von Erfolgsfaktoren.

Damit werden Best-Practice-Beispiele für gelungene Mediationen expliziert, die neue Erkenntnisse über die Erfolgsfaktoren von Mediationen und Erfolgsbedingungen für die Transformation ethnopolitischer Konflikte in der Region eröffnen. Diese Erkenntnisse können für die aktuellen Mediationsprozesse nutzbar gemacht werden und in die Ausarbeitung neuer Lösungsansätze für langfristige und nachhaltige Konfliktberuhigungen integriert werden.

Darüber hinaus werden mithilfe der wissenschaftlichen Untersuchung Ansätze zur Lösung scheinbar unlösbarer und langwieriger ethnopolitischer Konflikte aufgezeichnet und so diese exemplarischen Konfliktlösungen für ähnlich geartete ethnopolitische Konflikte in der islamischen Welt mit religiös-fanatischen Elementen sichtbar und verfügbar gemacht. Das gewinnt vor dem Hintergrund aktueller hochbrisanter ethnopolitischer Konflikte im arabischen Raum und angesichts der aus ihnen resultierenden Herausforderungen wie die Flüchtlingsströme höchste Bedeutsamkeit. Somit reiht sich die Arbeit in den Kanon anwendungsorientierter Forschung ein und liefert wertvolle Anregungen sowohl für die Forschungspraxis als auch für aktuelle und zukünftige politische Herausforderungen in der MENA-Region.

Betont wird noch einmal der kultursensible Ansatz, mit dem die Arbeit dem Bedarf an kulturell angemessenen Mediationsformen in Transformationsprozessen begegnet. Durch ihn wird deutlich, von welch enormer Wichtigkeit es ist, sich mit der Kultur und ihrer ganz eigenen Art, Konflikte anzugehen und zu lösen, auseinanderzusetzen, sollen Veränderungsprozesse gelingen. Das fordert eine höhere Sensibilität und einen verstärkten Willen zu Empathie und Perspektivübernahme von der aktuellen Transformationsforschung und -praxis. An den zwei Mediationen wird expliziert, wie in Mediationen kultursensibel vorgegangen wird: wie auf die Bedarfe der lokalen Konfliktparteien eingegangen wird und dazu historische, geografische, ethnische, religiöse, psycho-soziale, sozio-ökonomische, Situations- und Umweltfaktoren samt ihrer Interdependenzen gleichzeitig, nicht statisch, sondern – entsprechend der vorliegenden kulturellen Prägung – relational und systemisch berücksichtigt werden.

Für den arabischen Raum prägende Elemente finden in der Arbeit ganz genuin implizit und explizit Beachtung: das Leben in der Wüsten- bzw. wüstennahen Region als Nomaden, Halbnomaden oder Sesshafte, das Selbstverständnis der Nachfahren Mohammeds und seiner Familie, die Geschichte der Clans, ihre segmentären und patrilinearen Gesellschaften, deren hierarchische Struktur und religiösen Gruppen, ihr Rechtsverständnis, partikulare Interessen und Rivalitäten, die auf Ehre und Scham basierende Kultur, der Einfluss westlicher Akteure, das Spannungsverhältnis zur westlichen Welt besonders seit dem Sykes-Picot-Abkommen, der Versuch der Befreiung aus Abhängigkeitsverhältnissen, der Prozess der Ausprägung eines neuen arabischen Selbstverständnisses, die Veränderungen durch Klimawandel und Globalisierung, Ängste und Sehnsüchte der Menschen, die Beziehungen zu anderen arabischen Staaten, die Positionierungen der Staaten im internationalen Staatensystem etc.

Dieser Forschungsansatz zeigt – im Kanon der vielfältigen bestehenden Ansätze und Perspektiven – seine Ertragfähigkeit und seine Bedeutung für das Verhältnis zwischen westlichen Staaten und denen der MENA-Region. Es geht darum, in der sich verändernden politischen Weltordnung mit sich verschiebenden Machtverhältnissen und einem verstärkten Kampf um Ressourcen größeren Turbulenzen entgegenzuwirken bzw. den Druck herauszunehmen und gute Beziehungen mit den Staaten Nordafrikas und des Mittleren Ostens zu gestalten. Dazu möchte die Arbeit ihren Beitrag leisten, indem sie tiefgreifendes Verständnis fördert, zu politischen Lösungen und zu kooperativem Verhalten motiviert.

In der Art und Weise unterscheiden sich die Mediationen der Monarchen von Mediationen westlicher Akteure. Hier wird nun herausgearbeitet, worin die Unterschiede bestehen und wie die Mediationen von König und Sultan die westliche Mediationspraxis bereichern können. Dazu wird die Gegenseitigkeit von Lernprozessen im System betont. Darüber hinaus wird aufgezeigt, wie substanzielle konstruktive Veränderungen von Beziehungen im internationalen Staatensystem erreicht werden können. Damit wird das Potenzial zu konstruktiveren und partnerschaftlichen zwischenstaatlichen Beziehungen in der aktuellen Situation offenkundig, und es werden entsprechende Wege zur Realisierung dargelegt.

Wie nebenbei und unerwartet werden Ansätze zur Beantwortung weiterer aktueller Fragestellungen der Transformationsforschung mitgeliefert. So stellt sich derzeit die Frage, welche Instrumente es gibt, um der zunehmenden Gewalt in der Konfliktaustragung entgegenzuwirken. Es ist offen, wie mit nicht linearen Entwicklungen oder mit der zunehmenden Anzahl der in Konflikttransformationsprozessen involvierten Gruppen und Akteure zielführend umgegangen werden kann. Außerdem fordern globale Veränderungsprozesse und die sich mit ihnen verändernden Konflikte die Anpassung bzw. Neuentwicklung von Instrumenten, damit eine effektive Wirkung erzielt werden kann. Wie diese Neuentwicklungen und Anpassungen vorgenommen werden sollen, ist allerdings weitestgehend unklar (vgl. Austin 2011, 11 f). Zu der letzten Frage eröffnen z. B. die ibaditischen Glaubensüberzeugungen in Oman, welche schnelle Anpassungsprozesse fördern, Anregungen zur Ausbildung neuer Handlungsorientierungen.

Auch folgende aktuelle Fragen werden berührt: Welche Rolle spielt die Religion im Friedensprozess? Welche Art Hegemonie gilt es bezüglich der Konflikttransformationsprozesse global herauszubilden in den derzeitigen multipartistischen politischen Netzwerkstrukturen? Wie kann eine globale Ethik weiter gefördert und geformt werden? Die Mediatoren sowie die Untersuchung ihrer Mediationen versprechen spannende Perspektiven. Darum ergeht die Einladung, sich von den Staatsoberhäuptern aus dem arabischen Raum und ihrer Mediationspraxis beeindrucken und bereichern zu lassen, sowohl persönlich, als auch in Wissenschaft, Mediationspraxis und darüber hinaus.

2.4 Analyserahmen und Methoden am Beispiel Marokkos

Im Folgenden werden nun die für die Untersuchungen herangezogenen Theorien und Methoden vorgestellt. Dabei werden bereits Beziehungen zur marokkanischen Mediation hergestellt. Auf diese Weise werden Methoden und Theorien am Beispiel beschrieben, was für eine plastischere Darstellung sorgt. Außerdem wird dadurch gleich in die marokkanische Mediation eingeführt und zum nächsten Kapitel übergeleitet, das dann ganz der Vermittlung des marokkanischen Königs gewidmet ist. Die Besonderheiten der omanischen Mediation in der theoretischen und methodischen Herangehensweise werden am Ende des Kapitels erläutert. Wie nun erfolgt die wissenschaftliche Annäherung an die bestechenden Mediationserfolge des omanischen Sultans und des marokkanischen Königs?

2.4.1 Neorealismus

Macht man sich auf die Suche nach den Gründen für den Vermittlungserfolg Marokkos in der Malikrise, so stellt sich zunächst einmal die Frage, wie es dazu kam, dass Marokko die Rolle des Mediators angenommen hat und welche Ziele damit für das Königreich verbunden waren. Zuerst einmal liegt sein Interesse höchstwahrscheinlich darin, den Terrorismus zu begrenzen und sich für mehr Frieden in der Region einzusetzen, der den Frieden auch im eigenen Land stärken hilft, welcher vor allem an der südlichen Grenze bereits vehement gegen illegale Einwanderung und Terrorismus verteidigt werden muss. Über dieses Engagement könnte Marokko sich zudem weiter als afrikanischer Experte für Terrorismusbekämpfung in der gesamten besonders gefährdeten Sahelzone etablieren.

Weiterhin ist in der Afrikapolitik des marokkanischen Königs im Vergleich zu der seines Vaters eine verstärkte Hinwendung zu den Staaten Subsahara-Afrikas zu erkennen. Gezielt baut Marokko – nach einer Zeit der vermehrten Orientierung an Europa – nun die Beziehungen aus und intensiviert seine wirtschaftlichen und kulturellen Aktivitäten auf dem eigenen Kontinent, sei es im Banken- und Energiesektor oder im Bereich von Bildung und Religion. Das Wachstumspotenzial Afrikas mag dabei eine nicht unerhebliche Rolle spielen, ebenso wie eine innerafrikanische Stärkung. Das Engagement in Mali könnte als Zeugnis dieser außenpolitischen Neuausrichtung gesehen werden.

Zusätzlich verwundert das spontane Eingreifen Marokkos vor dem Hintergrund, dass seit den 1990er-Jahren vornehmlich Algerien die Mediatorenrolle bei Tuareg-Konflikten in seinem Nachbarland Mali übernommen hat. Das Wissen um das spannungsvolle Verhältnis zwischen Marokko und Algerien spätestens seit der Schließung der gemeinsamen Grenze seitens der Algerier im Jahr 1994 lässt vermuten, dass Marokko mit der Mediation in Mali eventuell auch eine Profilierung gegenüber Algerien anstrebt.

Um diesen Fragen nachzugehen und die vermuteten Zusammenhänge auf Stichhaltigkeit zu prüfen, bietet sich aus dem Theoriepool der Internationalen Beziehungen besonders die Theorie des Realismus an. Die klassische Form erhebt gerade das sicherheitspolitische Denken und Handeln sowie das Machtstreben einzelner Staaten zu Prämissen, durch welche die Staaten zuerst ihr Überleben, aber im Weiteren ihre Einflusskraft auf andere Staaten für die bessere Durchsetzung der eigenen Interessen sichern wollen. Als Indikatoren für Macht gelten neben der geografischen Lage, der Größe des Territoriums und der militärischen Kraft eben auch die wirtschaftliche Kraft und das politische Ansehen in der internationalen Staatengemeinschaft (vgl. Auth 2015, 19 ff).

Kenneth Waltz, der den Klassischen Realismus weiterentwickelte, hat mit dem strukturellen Neorealismus eine Theorie geschaffen, die den einzelnen Staat als Akteur im internationalen Staatensystem noch systemischer betrachtet. In den Fokus rückt die Struktur des internationalen Staatensystems, an der die Staaten sich orientieren und die darum handlungsstrukturierend wirkt (vgl. Auth 2015, 59). Der einzelne Staat ist Akteur in einem anarchischen System, in dem er keiner weiteren übergeordneten Sanktionsinstanz untersteht. Deshalb sind seine Beziehungen zu anderen Staaten von Unsicherheit und Furcht geprägt, da jeder Staat jederzeit seine militärische Kraft gegen den anderen wenden könnte.

Um der Unsicherheit zu begegnen, müssen Staaten zunächst sich selbst helfen und *capabilities* aufbauen, mit denen sie sich verteidigen und so ihr Überleben sichern können (vgl. Auth 2015, 57). „Yet in the nuclear era, international politics remains a self-help arena" (Waltz 2000, 5). Ein Staat kann sich selbst helfen, indem er z. B. seine wirtschaftliche Entwicklung vorantreibt, Technologien entwickelt und zum Schutz vor allem seine militärische Schlagkraft durch Waffen erhöht: herkömmliche, chemische, biologische und eben nukleare Waffen, deren Besitz oft entscheidenden Einfluss auf die Position im System hat. In der Entwicklung solcher eigenen *capabilities* sind die Staaten unterschiedlich weit vorangeschritten. Da sich die Staaten nun an den mächtigen und überlebensfähigsten Staaten orientieren, unterliegt jeder Staat dem strukturellen Zwang, seine Politik im Wettbewerb der Staaten um die einflussreichen Positionen primär auf die Erweiterung der eigenen *capabilities* auszurichten. In diesem Bestreben, ihr Überleben zu sichern und ihre Fähigkeiten zu maximieren, gleichen sich die Staaten und bilden somit für das System gleiche funktionale Einheiten.

Demnach legt ein neorealistischer Ansatz nahe, dass Marokkos Einschreiten als Mediator in der malischen Krise wohl zum Wohl von Mali geschah, damit gleichzeitig aber eigene Interessen verknüpft wurden wie die Sicherung des Friedens im Süden Marokkos, wirtschaftliche Anteile in Westafrika, die Erlangung eines Wettbewerbsvorteils gegenüber dem Nachbarn Algerien, die Stärkung des eigenen Einflusses im arabischen Raum sowie die Verbesserung der Position im internationalen Staatensystem.

Ein derartiger Ausbau von *capabilities* würde Marokko *relative gains* verschaffen. Damit könnte Marokko sich z. B. einen Vorsprung vor Algerien erarbeiten. Algeriens *capabilities* würden in dem neorealistischen Nullsummenspiel durch eine größere Verunsicherung dabei abnehmen. Auch die immensen finanziellen Aufwendungen können geschickt eingesetzt worden sein und sowohl Malis als auch eigenen Zwecken gedient haben. Nach realistischer Auffassung handeln die Staaten nach einem strikten Kosten-Nutzen-Kalkül, das immer die eigenen Interessen und die Konsequenzen von Handlungen für die eigene Wettbewerbsposition im System mitdenkt. Wenn der Aufwand im Vergleich zum Nutzen als zu hoch eingeschätzt wird, wird eine in Erwägung gezogene Handlung nicht vollzogen (vgl. Meyers: Klassische Formen der Konfliktbearbeitung). Kooperatives Verhalten inklusive Bündnispolitik mit vertragsrechtlichen Selbstbindungen ist also denkbar, geschieht aber vor dem Hintergrund von rationalen Kosten-Nutzen-Abwägungen.

Das Interesse am Ausbau eigener *capabilities* lässt Staaten also vor allem strategisch statt moralisch gut handeln. Zu den erfolgreichen Vorgehensweisen gehört dabei die Verschleierungstaktik, mit der Staaten ihre wahren Absichten verdecken. So wird die politische Beeinflussung schwächerer Staaten durch stärkere oftmals mit dem öffentlichen Verweis auf hehre ethische Ziele gedeckt. Auch aus dem Unwissen der anderen über eigene Schwächen und Stärken können Vorteile gezogen werden (vgl. Auth 2015, 27, 58). Kann ein Staat durch strategische Interessen- und Sicherheitspolitik erfolgreich einen Vorsprung gegenüber anderen herausarbeiten, können sich Konstellationen im internationalen Staatensystem verschieben. So können sich bipolare Systeme zu multipolaren oder unipolaren wandeln, wobei die Hegemonie eines Staates nicht von den anderen Staaten mitgetragen wird und es durch das systemimmanente Bestreben, Kräfteverhältnisse auszubalancieren und in ein Gleichgewicht zu bringen, zu einer Schaffung eines Gegenpols kommt. So vollziehen sich mit Waltz also jederzeit „changes in the system", aber nicht „changes of the system" (Waltz 2000, 5) und die anarchische Struktur im internationalen System bleibt erhalten.

Im Kontext dieser Arbeit ist interessant, zu welcher Einschätzung eine neorealistische Betrachtung des Terrorismus kommt: Dieser kann als eine Konsequenz aus den im internationalen System ablaufenden Mechanismen gesehen werden (vgl. Auth 2015, 70 ff). Er ist eine Taktik der kleinen schwächeren Staaten, die sie im Überlebenskampf und in der Konfrontation mit übermächtigen Akteuren wie den USA ausgebildet haben. Den mächtigen Staaten hingegen dient er als Anlass, eigene Machtvorsprünge und die militärische Stärke auszubauen, etwa durch die Erhöhung des Sicherheitsetats und die Entwicklung neuer Waffen und Abwehrsysteme. Militärische Einsätze werden in diesem Zusammenhang unter dem Vorwand der Terrorismusbekämpfung und Menschenrechtswahrung durchgeführt, was meist eine zusätzliche Schwächung der schwachen Staaten und somit auch eine Schwächung ihrer Verbündeten respektive Protektoren zur Folge hat. Im Beispiel Marokkos kann der Terrorismus in Mali also Anlass gewesen sein, eigene erworbene Fähigkeiten in der Mediationspraxis mit Tuaregs im internationalen Raum zu erproben, zur Konfliktberuhigung in der Sahelzone beizutragen und so das Einflussspektrum gegenüber Algerien zu erweitern und damit gleichfalls das Renommée in der internationalen Staatengemeinschaft zu steigern. Die neorealistische Analyse des Erfolgs der malischen Mediation kann also zum einen eine strategische Politik aufdecken, in der sowohl den Bedürfnissen Malis und der Region entsprochen als auch eine eigene strategische Interessenpolitik verfolgt wurde. Zum zweiten soll aber auch gezeigt werden, wie klug Marokko vorgegangen ist, um den Konflikt erfolgreich beruhigen zu können.

Darum stelle ich mithilfe der Theorie des Neorealismus folgende Hypothese auf:

H1: Für den Ausbau seiner Rolle als Konfliktmediator und Investor im nord- und westafrikanischen Raum sowie zur Profilierung gegenüber Algerien bietet Marokko im Mali-Konflikt umfangreiche finanzielle Mittel auf, die die Einigung der Konfliktparteien befördern.

Der Analyse von Konflikten und Transformationsprozessen nun nähert man sich nach neorealistischer Manier auf der Analyseebene des sogenannten 3rd image, der dritten Ebene des internationalen Systems. Die Ebenen eins und zwei, die des menschlichen Verhaltens und der innerstaatlichen Organisationen und Prozesse, werden zugunsten systemischer Erklärungen ausgespart. Stattdessen wird die Struktur des internationalen Systems untersucht, die als unabhängige Variable im System gilt, systemisch auf die Staaten wirkt und ihre Handlungen bestimmt und damit eine wissenschaftliche Beschreibung und Erklärung von Gesetzmäßigkeiten im System erlaubt.

Die Staaten als funktionale Einheiten streben zum Selbsterhalt und zur Verbesserung ihrer Position eine Maximierung ihrer Fähigkeiten an. Dazu wählen sie die ihnen am meisten Erfolg versprechende Handlungsstrategie. Die zu einem bestimmten Status Quo unterschiedlich auf die Staaten verteilten quantifizierbaren *capabilities* können erhöht oder geschwächt werden und verändern so die Struktur des internationalen Systems (vgl. Auth 2015, 58 ff). Die Struktur wirkt wiederum handlungsstrukturierend auf die Staaten: „Structural change affects the behavior of states and the outcomes their interactions produce" (Waltz 2000, 39). Zwei miteinander konkurrierende Staaten können z. B. an der Ausdehnung der Einflusssphäre des anderen dessen Zugewinn an Sicherheit erkennen und ausbalancierende Gegenmaßnahmen einleiten. Somit werden Aussagen darüber möglich, warum zwei Staaten in einem Wettbewerbsverhältnis stehen, ausbalancierende Handlungen anstrengen und wie das Ergebnis zurück auf das Gesamtsystem wirkt. Nur Vorhersagen über den Zeitpunkt zukünftiger Kräfteverschiebungen kann der Neorealismus nicht treffen: „[...] realist theory is better at saying what will happen then in saying when it will happen" (Waltz 2000, 27).

Analog zum Trend der systemischen Analyse in der Konfliktforschung herrscht heutzutage Konsens darüber, dass für eine aussagekräftige Analyse mehrere Ebenen einbezogen werden müssen. Man ist dazu übergegangen, eine systemare Ebene, die die interstaatlichen Beziehungen und ihre spezifischen Muster fokussiert, und eine subsystemare Ebene, die die Entstehung staatlicher Entscheidungen im innerstaatlichen Raum betrachtet, zu unterscheiden und zu kombinieren (vgl. Auth 2015, 50 f). Diesem Vorbild folgend werde ich bei der Analyse der Motivation Marokkos zur Übernahme der Mediatorenrolle im Mali-Konflikt eher die systemare zwischenstaatliche Ebene in den Blick nehmen und Marokkos Ziele in dem Beziehungsgeflecht zu Mali, den Staaten Westafrikas, Algerien und der internationalen Staatengemeinschaft beleuchten. Die Untersuchung der finanziellen Hilfen als Erfolgsfaktor für die Mediation nehme ich vor allem von der subsystemaren Ebene aus vor, in dem Bewusstsein, dass dies eine konzeptuelle Unterscheidung ist und die Ereignisketten und ihre Auswirkungen in der Realität in die jeweils andere Ebene hineinwirken. Dabei sind auf der systemaren Ebene Aussagen über Kausalitäten aufgrund der aus der neorealistischen Theorie ableitbaren Gesetzmäßigkeiten zwischen der Struktur und ihrer Wirkung auf interstaatliche Aktionen zu erwarten. Auf der subsystemaren Ebene können durch die konkretere Handlungsebene Kausalitäten nachgewiesen werden (vgl. Auth 2015, 52 f).

Da Kenneth Waltz nur die systemare Ebene in den Blick nimmt, halte ich für die Analyse der subsystemaren Ebene die Ergänzung der Theorie um die neorealistischen Ausführungen durch die Münchener Schule um Gottfried-Karl Kindermann und somit den Synoptischen Realismus für sinnvoll. Dieser Ansatz nähert sich den Untersuchungsgegenständen ebenfalls systemtheoretisch, wobei er die Politik als „aktionsorientiertes Entscheidungshandeln in öffentlichen Angelegenheiten" (Masala/Sauer/Wilhelm 2010, 48) in den Mittelpunkt rückt und das politische Handeln in den Interdependenzen seiner Akteure untersucht.

Internationale Politik wird zu einem „vielschichtigen, polyzentrischen Interaktionssystem zwischen Staaten" (Masala/Sauer/Wilhelm 2010, 48), in dem verschieden interdependente Staaten und andere Systeme miteinander interagieren. Außenpolitik bekommt hier die Funktion zugeschrieben, die Beziehungen eines Staates „zu anderen Staaten und Systemen bei bestmöglicher Wahrung und Durchsetzung der von […] Führungskräften definierten Normen und Interessen zu regeln" (Masala/Sauer/Wilhelm 2010, 49), wobei bei der Mittelwahl innerstaatliche Prozesse und die erwarteten Reaktionen anderer Staaten berücksichtigt werden. Der Theorie inhärenten innerstaatlichen Politik wird die Aufgabe zugeschrieben, die innergesellschaftlichen Systeme zu gestalten, für ihre Leistungsfähigkeit zu sorgen und ihre Handlungen zu koordinieren und zu ordnen sowie ihre außerstaatlichen Beziehungen zu regulieren (vgl. Masala/Sauer/Wilhelm 2010, 48).

2.4.2 Konstruktivismus

Im Konstruktivismus nun spielen bei der Analyse internationaler Politik auch Ideen, geteiltes Wissen und die Wahrnehmung der Wirklichkeit durch die Akteure eine Rolle. Die Theorieansätze, die sich unter dem Konstruktivismus subsummieren, gehen grundsätzlich davon aus, dass sich die Wirklichkeit den verschiedenen Akteuren nur mittelbar vermittelt. Sie schaffen ihre je eigene und in Abhängigkeit von ihrer

Wahrnehmung veränderliche Wirklichkeitskonstruktion, weshalb es keine gemeinsame Vorstellung einer objektiven Realität geben kann. Im Gegensatz zum Realismus
konstituieren sich hier außerdem die Akteure und die Strukturen in einem System
explizit gegenseitig. So bilden sich auch die Identitäten und Interessen von Akteuren
in einem gegenseitigen Interaktions- und Wahrnehmungsprozess heraus. Anspruch
der Theorien ist es zu klären, warum und wie einzelne Akteure bestimmte Verhaltensmuster wie Konflikt, Kooperation und friedliche Koexistenz, aber auch kulturelle
Normen und Werte, Selbst- und Fremdwahrnehmungen und gemeinsames bzw. nicht
geteiltes Wissen ausprägen und wie es zu Veränderungen in den Handlungsorientierungen kommt (vgl. Weller 2003, 109 f; Auth 2015, 191).

Mithilfe konstruktivistischer Theorien kann also analysiert werden, welchen
Einfluss die Selbst- und Fremdwahrnehmung von Mediator und Medianten auf den
Vermittlungserfolg Marokkos in Mali gehabt haben, wie ein kulturelles geteiltes
Wissen den Mediationsprozess beeinflusst hat und welche Verhaltensmuster sich im
Verhandlungsprozess herausgebildet und den Erfolg begünstigt haben. Wenn man
sich verdeutlicht, dass Marokko aus demselben Makrokulturraum wie sein Mediant
kommt und somit vertraut ist mit malischen Werten und Normen sowie der malischen
Verhandlungspraxis, dann kann man sich leicht vorstellen, dass diese Tatsachen
einen positiven Einfluss auf den Mediationserfolg gehabt haben.

Die Fremdwahrnehmung Marokkos durch Mali als „Nicht-Fremder" wird wahrscheinlich erst einmal die malische Regierung darin bestärkt haben, Marokko als
Mediator in dem Konflikt zu akzeptieren. Im Weiteren wird die gemeinsame Sprache
den Verhandlungsprozess wesentlich erleichtert haben. Hinzu kommt außerdem,
dass im Königreich selbst viele Amazighen leben, eine Bevölkerungsgruppe, zu denen
die Tuareg zählen. Vor allem im Süden kommt es immer wieder zu Konflikten zwischen den nicht ansässigen Amazighen und der ansässigen Bevölkerung. Marokko
teilt damit das Wissen um die Hauptkonfliktpartei und die Konfliktgegenstände mit
den Maliern und kann seine ausgeprägten Erfahrungen aus der Mediationspraxis mit
Amazighen in die Mediation einbringen.

Darum stelle ich vor dem Hintergrund der Theorie des Konstruktivismus folgende
zweite Hypothese auf:

**H2: Die kulturelle Nähe zwischen Marokko und Mali bildet einen wesentlichen
Grund für die Akzeptanz Marokkos als Mediator durch Mali und die Vermittlungserfolge.**

Analysen dazu bieten sich auf der systemaren, also interstaatlichen Ebene mittels
des sogenannten Staatskonstruktivismus nach Alexander Wendt an. Bei ihm sind die
primären Akteure und Wirklichkeitskonstrukteure die Staaten, die er als Identitäts-
inhaber und Entscheider sieht und somit gleich dem Klassischen Realismus anthro-
pomorphisiert (vgl. Weller 2003, 111) nach dem Motto: „States are people too" (Wendt
1999, 215). Sie agieren ebenfalls in einem anarchischen System, können aber ganz

unterschiedliche Beziehungen und Rollenverständnisse hervorbringen, sodass sie selbst es sind, die die Struktur prägen, welche gleichzeitig auf sie zurückwirkt.

Die Staaten treten also mit unterschiedlichen Erwartungen und Weltsichten aneinander heran, interagieren miteinander und bilden so Interessen und eigene Identitäten aus. Wenn sie Signale von anderen Staaten erhalten, dann interpretieren sie diese und stufen die Akteure als entweder freundlich gesinnt, feindlich gesinnt oder indifferent ein (vgl. Auth 2015, 192). Aufgrund dieser Interpretationen bilden sie ihre Sicht auf sich selbst und auf andere Staaten, also ihre Selbst- und Fremdwahrnehmungen aus. Andere Staaten werden so zu Freunden, Rivalen oder Feinden, denen mit Kooperation, friedlicher Koexistenz, Wettbewerb oder Selbstverteidigung begegnet wird. Durch wiederholt ähnliches Verhalten aufgrund von Rollenverständnissen bilden sich Handlungserwartungen und stabile Rollenidentitäten aus. Es bildet sich ein gemeinsames Wissen unter den Akteuren über Wirklichkeitsvorstellungen und Interaktionsmuster, aufgrund derer sich die Struktur im System entwickelt, die einen strukturellen Einfluss auf die Staaten ausübt. Erst wenn Staaten a) ihr Selbstverständnis hinterfragen, b) durch kognitive Lernprozesse ihre Sichtweisen und ihr Handeln ändern oder c) aufgrund unerwarteter Handlungen von Akteuren im Staatensystem zu neuen Einschätzungen kommen, ändern sich die Struktur sowie ihr struktureller Einfluss (vgl. Auth 2015, 192–196). Darum ist das System so sehr von den Staaten geprägt, dass Wendt proklamiert: „Anarchy is, what states make of it" (Wendt 1992).

Als weitere Gesetzmäßigkeiten konnte Wendt herauskristallisieren, dass sich Interaktionsmuster zwischen Staaten umso mehr stabilisieren, als sie für die Staaten zu Routinen und Gewohnheiten werden und internalisiert die Wirkung von Regeln und Normen entfalten. Gewisse Handlungsoptionen scheinen dann angemessener als andere, wieder andere kommen gar nicht infrage. Wenn über eine bestimmte Situation geteiltes Wissen vorliegt und im Handeln der gemeinsame Umgang damit erlebt wird, bildet sich eine gemeinsame Wirklichkeitsvorstellung, die verbindend wirkt insofern, als dass die Rollenerwartungen aneinander gleich bleiben und die eingeübten Interaktionsmuster aufrechterhalten werden. Ändern sich die Selbst- und Fremdwahrnehmung der Staaten, kann es dazu kommen, dass sich die Strukturen derart transformieren, dass vormals feindlich gesinnte Staaten in Kooperation treten, um z. B. über die Kooperation eigene Interessen zu verwirklichen. Dabei unterscheidet Wendt zwischen einer Mikrostruktur, die sich zwischen einer begrenzten Anzahl an interagierenden Staaten etabliert und also bei der Betrachtung der marokkanisch-algerischen sowie der marokkanisch-malischen Beziehungen interessiert, und einer Makrostruktur, bei der es sich um geteiltes Wissen aller Staaten über grundlegende Abläufe im internationalen Staatensystem handelt (vgl. Auth 2015, 194 ff).

Da Wendt nicht die innergesellschaftlichen und staatskonstituierenden Prozesse zum Gegenstand seiner Theorie macht, ziehe ich zur Analyse den auch subsystemare Untersuchungen in Betracht ziehenden Sozialkonstruktivismus nach Peter Berger und Thomas Luckman heran. Dies wird bei der Untersuchung des Einflusses der kulturellen Nähe Marokkos auf den Verhandlungsprozess und die Konfliktparteien zum

Tragen kommen. In ihrer Spielart des Konstruktivismus sind die Gesellschaften die Konstrukteure der Wirklichkeit. Dabei sehen sie den Menschen als kreativen Gestalter der Wirklichkeit hinter den Konzepten von Gesellschaft und Staat: „[...] society is actively and creatively produced by human beings. [...] Social worlds are interpretive nets woven by individuals and groups" (Marshall 1994, 484). In der internationalen Politik erschafft sich eine Gesellschaft durch die Interaktion mit anderen Gesellschaften ihre eigene Weltsicht und konstituiert so Strukturen, die den Staat bilden. Ein Staat ist demnach darauf angewiesen, immer wieder durch gesellschaftliche Konstruktionen neu gebildet zu werden, wobei innergesellschaftliches, trans- und internationales Handeln zusammenwirken. Der primäre Fokus allerdings liegt hier auf der innergesellschaftlichen Konstruktion des Staates, seiner Repräsentanten und Ziele zum einen und zum anderen auf den Austausch- und Kommunikationsprozessen zwischen Staaten und politischen Repräsentanten (vgl. Weller 2003, 112 f). Für die Analyse konkreterer Interaktionen zwischen marokkanischem König, malischer Regierung und den Führern der Tuareg bildet also der Sozialkonstruktivismus das ideale theoretische Konzept.

Ich möchte an dieser Stelle auf den operativen Konstruktivismus von Niklas Luhmann verweisen, der die wissenschaftliche Wirklichkeitskonstruktion als Beobachtung zweiter Ordnung theoretisch mit behandelt. Christoph Weller leitete aus diesem Ansatz einen von mir geteilten Anspruch ab, für den Lösungsprozess politischer Konfliktsituationen die verschiedenen Wirklichkeitskonstruktionen der unterschiedlichen Konfliktparteien herauszuarbeiten, aufzuzeigen und gleichwertig nebeneinander zu stellen (vgl. Weller 2003, 117 ff), damit durch eine ausführlichere Beobachtung und eine die eigene Prägung und Beobachtungsweise mit reflektierende politikwissenschaftliche Arbeit neue Perspektiven auf Konfliktsituationen entstehen, das Handlungsrepertoir erweitert wird und damit neuartige und – und das ist entscheidend – nachhaltige Lösungen ermöglicht werden.

In diesem Sinne werde ich den Vermittlungserfolg Marokkos in Mali untersuchen und als Erklärungsvariablen zum einen die finanziellen Hilfen, die Marokko Mali in Aussicht gestellt hat, und zum anderen die kulturelle Nähe Marokkos zu Mali beleuchten, da ich sie für sehr einflussreiche Variablen unter den existierenden erachte. Die Hypothese 1 zu den finanziellen Hilfen als hartem Faktor wird mithilfe des Neorealismus als Erklärungsfaktor verifiziert, auf dessen konzeptuellen Hintergrund sie als Ressource erscheinen, mit deren Hilfe sich Staaten im internationalen Wettbewerb gegenüber anderen Staaten einen Vorsprung erarbeiten und sich profilieren können. Mit der öffentlichen Transaktion von Finanzen auf internationalem Terrain wird Macht demonstriert bzw. eine angestrebte Erweiterung der Einflusssphäre signalisiert, wodurch die Struktur im internationalen Staatensystem verändert werden kann. Dahingehend wird Marokkos Motivation beleuchtet. Die in Hypothese 2 thematisierte kulturelle Nähe hingegen wird als weicher Faktor klassifiziert, der – aus der Perspektive des Konstruktivismus – schon ein Produkt der gegenseitigen Konstitution von Akteur und Struktur ist. Sie ist seit der Besiedlung in dem arabischen Kulturraum mit seinen eigenen klimatischen Bedingungen und Lebensformen gewachsen und hat sich mit der Arabisierung und Islamisierung im 7. Jahrhundert über die Zeit und unter französischer Vorherrschaft im Kolonie- bzw. Protektoratsdasein weiter verstärkt. Die Untersuchung des Einflusses dieser ausgeprägten kulturellen Nähe sowie der angedeuteten immensen finanziellen Zusagen auf den Vermittlungserfolg werde ich methodologisch wie folgt angehen:

2.4.3 Methoden

Zuerst werde ich die Mediation Marokkos in Mali chronologisch beschreiben, um die Art und Weise der Vermittlungen nachvollziehbar darzustellen und eine Grundlage für die nachfolgende Analyse zu legen. Daraufhin werde ich im empirischen Hauptteil die empirisch-analytische Überprüfung der Hypothesen vornehmen. Ausgang dafür ist die y-zentrierte Fragestellung, wie sich der marokkanische Vermittlungserfolg erklären lässt. Mit den Hypothesen werde ich für die abhängige Variable des Vermittlungserfolgs die unabhängigen Variablen „Finanzielle Hilfen" (EF 1) und „Kulturelle Nähe" (EF 2) auf ihre Aussagekraft als hartem und weichem Erklärungsfaktor (EF) prüfen.

Für die Überprüfung der Hypothese 1 (H1) werde ich die sichtbaren Belege für die außenpolitischen Interessen Marokkos in Westafrika, in der Sahelzone und die Beziehungen zu Algerien bis zum Zeitpunkt der Mediation untersuchen, um Aussagen über die Motivation Marokkos deduktiv und neorealistisch ableiten zu können. Dann werde ich folgende Aspekte untersuchen, um die finanziellen Hilfen als Erklärungsfaktor auszuweisen: Ich werde die innere Sicherheit in Mali, die Bereiche Bildung und Wirtschaft und die Perspektiven für das Land unter dem Gesichtspunkt des monetären Bedarfs und der Auswirkungen finanzieller Zusagen betrachten und die Vorteile Malis für die Verhandlungen mit Marokko als Mediator herausarbeiten. Bei der Überprüfung der Hypothese 2 (H2) werde ich zur Verdeutlichung der kulturellen Nähe zwischen Marokko und Mali Marokkos Erfahrungen bei der Mediation in Konflikten zwischen nicht sesshaften und sesshaften Amazighen aufzeigen, um dann die Wirkung der kulturellen Nähe auf die Selbst- und Fremdwahrnehmung Marokkos durch Mali, auf den Verhandlungsprozess sowie die gegenseitige Annäherung und Akzeptanz der Konfliktparteien konstruktivistisch zu eruieren und sie als Erklärungsfaktor zu bestätigen bzw. ggf. zurückzuweisen. Wenn sich bei der Prüfung beider Hypothesen positive Effekte der vermuteten Erklärungsfaktoren auf die jeweiligen Untersuchungsaspekte nachweisen lassen, kann beschrieben werden, inwieweit sie den Vermittlungserfolg begründen. So ergibt sich für die Analyse folgendes Schema:

H1 realistisch: finanzielle Hilfe
Außenpolitisches Interesse Marokkos
EF 1:   innere Sicherheit ↑ Bildung und Wirtschaft ↑ Perspektiven ↑
          MEDIATIONSERFOLG
EF 2:   Selbst/Fremdwahrnehmung ↑ Verhandlungsprozess ↑ Akzeptanz Parteien ↑
Mediationserfahrungen in Konflikten mit Amazighen
H2 konstruktivistisch: kulturelle Nähe

Dabei kommt die Methode des Process-Tracing zum Einsatz, die lineare und kausale Wirkungszusammenhänge im Prozessgeschehen auf Mikro- und Makroebene aufzeigt und sich darum zur Überprüfung von Hypothesen eignet (vgl. Bennet in Brady/Collier 2010, 207 ff). Mit ihrer Hilfe werden nicht offensichtliche technische, soziale oder psychologische Prozesse im Mediationsgeschehen und in der Konfliktumgebung identifiziert, „through wich agents with causal capacities operate [...] to transfer energy, information or matter to other enteties" (George/Bennett 2005, 137). Durch das Aufzeigen der kausalen und linearen Verknüpfungen solch ganz konkreter Ereignisse im Mediationsprozess werden Zwischenstufen und Wirkketten sichtbar und auf diese Weise Ursache und Wirkung, unabhängige und abhängige Variablen miteinander verbunden (George/Bennett 2005, 206). Das Process-Tracing wird in dieser Art der diagnostischen Beweisführung (vgl. Bennett/Checkel 2014, 7) lediglich auf die ausgewählten Aspekte angewandt. Dabei lege ich die Situation in Mali zum Zeitpunkt des Auftretens des marokkanischen Königs als zentralen Ausgangspunkt fest und beschränke mich auf die direkten Zusammentreffen der Konfliktparteien der Tuareg und der malischen Regierung mit dem marokkanischen König in Mali und in Marokko.

Dazu werde ich möglichst viele Informationen zusammentragen, die Ereignisse der Mediation in der Zeit zurückverfolgen, die überzeugendsten Argumente für bestimmte Wirkungszusammenhänge herausfiltern und durch cross-checks, also die Überprüfung in verschiedenen Quellen, die Ergebnisse absichern (vgl. Bennett/ Checkel 2014, 22–33), während ich mich auch für überraschende Einsichten und Erklärungen offen halte. Dann werden hermeneutisch Rückschlüsse auf den Ermittlungserfolg gezogen. Die moderne Konfliktforschung weiß um das Vorliegen nicht nur linearer mechanistischer Prozesse nach dem archaischen Ursache-Wirkungs-Prinzip, sondern auch um die Existenz von komplexen nicht linearen Prozessen und feedback-loops im Konflikttransformationsprozess (vgl. Körppen 2008, 6). Solcher Schleifen im malischen Transformationsprozess wird metaperspektivisch bei der Gesamtauswertung in konstruktivistischem Sinne Rechnung getragen.

Zur Analyse nutze ich vorwiegend recherchierbares Textmaterial aus dem Internet: vor allem Pressemitteilungen, Nachrichten und Filmmaterial sowie wissenschaftliche Ausarbeitungen zur Mali-Krise. Dabei beziehe ich bewusst afrikanische Quellen für eine Perspektivenvielfalt mit ein. Die königliche Berichterstattung wird dabei ebenfalls berücksichtigt. Da es sich mit der marokkanischen Mediation um ein relativ aktuelles Thema handelt, das zudem politisch äußerst wenig Beachtung gefunden hat, gibt es kaum wissenschaftliches Material explizit darüber. Darum integriere ich in meine Ausführungen Inhalte aus Gesprächen mit dem marokkanischen Politikwissenschaftler Ahmed Khanboubi, der zu den Amazighen forscht. Durch meine selbstständige Tätigkeit als Trainerin und Projektmanagerin mit Amazighen im Süden Marokkos und Einzelgespräche mit in den aktuellen Friedensprozess involvierten Maliern und malischen und deutschen Politikern kann ich zudem selbst gewonnene Informationen beisteuern und in die Analyse einbeziehen. Dadurch wird die empirische Basis der Arbeit breiter, und sie gewinnt an Tiefe und Authentizität.

Für die Untersuchung der Mediation des Sultanats im Jemen-Konflikt wähle ich eine andere Vorgehensweise. Diesen Fall eruiere ich vorwiegend deskriptiv. Ziel dieses Vorgehens ist es, so die Komplexität der omanischen Mediation sichtbar zu machen und diese nicht von vornherein durch Hypothesenbildung zu verengen. Gerade in der mehrdimensional angelegten Wirkungsweise der Mediation sehe ich einen entscheidenden Atout. Diese Vielschichtigkeit soll also Beachtung finden und sichtbar gemacht werden. Nachgegangen wird der Forschungsfrage: **Wie erklärt sich der Mediationserfolg des Sultanats Oman in der Jemen-Krise?**, indem erkundet wird, wie Oman bei der Mediation vorgegangen ist, welche konkreten Schritte er durchgeführt hat und welche Wirkungen er erzielen konnte. Dann werden Charakteristika der Mediation identifiziert und Erfolgsfaktoren abgeleitet. Der eingehenden empirischen Prüfung dieser ermittelten Faktoren können sich weitere Forschungsarbeiten widmen. Als Untersuchungszeitraum setze ich die ersten neun Monate der Mediation von April bis Dezember 2015 an.

Zur Analyse wird die realistische Theorieschule mit ihren oben besprochenen Neuerungen herangezogen. Gerade der realpolitische Blick verspricht eine erweiterte Perspektive auf eine Art und Weise der Vermittlung, die für westliche Vorstellungen zum Teil sehr idealistische Komponenten aufzuweisen scheint. Durch die Brechung solcher Bestandteile der Mediation an der Aussagenlogik des politischen Realismus können tatsächlich realistische Vorgehensweisen in der Mediation aufgedeckt und die Begrenzungen der Theorie bei ihrer Anwendung auf Fälle in einem anderen Makrokulturraum diskutiert und, wo es sinnvoll ist, gesprengt respektive aufgeweitet werden.

Methodisch wird ebenfalls das Process-Tracing zum Einsatz kommen. Dabei wird auf diversifizierte Texte und Quellen geachtet. Die Berichterstattung der staatlichen Nachrichtenagentur des Sultans findet hier ihren Platz. Zusätzlich wird mein paläografisches Wissens genuin einfließen, welches sich durch das Studium alter Texte, vornehmlich theologischer Texte verschiedener Religionen, angesammelt hat. Dabei kommen vor allem Studien alt- und neutestamentlicher Texte zum Tragen und der dem arabischen Raum zugeordneten Apokryphen wie das Kindheitsevangelium nach Thomas über Jesu Kindheit, die Studien persischer Schriften der Sufis wie Ibn Arabi, al-Ghazali, Dschelaladdin Rumi, aber auch die arabischer Erzählungen und Märchen sowie ihrer typischen Sprach- und Erzählformen und -traditionen.

3 Die Mediation des Königreichs Marokko im Mali-Konflikt

Nach den Umstürzen im Zuge des Arabischen Frühlings in Libyen fordern die nomadischen Tuareg im Norden Malis erneut ihre Rechte ein. Infolgedessen kommt es in Bamako zu einem politischen Machtwechsel. Als ihre islamistischen Verbündeten 2013 die Städte besetzen und das Scharia-Recht einführen, erschrickt die Weltgemeinschaft über das Ausmaß, den der Konflikt annimmt. Der militärische Eingriff Frankreichs, mithilfe dessen die später von den Islamisten besetzten Städte erst einmal befreit werden können, schlägt große Wellen in den Medien. Hier nun aber soll eine viel leisere, nicht militärische Intervention zu Wort kommen, die seinerzeit auf eine nachhaltige Konfliktberuhigung ausgerichtet ist und die mit friedlichen Mitteln ganz erstaunlich positive Veränderungen im Land bewirkt.

Bevor ihre Erfolgsfaktoren empirisch geprüft werden, wird in die malische Konfliktsituation zur Zeit der marokkanischen Mediation eingeführt. Es werden Hintergrundinformationen zum Mediator geliefert, die sowohl seine eigenen außenpolitischen Interessen als auch seine bisherigen Erfahrungen in der Konfliktmediation betreffen. Drei wichtige Ereignisse der Mediation werden genauer beschrieben, um die Analyse der Erfolgsfaktoren nachvollziehbar zu machen. Nach einer realistischen Einschätzung werden letztendlich konkrete Handlungsanleitungen für den immer noch andauernden Friedensprozess abgeleitet.

3.1 Anlass

Der Wüstenstaat Mali befindet sich seit 2012 in einer ausgesprochen diffizilen Situation. Im Januar 2012 vertreiben aufständische nomadische Gruppen die malischen Militärkräfte aus dem Norden. Im März wird der Präsident Amadou Toumani Touré von Soldaten in Bamako gestürzt (vgl. Sambe 2012, 122). Sie werfen ihm mangelnde Durchsetzungsfähigkeit im Konflikt mit den Nomaden vor. Der Präsident flieht, und der demokratisch geführte afrikanische Zentralstaat destabilisiert sich zusehends und droht im Chaos sich widerstreitender Kräfte unterzugehen.

Hervorgerufen wird die Mali-Krise dadurch, dass die nomadischen Tuareg im Norden Malis ihre Rechte verstärkt einfordern und nach Unabhängigkeit streben, weshalb sie bereits seit Jahren in einem ständigen Konflikt mit der malischen Regierung liegen. Im Zuge des Arabischen Frühlings weitet sich der Konflikt zu einem erbitterten Kampf aus, bei dem die radikal-islamischen Verbündeten der Tuareg zunehmend an Macht gewinnen und Teile des Landes okkupieren, um einen Scharia-Staat auszurufen. Der Konflikt bringt mehr und mehr Krieg und Gewalt über die Menschen der gesamten Subregion.

https://doi.org/10.1515/9783110481471-003

Die Wucht der Ereignisse, die große Tragweite der Geschehnisse, Komplexität und Unübersichtlichkeit der Situation im Land erschrecken die internationale Gemeinschaft. Die EU und Amerika halten sich weitgehend zurück. Frankreich interveniert mit der Opération Serval militärisch und kann mit seiner Offensive zumindest die radikal-islamistischen Gruppierungen aus den Städten vertreiben, allerdings erfährt damit der danach immer noch existente Konflikt eine nun offensichtliche Erweiterung um die Dimension postkolonialer Politik und Interessen.

Im September 2013 und im Februar 2014 besucht der marokkanische König Bamako und verhandelt sowohl mit der Regierung als auch mit Führern der nationalistischen Freiheitsbewegung der Tuareg, der Mouvement National pour la Libération de l'Azawad (MNLA). Außerdem sagt er dem Land große finanzielle Hilfen für den Wiederaufbau und die tertiäre Bildungsebene zu und erzielt erste nachhaltige Vermittlungs- und Schlichtungserfolge.

Damit bringt Marokko also erst einmal Ruhe in die hoch konfliktäre Situation. Auch wenn der Konflikt im Sommer 2014 eruptionsartig wieder aufflammt, so ist der Erfolg der marokkanischen Mediation nicht zu unterschätzen. Sie ist es, die den Weg ebnet für den nachfolgend von der internationalen Gemeinschaft mit der Beteiligung Deutschlands vorangetriebenen und aktuell von Algerien moderierten Friedensprozess. Im Mai 2015 kann ein Friedens- und Versöhnungsabkommen in Mali unterzeichnet werden (vgl. Auswärtiges Amt 2015: Außenminister Steinmeier), das sich allerdings kritisch hinterfragen lassen muss angesichts der Tatsache, dass die wichtige Konfliktpartei, die der Tuareg, nicht unterzeichnet hat. Die Hoffnungen, die in dieses Abkommen gesetzt wurden, haben sich bis heute nicht erfüllt. Mali ist nach wie vor destabilisiert. Die malische Bevölkerung leidet unter den kämpferischen Auseinandersetzungen einer Vielzahl an verfeindeten Gruppen und Terroranschlägen. Den internationalen Friedenstruppen gelingt es nicht, die Lage zu beruhigen und zu stabilisieren.

Diese Arbeit untersucht nun gezielt, was den Erfolg der marokkanischen Mediation im Mali-Konflikt ausmacht. Sie greift damit einen Trend in der Friedens- und Konfliktforschung auf, bei dem der Fokus der wissenschaftlichen Untersuchung sich von der Konfliktanalyse weg hin zur Analyse der Erfolgsfaktoren wendet, und untersucht kultursensibel unter Einbeziehung afrikanischer Quellen zwei konkrete Erfolgsfaktoren. Dabei nähert sie sich dem Forschungsgegenstand einmal aus realistischer Perspektive und beleuchtet, wie die Motivation des Mediators und seine zur Zielerreichung eingesetzten Ressourcen den Mediationsprozess beeinflussen können. Zum anderen wird konstruktivistisch untersucht, welche Rolle das kulturelle Verständnis der Konfliktparteien durch den Mediator spielt und wie förderlich es sich auf den Mediationserfolg auswirkt. Sowohl durch ihre besondere Vorgehensweise als auch mit ihren Ergebnissen möchte die Arbeit die Entwicklung neuer Lösungsansätze für die Konfliktbefriedigung in Mali im aktuell laufenden Mediationsprozess inspirieren und einen Beitrag zur nachhaltigen Lösung ethnopolitischer Konflikte in der MENA-Region leisten. Die aktuellen Flüchtlingsströme aus eben dieser Region verweisen auf die Dringlichkeit, derartige Lösungen voranzubringen.

Es gelingt dem marokkanischen Königreich also mit seiner Mediation 2013/2014, wovor der Westen zurückschreckte und seine militärische Intervention scheiterte: regulierend in den Konflikt einzugreifen und ihn vorerst zu beruhigen. Diese Arbeit geht den von Politik und Weltöffentlichkeit so wenig beachteten gewaltfreien, kurzzeitigen aber ertragreichen Schlichtungsweg Marokkos nach. Sie fragt, worin genau der Erfolg der marokkanischen Mediation begründet liegt, und setzt den Fokus damit auf folgende Forschungsfrage:

Wie erklärt sich der Vermittlungserfolg des marokkanischen Königreichs in der Mali-Krise?

Um diese Frage zu ergründen, werde ich die im vorangegangen Kapitel vorgestellten Hypothesen auf ihre Tragfähigkeit hin empirisch prüfen. Dabei werde ich zwei Erklärungsfaktoren für den Erfolg prüfen, die ich für wesentlich halte. Zum einen sind das die großen finanziellen Zusagen Marokkos an Mali. Hier prüfe ich gleichzeitig den Hintergrund für die Bereitschaft des Königreichs zur Aufwendung der immensen Summen für den malischen Aufbauprozess aus realistischer Perspektive. Zum zweiten untersuche ich die kulturelle Nähe des Mediators zu den Konfliktparteien als Erklärungsfaktor für den Erfolg aus konstruktivistischer Sicht. Hier liefere ich zusätzlich Hintergrundwissen zum Mediator, welches seine besondere Qualifikation als Vermittler in diesem Konflikt herausstellt.

Der Prüfung der Erklärungsfaktoren schalte ich eine überschaubare Chronologie über die Mediation vor, um die Art und Weise der marokkanischen Vermittlungen nachvollziehbar zu beschreiben und eine Wissensgrundlage für das Verständnis der nachfolgenden Analyse zu legen. Diese Vorgehensweise unterstützt die zum Einsatz kommende Methode des Process-Tracing, die lineare und kausale Wirkungszusammenhänge im Prozessgeschehen aufzeigt (vgl. Bennet in Brady/Collier 2010) und die über hermeneutische Deutungen Rückschlüsse auf die Vermittlungserfolge erlaubt. Aus den Ergebnissen lassen sich dann Herausforderungen und Handlungsanleitungen für den aktuellen Friedensprozess in Mali sowie generelle Empfehlungen für die Befriedung ethnopolitischer Konflikte im arabischen Raum ableiten. Nicht zuletzt werden die Grenzen der angewandten Methoden aufgezeigt und Anregungen für eine erweiterte Prüfung der Ergebnisse gegeben.

3.2 Hintergrundinformationen

Was bewegt nun den marokkanischen König, die Rolle des Mediators im Mali-Konflikt anzunehmen? Um die Motivation Marokkos zu erhellen, werden die außenpolitischen Interessen Marokkos bis zum Ende des Untersuchungszeitraums März 2014 näher untersucht. Eine Neuausrichtung in der Afrikapolitik deutet sich bereits 2013 an. Sie drückt sich auch über die Mediation und die mit ihr verbundenen Aktivitäten aus und erfährt durch die Erfolge Bestätigung. Des Weiteren wird die Volksgruppe der Amazighen vorgestellt sowie über die Erfahrungen Marokkos in der Konfliktmediation mit Amazighen im Süden Marokkos berichtet.

3.2.1 Außenpolitische Interessen Marokkos

Ein Shift in der marokkanischen Außenpolitik wird langsam sichtbar. Die stockenden Beziehungen mit seinem Nachbarn Algerien und die sich erschöpfenden Handelsbeziehungen mit Europa führen den marokkanischen König zur Entdeckung neuer Märkte – in Subsahara-Afrika. Nach einer jahrzehntelangen Ausrichtung auf Europa und den nordafrikanischen und arabischen Raum wendet er sich nun nach Süden, auch, um mit den an die Sahelzone grenzenden Staaten in der Terrorismusbekämpfung Kräfte zu bündeln.

Hinwendung zu den Staaten Subsahara-Afrikas

Das junge Engagement des marokkanischen Königs in Afrika überrascht, hat sich Marokko doch lange Zeit eher nach Osten und nach Europa orientiert, sich gar als Brücke nach Europa gesehen. Zu den Ländern Subsahara Afrikas bestand eher ein zwiegespaltenes Verhältnis, welches durch den Austritt aus der Afrikanischen Union 1984 eher verstärkt wurde (vgl. nzz.ch 2014: Rabat). Man misste dort die Modernität und Nähe zu Europa. Aller Vorbehalte zum Trotz wendet sich das Königreich nun den Ländern unterhalb der Sahelzone zu, um umfangreiche Kooperationspartnerschaften aufzubauen. Das ist ein Novum und von Erfolg gekrönt.

Bereits Anfang des Jahres 2013 bereist der König die westafrikanischen Länder Senegal, die Elfenbeinküste und Gabun. Er setzt sich für die Stärkung der bilateralen Beziehungen und für eine gemeinsame vor allem wirtschaftliche Weiterentwicklung ein. So werden bei dieser ersten großen Afrika-Rundreise zahlreiche Kooperationsabkommen unterzeichnet, z. B. in den Bereichen Handel, Gesundheit, Fischerei, Transport, Tourismus, Energie, Bodenschätze und Sicherheit. Auch im Bereich der Versöhnungsarbeit wird der König aktiv und vermittelt zwischen Regierungslagern in der Elfenbeinküste, deren Spaltung noch aus der Regierungskrise 2010, 2011 resultiert. Das Engagement des Königs weckt tatsächlich enormes Interesse und wird in den Medien als „Königliche Partnerschaft" gefeiert (vgl. news.abidjan.net 2013: Maroc; Sa Majesté).

Die strategische außenpolitische Neuausrichtung in der Afrikapolitik und die positive Resonanz, auf welche sie bei dieser ersten Afrikareise stößt, mögen Gründe sein, die den König veranlassen, vermittelnd in die Mali-Krise einzugreifen. Auch während des Zeitraums der Mediation bestätigt sich die neu eingeschlagene Richtung. Bei seinem ersten Besuch in Mali innerhalb des Mediationskontexts im September 2013 baut der König die Kooperationsbeziehungen mit dem Land aus. Sein zweiter Aufenthalt in Mali im Februar 2014 ist mit einer weiteren Afrikarundreise verbunden, bei der er die Elfenbeinküste, Guinea und Gabun besucht, um die Beziehungen zu festigen bzw. wie in Guinea, sie neu zu beleben.

Welche Leitgedanken den König dabei bewegen, verdeutlicht sehr gut die Rede, die er im Rahmen seiner zweiten Afrikareise am 24. Februar 2014 in der Elfenbeinküste hält und welche als historisch angesehen wird. In ihr stellt er heraus, wie wichtig es für den Kontinent ist, die innerafrikanischen Beziehungen zu stärken, um gemeinsam nach vorn zu gehen. Die wirtschaftliche Schwerpunktsetzung sieht er als notwendige Reaktion auf die sich verändernden internationalen diplomatischen Beziehungen, in denen die wirtschaftliche Zusammenarbeit immer mehr an Bedeutung gewinnt. In seinen Kooperationsbeziehungen baut Marokko auf historische Verbindungen und Verbundenheit auf, setzt auf glaubwürdiges Handeln und konstantes Engagement – ohne den Verkauf von Ländereien und die Jagd nach Profit. Die Projekte sollen in erster Linie der Bevölkerung und der Verbesserung ihrer Lebensbedingungen dienen. Die afrikanischen Völker sollen vom Reichtum Afrikas profitieren können.

Um das Potenzial Afrikas zu realisieren, sollte sich Afrika dieses enormen Potenzials, des Reichtums an Bodenschätzen und der Größe seines Territoriums bewusst werden, Vertrauen in sich selbst entwickeln und die Herausforderungen entschieden und mit Optimismus angehen. Unterentwicklung, Armut und Ausschluss sollten im Laufe des 21. Jahrhunderts der Vergangenheit angehören und, so meint der König, mithilfe von innerafrikanischen Kooperationsbeziehungen, mit Solidarität und der Beachtung der Souveränität und territorialen Integrität der Staaten überwunden werden. Das Königreich selbst kann sich als glaubwürdiger und vertrauensvoller Investor und Facilitator einbringen und mit seinen wirtschaftlichen Stärkebereichen. Wichtig sei es, ins Handeln zu kommen und für Afrika einen Profit von der Globalisierung zu erarbeiten (vgl. Mohammed VI 2014: Le Discours).

Der König geht das Großprojekt mit so viel Verve an, dass kein Zweifel an der Durchführbarkeit aufkommt. Die afrikanischen Kooperationspartner danken es ihm mit viel Applaus. Sie danken ihm für sein partnerschaftliches Angebot, den angestoßenen wirtschaftlichen Neuaufschwung, der über die vertraglichen Vereinbarungen und erste zügig implementierte Projekte sichtbar wird, und die mit ihm einhergehenden neuen Perspektiven für ein sich von der Dominanz westlicher Akteure verabschiedendes und auf eigene Kräfte bauendes Afrika. Der König stärkt also das afrikanische Selbstvertrauen und kann selbst einen Zugewinn an Bedeutung für sich und sein Königreich in der Region verzeichnen. Wenn auch manche Marokkaner sich mehr Engagement in den eigenen strukturschwachen Regionen wünschen, so wird die Afrikapolitik doch vom Gros der marokkanischen Bevölkerung befürwortet und mit Stolz wahrgenommen (vgl. nzz.ch 2014: Rabat).

Terrorismusbekämpfung und Konfliktmediation in der Sahelzone

In der Weiterentwicklung der Länder sieht der König auch ein wichtiges Mittel, um die Region zu stabilisieren (vgl. challenge.ma 2013: Le Maroc africain). Armut, Arbeitslosigkeit, empfundene Abhängigkeit und Frustration bieten Nährboden für die Ausweitung terroristischer Vereinigungen. Die Staaten der Sahelzone wie Niger, Tschad und Mali zählen nach dem Human Development Index der UN zu den ärmsten der Welt (vgl. Human Development Report 2013). Hier sind die terroristischen Vereinigungen besonders aktiv. Die als fragile bzw. gefährdete Staaten eingeschätzten Länder (vgl. fsi.fundforpeace.org 2013: The Failed States Index) mit schwachen Regierungen und wenig staatlich entwickelten Strukturen bieten für sie ein willkommenes Rückzugsgebiet. Mit den Umwälzungen in Libyen im Zuge des Arabischen Frühlings 2011 haben sie zusätzlich an Zulauf gewonnen und u. a. von dem libyschen Waffenbestand profitiert. Vor allem in Libyen, Algerien, Mali und Mauretanien sind ihre Gruppen gewachsen (vgl. Mattes 2016: 21 f). In den angrenzenden Staaten werben sie gezielt junge arbeitslose Menschen an.

Mit dieser Entwicklung ist die organisierte Kriminalität in der Sahelzone noch einmal angestiegen. Durch die Wüstenregion verlaufen Schmugglerrouten, über die Waffen und Drogen wie Cannabis und Kokain transportiert, aber auch Menschen geschleust werden, die sich in der Hoffnung auf eine bessere Zukunft auf den Weg nach Norden begeben. Mali, durch das alte traditionelle Handelsrouten führen und in dem die nomadische Bevölkerung auf jahrhundertelange Erfahrung im transsaharischen Handel blicken kann, gilt 2013 dabei als wichtiger Umschlagplatz des illegalen Handels (vgl. Kühne 2013, 5). Sowohl eine durch radikal-islamistische Aktivitäten destabilisierte Sahelzone als auch Kriminalität und illegale Einwanderung wirken sich ungünstig auf die Sicherheit und die stabile Weiterentwicklung von Marokko aus (vgl. Mattes 2016: 21 f). Daher ist der marokkanische König seit Amtsantritt bestrebt, diese Gefahren durch gezielte Kriminalitäts- und Terrorismusbekämpfung einzudämmen.

Seine Sicherheitspolitik richtet er strategisch daraufhin aus. Er erhöht die Sicherheitsvorkehrungen an der Grenze im Süden und verstärkt nach dem Attentat in Marrakesch im Jahr 2011 noch einmal massiv die Polizeipräsenz sowie die Anstrengungen, terroristische Pläne in Marokko zu vereiteln. 18 Terrorzellen können in den Jahren 2011–2013 aufgedeckt werden, 500.000 Menschen kommen in Untersuchungshaft (vgl. aujourdhui.ma 2014: Un). An den rigorosen Grenzkontrollen und der konsequenten Zerschlagung terroristischer Netzwerkstrukturen nehmen sich Marokkos Nachbarn ein Beispiel. Außerdem baut Marokko strategisch und kontinuierlich die bilaterale Zusammenarbeit in der Terrorismus- und Kriminalitätsbekämpfung mit Ländern der Region aus und engagiert sich in entsprechenden regionalen und internationalen Organisationen und Programmen wie der Trans Sahara Counter Terrorism Partnership TSCTP. Was Marokko auszeichnet ist, und das wird besonders in der Rede in der Elfenbeinküste deutlich, dass es sich dabei den Blick für nicht militärische und nicht repressive Strategien bewahrt und diese nun gezielt angeht.

So geht es in seiner neuen Afrikapolitik also auch um die Sicherheit der Region, darum, die sicherheitspolitische Arbeit der Staaten im nord- und westafrikanischen Raum zusammenzuführen, zu koordinieren und zu bündeln, um gemeinsam gegen die Herausforderungen vorzugehen. In der Strategie der Terrorismusbekämpfung Marokkos zeigt sich deutlich der multidimensionale Ansatz, der das Problem von mehreren Seiten angeht, nämlich sowohl von der militärischen Seite, über die Kooperation mit internationalen Partnern wie der UN, aber eben auch durch gezielte lokale sozio-ökonomische Förderung, über Konfliktmediation und Deradikalisierungsmaßnahmen. Damit werden die Gründe für die Radikalisierung angegangen, so wird mit einem breiten Instrumentarium einer Stabilisierung von verschiedenen Seiten zugearbeitet. In der Vermittlungsaktivität in der Mali-Krise dürfte also die Möglichkeit gesehen worden sein, die Zusammenarbeit in Sicherheitsfragen zu stärken und gemeinsame Maßnahmen zur umfassenden Terrorismusbekämpfung auf den Weg zu bringen.

Profilierung gegenüber Algerien

Die von den Algeriern 2013 ausgehobenen Schützengräben entlang der gemeinsamen Grenze und der daraufhin im Folgejahr von den Marokkanern errichtete Elektrozaun symbolisieren unterdes das spannungsvolle Verhältnis der beiden Nachbarstaaten. Während Marokko gern die wirtschaftlichen Beziehungen zu Algerien erneut verstärken würde, sieht Algerien bei einer Öffnung der Grenze viel größere Profitmöglichkeiten für Marokko als für sich selbst und koppelt darum Marokkos Forderungen an die Bedingung, einem Referendum in der Westsahara über Selbstbestimmung zuzustimmen und damit die Expansionsansprüche im Süden aufzugeben. Bereits seit der Unabhängigkeit beider Staaten liegt Algerien in ständigem Konflikt um die Grenzverläufe mit Marokko, welches wiederum auf der Autonomie der Westsahara unter der Souveränität Marokkos beharrt.

Das bilaterale Missverhältnis fußt allerdings über diesen Grundkonflikt hinaus auch in den unterschiedlichen Selbstverständnissen der Staaten. Marokko präsentiert sich als selbstbewusste Monarchie mit einem modernen jungen König an der Spitze, der zugleich religiöses Oberhaupt im Land ist und über die Landesgrenzen hinaus geachtet ist. Sein Nationalgefühl baut es auf den Willen Gottes, die bewohnte Erde und das in Schlachten errungene Erbe der Väter auf. Im Gegensatz zu Marokko war Algerien in viel umfangreicherem Maße erobert, besetzt und unterdrückt worden und hat sich 1962 nach der Unabhängigkeitserklärung von der Kolonialmacht Frankreich zu einer Republik mit einem Präsidenten entwickelt, in der die Wahlfreiheit der Menschen, ihr freier Wille und freiwillige Opfer großgeschrieben werden und der Islam Staatsreligion ist (vgl. jeuneafrique.com: une relation).

So stehen sich hier zwei Staaten mit sehr unterschiedlichen Identitätsverständnissen gegenüber, die sie in kleinen und großen Auseinandersetzungen voreinander verteidigen. Seit mehr als 20 Jahren liefern sie sich diesbezüglich einen Schlagabtausch, welcher die Fronten weiter verhärtet. So macht Marokko 1994 Algerien für einen Anschlag in Rabat verantwortlich. Algerien schließt auf diese Vorverurteilung ohne Ermittlungsverfahren hin die Grenze. Marokko schafft die Visa ab und ermöglicht Algeriern eine unbürokratische Einreise. Ein Jahr später, 2004, führt Algerien Visa für Marokkaner ein. Im Jahr 2013 trennt die erwähnte ausgebaute Grenzanlage die Nachbarländer. Nichtbeachtung wird demonstriert.

Die Tuareg sind in beiden Ländern beheimatet, ihre zahlenmäßige Stärke lässt sich aber aufgrund der Vermischung mit Arabern nur schwer vornehmen. Außerdem sind viele Tuareg, denen früher eine nomadische bzw. halbnomadische Lebensweise zugeschrieben wurde, mittlerweile sesshaft geworden. Die Bezeichnung Tuareg hat sich nach Ahmed Khanboubi in der Kolonialzeit herausgebildet. Die Tuareg selbst bezeichnen sich als Amazighen – das Volk der Freien. Der Anteil an Amazighen ist in Marokko weitaus größer als in Algerien. Während sich die Amazighen in Marokko vom Staat zum Teil vernachlässigt sehen – Tendenz abnehmend, unterhält die algerische Regierung sehr gute Beziehungen zu ihnen, sollen sie doch den Staat beim Kampf um die Unabhängigkeit maßgeblich unterstützt haben (vgl. lexpress.fr 2012: Mali: pourquoi).

Algerien ist auch das Land, das bislang vornehmlich in malischen Tuareg-Konflikten als Mediator fungierte, so in den Tuareg-Rebellionen von 1990–1994 und 2007–2009, in denen die Tuareg vor allem politisches Mitspracherecht im Land, Tuareg-Repräsentanten in der Regierung, die Beteiligung an den Gewinnen aus dem in ihren Gebieten geförderten Uran und größere Autonomie einforderten (vgl. Basedau/ Werner 2007: Neue Tuareg-Rebellion). Die letzte Vereinbarung zwischen den Tuareg und malischen Regierungsbeamten, die bis zum Ausbruch der neuen Krise in 2012 in Kraft war, wurde 2006 in Algier unterzeichnet. Seit 2010 existiert unter dem Dach der African Union (AU) das Comité d'état-major opérationnel conjoint (CEMOC), das Operationen zur Terrorismusbekämpfung in Mali, Niger, Mauretanien und Algerien unter der Leitung von Algerien koordiniert und in dem die betreffenden Länder vertreten sind, von dem Marokko aber ausgeschlossen ist (vgl. foreignaffairs.com 2014: Morocco's Move). So hat sich das Land einen Namen in der Konfliktmediation gemacht, in der Sahelzone wie auf internationaler Ebene.

In seinem Nachbarstaat Mali soll Algerien vor allem die Gruppe der Ansar Dine bis zu ihrer Auflösung finanziell und militärisch unterstützt haben. Ihr Anführer Iyad Ag Ghali hatte sich in den Konflikten der 1990er-Jahre als eine zentrale Führungsperson im Kampf für ein unabhängiges Azawad hervorgetan. In der Zwischenzeit hat er sich allerdings zum Djihadisten entwickelt, dem es nun weniger um die Rechte der Tuareg als vielmehr um die Errichtung eines Gottesstaates und die Einführung der Scharia ging. Djihadisten allerdings hat Algier seither von sich ferngehalten. So wurde eine salafistische Gruppe von Algier systematisch in den Süden Algeriens und in die Wüste gedrängt. Aus dieser Gruppe ging später die maghrebinische al-Qaida: al-Quaida au Maghreb Islamique (AQMI) hervor, die ebenfalls in den aktuellen Konflikt in Mali involviert ist. Diese Tatsache hat der gestürzte malische Präsident Touré massiv kritisiert. Er warf Algerien vor, Terrorismus in sein Land zu exportieren: Die AQMI, die sich in dem nördlichen Gebirgszug Malis, dem Adrar des Ifoghas, niedergelassen hatte, schleuse gezielt radikale Islamisten aus Algerien in sein Land (vgl. lexpress.fr 2012: Mali: pourquoi).

In diesen Misstönen in den Beziehungen zwischen Algerien und Mali erkennen die Marokkaner 2013 ihre Chance. Ein weiterer Umstand kommt ihnen entgegen: Den Erwartungen politischer Entscheidungsträger auf der internationalen Ebene widersprechend, verhält sich Algerien zum Ausbruch des Mali-Konflikts ruhig. Nicht nur seine außenpolitischen Beziehungen zu Mali sind verhalten, hinzu kommen innenpolitische Schwierigkeiten, die große Kapazitäten in Anspruch nehmen: Ein Machtkampf zwischen den Eliten, dem Sicherheits- und Nachrichtendienst, der traditionell den König in Algerien stellt, und der Regierungspartei, der FLN – Front de Libération Nationale, ist entbrannt (vgl. foreignaffairs.com 2014: Morocco's Move). So sichert Algerien zunächst einmal nur seine malisch-algerische Grenze, um ein Übergreifen des malischen Konflikts auf den eigenen Süden zu vermeiden.

Marokko hingegen sichert Mali sofort nach Ausbruch der Krise 2012 umfangreiche Unterstützung bei der Bewältigung zu und leitet umgehend entsprechende Maßnahmen ein. Auf die Anfrage Frankreichs hin erklärt es sich zügig bereit, die Militärintervention mit einem Überflugrecht zu unterstützen. Eine Beteiligung marokkanischer Spezialeinheiten wird nicht offiziell bekannt gegeben, wird aber vermutet und im Zusammenhang mit Marokkos Interesse gesehen, den radikalen Islam als Bedrohung für die Monarchie und ihren moderaten malekitischen Glauben zu bekämpfen (vgl. jeuneafrique.com 2014: Diplomatie: le Maroc). Marokko hat damit den Platz eingenommen, der von Algerien nicht besetzt wurde. Auch zu anderen Staaten der Sahelzone und Westafrikas intensivierte Marokko zeitgleich die Beziehungen, nun unabhängig von Algerien und auf dem Weg zu erweiterter regionaler Bedeutung (vgl. foreignaffairs.com 2014: Morocco's Move). Dabei kommt Marokko zugute, dass es in der Vergangenheit trotz der Bemühungen Algeriens, den Nachbar politisch zu isolieren, gute bilaterale Beziehungen zu den westafrikanischen Staaten gepflegt hat, sodass es sogar als Repräsentant der afrikanischen Interessen für den Zeitraum von 2011–2013 in den UN-Sicherheitsrat gewählt wurde (vgl. le journalinternational.fr 2013: Morocco's diplomacy). Hieran kann Marokko jetzt anknüpfen und seine Machtposition in Subsahara-Afrika und international ausbauen. Die Mediation in Mali ist ihm auf diesem Weg willkommen.

3.2.2 Erfahrungen Marokkos bei der Konfliktmediation mit Amazighen

Um die Rolle der kulturellen Nähe zwischen Mediant und Mediator als Erfolgsfaktor bei der Konfliktmediation näher zu bestimmen, werden im Folgenden erst einmal Marokkos Bezüge zu der Hauptkonfliktpartei der Tuareg und dem Konfliktfeld betrachtet. Hier kann der Mediator einschlägige Erfahrungen vorweisen. Im Süden

Marokkos südlich der Achse Agadir-Zagora leben verschiedene nomadische und halbnomadische Stämme, von denen einige Tuareg-Stämme sind, deren Genealogie sich bis zur Almoraviden-Dynastie zurückverfolgen lässt und die dem großen Amazighenstamm der Sanhaja angehören (vgl. tribusdumaroc.free.fr: tribus anciennes). Mit der zunehmenden Ressourcenknappheit durch die Klimaveränderungen und der dadurch bedingten Verringerung der Weideflächen und Tränken sowie der geringeren Ertragfähigkeit der Böden in den Oasen (vgl. Aït Hamza/El Fasoui 2010: 59–69) nehmen die Konflikte der nomadischen Stämme mit den sesshaften Stämmen zu. Die Nomaden treibt es mit ihren Viehherden auf der Suche nach Futter in ihrer Not auch außerhalb der dafür vorgesehenen Zeiten auf die Felder und Plantagen der Bauern. Was nach der Ernte als willkommene Hilfe bei der Nachlese und der Düngung begrüßt und als friedliche Koexistenz gelebt wird, gibt immer häufiger Anlass zu handfesten Auseinandersetzungen, in denen lokale traditionelle Autoritäten, die Zivilbevölkerung sowie Staatsbeamte vermitteln.[1]

Ein weiteres Konfliktfeld, in dem das Königreich umfangreiche Mediationserfahrungen mit Tuareg sammelt, ergibt sich aus den Grenzkonflikten mit der Westsahara, die vom Königreich aufgrund der langen gemeinsamen Geschichte vor der spanischen Kolonialisierung als zu Marokko zugehörig angesehen wird. Nach Ahmed Khanboubi bestehen starke verwandtschaftliche Beziehungen zwischen den Amazighen in Marokko und den Amazighen in der Westsahara. Aktuelle Konflikte haben ihre Wurzeln in der kolonialen Grenzziehung, die vor 132 Jahren die Stämme und Familien auseinanderrissen. Heute sind die Sahraouis zwischen Unabhängigkeitsbestrebungen und dem Bewusstsein der verwandtschaftlichen Verbundenheit, der wirtschaftlichen Abhängigkeit von Marokko und der militärischen Macht Marokkos hin- und hergerissen und lassen sich immer mehr in die politischen Verwaltungsstrukturen in dem von Marokko kontrollierten Gebiet einbinden, was mit der Aufgabe der nomadischen Lebensweise verknüpft ist. Auch in diesem Konfliktfeld wird deutlich, dass unterschiedlichste Interessen, Lebensformen und -kulturen auf einem begrenzten Sozialraum kollidieren und miteinander in Einklang gebracht werden wollen. Auch hier vermittelt Marokko prioritär mit der Ausrichtung auf einen die Westsahara mit einschließenden Einheitsstaat. Die wirtschaftlichen Interessen von marokkanischer Regierung, Sahraouis und externen Akteuren nach der Entdeckung großer Phosphatvorkommen in der Westsahara verstärken die Ähnlichkeit des Konfliktfeldes mit dem in Mali. An den südlichen Grenzen und den Handelsstraßen nach Westafrika müssen sich die Marokkaner zudem ebenfalls mit Schmuggel und terroristischen Vereinigungen auseinandersetzen.

---

1 Die hitzigen Debatten zum Thema konnte ich bei den Bauern der Chleuh im Souss-Massa-Drâa auf einer Konferenz zur besseren Vermarktung der Produkte aus nachhaltigem biologischen Anbau im Jahr 2013 miterleben. Noch nicht alle Anbauflächen der Bauern im Süden sind verwaltungstechnisch erfasst, sodass es einmal mehr zu Streitigkeiten um Grenzverläufe zwischen Besitztümern kommt.

Im Zusammenhang mit den Tuareg in Mali ist interessant, dass das marokkanische Saadier-Reich im 16. und 17. Jahrhundert unter Ahmed El Mansour sich bis nach Timbuktu erstreckte (vgl. Betten 2009: 60; vgl. Anhang: Das Reich) und hier die gemeinsamen Wurzeln der marokkanischen und malischen Tuareg besonders offensichtlich zutage treten. Zu dem großen Amazighenstamm der Sanhaja, einem der ältesten Amazighenstämme, zählen auch die Tuareg im Norden Malis. Ihr Name Zenega ist sprachwissenschaftlich gesehen nur eine abgewandelte Form von Sanhaja, beide haben ihren Ursprung in Znag, Sohn des Branès, Sohn des Mazigh, Vater aller Amazighen (tribusdumaroc.free.fr: Sanhaja, Zenega). Ahmed Khanboubi weist darauf hin, dass sich auch die malischen Tuareg selbst stark als Amazighen identifizieren. Sie bezeichnen sich als Imouhagh, was wiederum sprachverwandt mit den Begriffen Imazighen bzw. Amazighen ist, und fühlen sich nicht nur mit den Stämmen der Sanhaja, sondern mit allen Amazighen in Nordafrika verbunden: mit Amazighen in Mali, Tschad, Niger, Mauretanien, Algerien, Tunesien, Libyen, Ägypten und dem Sudan.

Marokko ist also verwandtschaftlich und kulturell verbunden mit den malischen Tuareg. Es ist umfangreich und durch die gelebte andauernde Auseinandersetzung vertraut sowohl mit der Konfliktpartei als auch mit dem Konfliktfeld. Es konnte sich immer wieder in der Mediation von Konflikten, in denen Tuareg involviert sind, erproben. In seinem eigenen Land integriert es die Kultur der Amazighen zusehends. So wird seit einigen Jahren in den Schulen im Süden Marokkos wieder die 2.000 Jahre alte Schrift der Tuareg, das Tifinagh[2], gelehrt. Ihre Sprache Tamazight ist außerdem nach einer Reform der Konstitution durch den König im Jahr 2011 Amtssprache neben Arabisch und Französisch geworden (slateafrique.com 2011: Tamazight, langue officielle). Der neue Regierungschef Marokkos, der seit April 2017 im Amt ist, ist erstmalig seit dem Ende der Sultanatsherrschaft und der Einführung einer konstitutionellen Monarchie im Jahr 1957 ein Amazigh: Saâd Eddine El Othmani. Auch religiös haben die Amazighen das Land beeinflusst. Gerade die Almoraviden haben im 11. Jahrhundert den malekitischen Glauben geprägt und später in ganz Marokko, damals in seiner Ausdehnung bis nach Timbuktu, verbreitet (vgl. Haarmann 2001: 298). Vor allem unter religiösen Aspekten versammeln sich heute noch die verschiedenen Amazighenstämme im Süden. Die umfangreiche historische und kulturelle Verbundenheit ist umso bedeutender, als dass im arabischen Raum im Allgemeinen und unter Amazighen im Besonderen der Abstammung und familiären Verbindung eine hohe Bedeutung beigemessen wird.

---

2 Die Schriftsprache Tifinagh mit ihren Runen-ähnlichen Zeichen habe ich auf meinen Studien- und Arbeitsreisen in den Souss-Massa-Drâa erlernt.

3.3 Schlaglichter der Mediation

Mediation gehört also bereits im Land selbst, das konnte verdeutlicht werden, zum Tagesgeschäft des marokkanischen Königs, dem daran liegt, die Streitigkeiten zwischen den verschiedenen Stämmen und Ethnien innerhalb Marokkos, die mindestens bis in die Zeit der Islamisierung zurückzuverfolgen sind, beizulegen und das Land zu einen. Das gelingt ihm gut. Auch beim Aufbau der Kooperationspartnerschaft mit der Elfenbeinküste ist sein Vermittlungsgeschick bereits zum Einsatz gekommen. Nun soll die Mediation in der Mali-Krise genauer betrachtet werden. Dazu wird die aktuelle Konfliktsituation in Mali geschildert und dann an drei wichtigen Ereignissen der Mediation ihr Verlauf nachgezeichnet.

3.3.1 Mali-Konflikt zu Beginn der Mediation

Die über lange Zeit marginalisierte Bevölkerungsgruppe der Tuareg, im Kampf vertreten durch die säkulare MNLA, hat also mit ihren radikal-islamischen Verbündeten von Ansar Dine – Verteidiger des Glaubens, Mouvement pour l'Unicité et le Jihad en Afrique de l'Ouest (MUJAO) und AQMI in der ersten Jahreshälfte des Jahres 2012 das malische Militär aus dem Norden vertreiben können und schon im April 2012 in den Regionen Timbuktu, Kidal und Gao den unabhängigen Staat Azawad ausgerufen (vgl. Lohmann 2013, 1f). Allerdings setzen sich dann nach Zwistigkeiten die radikal-islamischen Verbündeten über die Tuareg hinweg, vertreiben sie aus wichtigen Städten des Nordens und beginnen, die Scharia im Azawad einzuführen. Von der internationalen Anerkennung ist der Azawad weit entfernt.

In Bamako hat nach dem Putsch des Präsidenten Touré derweil das Militär die Führung übernommen. Dessen Organisation bricht aber unter den Herausforderungen im Norden zusehends ein. Bevor die radikalen Islamisten Kurs auf Bamako nehmen können, greift Frankreich mit der Opération Serval im Januar 2013 ein, verlegt Eliteeinheiten in das Kampfgebiet und erobert zusammen mit der malischen Armee sowie mit von der UN legitimierten Truppen der westafrikanischen Economic Community of Westafrican States (ECOWAS) zügig die Städte im Norden zurück (vgl. Lohmann 2013, 1f). Marokko unterstützt die Intervention. Die MNLA zeigt sich gesprächsbereit (vgl. AFP Paris 2013: le président) und vereinbart mit dem Interimspräsidenten einen Waffenstillstand, der im Juli Wahlen ermöglicht, bei denen Ibrahim Boubacar Keïta als Sieger hervorgeht. Doch bei einem Besuch des Premierministers in der nördlichen Stadt Kidal im September 2013 kommt es zu Ausschreitungen, bei denen Tuareg verwundet werden, sodass diese den Waffenstillstand wieder aufkündigen (vgl. aljazeera.com 2013: Mali's Tuareg fighters).

Der gesamte Konflikt hat zu diesem Zeitpunkt Mali in seinen Grundfesten erschüttert und destabilisiert. Nach Statistiken des United Nations High Commissioner for Refugees (UNHCR) sind allein im Jahr 2012 440.000 Malier auf der Flucht. Sie kommen bei Verwandten und Freunden in den Nachbarländern oder im Süden unter, sind darum wenig sichtbar, aber dennoch existent. Schwere Menschenrechtsverletzungen werden von allen militärisch involvierten malischen Gruppen begangen (vgl. Lohmann 2013, 3 f). Darum verliert auch die MNLA an Rückhalt in der Bevölkerung. Die terroristische Gruppe Ansar Dine löst sich auf und gründet eine neue Bewegung: Mouvement Islamique de l'Azawad (MIA), die sich nun ebenfalls für die Autonomie des Azawad einsetzt und den Terrorismus zumindest programmatisch ablehnt (vgl. Lohmann 2013, 2). Frankreich wird nach anfänglicher Skepsis als Befreier und Held Malis gefeiert. Die Nachbarstaaten erhöhen ihre militärischen Kontingente, operieren in Mali aber seit Anfang Juli 2013 gemeinsam unter Führung der UN-Mission United Nations Stabilization Mission in Mali (MINUSMA) (vgl. peaceau.org 2013: AFISMA Transfers). Die Kämpfe hinterlassen bis September 2013 viel Verwüstung und werfen die gesamte Wirtschaft um Jahrzehnte zurück.

3.3.2 Mediation: Besuch 1 des Königs

Am 19. September 2013 wird der neue malische Präsident I. B. Keïta feierlich in sein Amt eingeführt. Zu der Zeremonie reisen 21 Staatschefs an. Der marokkanische König wird herzlich empfangen und nutzt seinen mehrtägigen Aufenthalt, um, nachdem er I. B. Keïta in einer Rede seine Wertschätzung ausgedrückt hat, Gespräche mit dem neugewählten Staatsoberhaupt zu führen, in denen es um die Unterstützung Marokkos beim Wiederaufbau von Mali und bei der Bekämpfung des Terrorismus geht (vgl. marokko-news.com 2013: Seine Majestät [...] unterzeichnen). Zuerst einmal steht vornehmlich eine religiöse Zusammenarbeit im Vordergrund. Darum trifft sich der König noch am Tag der Amtseinführung mit den höchsten Geistlichen der Tariqa Tijaniyya, einer sufistischen Glaubenskongregation, die eine besondere Auslegungspraxis des Islam lehrt (vgl. marokko-news.com 2013: Seine Majestät [...] empfängt). Es kommt in den Folgetagen zu Verhandlungsgesprächen und zur Unterzeichnung einer Vereinbarung, in der Marokko Mali die Stipendien für die Ausbildung von 500 Imamen in Marokko zusichert (vgl. marokko-news.com 2013: Seine Majestät [...] unterzeichnen). Sie sollen die Möglichkeit haben, über einen Zeitraum von zwei Jahren einen Islam der Toleranz, den moderaten sunnitischen Islam nach der Malikiya-Rechtsform zu studieren. Auf diese Weise soll dem Einfluss der radikalen Islamisten in Mali entgegengewirkt werden (vgl. AFP Bamako 2013: Le Maroc).

Aber es geht auch um den Aufbau der Infrastruktur und um die Entwicklung des Gesundheitssystems. So wird während des Aufenthalts des Königs ein von den Marokkanern gestiftetes Lazarett auf dem Gelände des Sportstadions Modibo-Keïta unter Beisein des marokkanischen Königs eingeweiht, in dem marokkanische Ärzte drei Monate ehrenamtlich arbeiten und kostenlos Behandlungen und Operationen durchführen sowie Menschen in humanitären Notsituationen versorgen und beraten (vgl. AFP Bamako 2013: Le Maroc; marokko-news.com 2013: Königlicher Besuch). Der

König selbst bekräftigt, dass „das Königreich Marokko keine Mühen scheuen werde, um den Bruder und Nachbarn Mali im sozio-ökonomischen Sektor, der momentan Priorität hat, zu unterstützen" (marokko-news.com 2013: Königlicher Besuch). Die marokkanische Presse lobt sein Engagement in der Süd-Süd-Kooperation mit Mali und stellt Marokkos regionale Führungsrolle heraus (marokko-news.com 2013: Königlicher Besuch).

3.3.3 Mediation: Audienz beim König

Am 14. November 2013 treffen sich Vertreter von 19 Staaten – Staaten der Sahelzone und ihre internationalen Partner – in Rabat, darunter auch Mali, Frankreich und Libyen, um den Aufbau einer gemeinsamen Ausbildungsstätte für Grenzschutz in der marokkanischen Hauptstadt zu beschließen (vgl. diplomatie.ma 2013: Déclaration de Rabat; foreignaffairs.com 2014: Morocco's Move). Kurz vor dem Treffen unterzeichnen die zwei Staatschefs von Marokko und Mali ein Abkommen über eine Partnerschaft der Ministerien für religiöse Angelegenheiten beider Länder, über die sie besonders eng in religiösen Fragen kooperieren wollen, insbesondere bezüglich der Verbreitung der malekitischen Rechtsprechung und der Glaubenspraxis in Mali mit Marokko als Mentor. Ausgewiesenes Ziel ist die Terrorismusbekämpfung. Damit soll über die Ausbildung von Imamen hinaus langfristig an der Eindämmung radikaler Glaubenspraktiken wie der der Wahhabiten, die der Hanbaliya-Rechtsschule des Islam folgen, gearbeitet werden (vgl. foreignaffairs.com 2014: Morocco's Move).

Im Januar 2014 empfängt Seine Majestät König Mohammed VI nach Absprache mit dem malischen Präsidenten den Generalsekretär der MNLA Bilal Ag Achérif, begleitet vom Wortführer der Bewegung in Marrakesch. Er betont die Sorge Marokkos um die Stabilität und die Einheit des „Bruderlandes" (marokko-news.com 2014: Seine Majestät [...] empfängt in Marrakesch) und weist auf die Notwendigkeit eines Kompromisses zur Lösung der Konfliktsituation hin (vgl. foreignaffairs.com 2014: Morocco's Move). Bilal Ag Achérif beschreibt seinerseits die aktuellen Entwicklungen im Norden Malis, woraufhin ihn der König ermutigt, sich für eine effiziente und dauerhafte Lösung an den Bemühungen der internationalen Staatengemeinschaft durch die UN und ECOWAS zu beteiligen (vgl. foreignaffairs.com 2014: Morocco's Move) und den Dialog mit der malischen Regierung zu suchen (vgl. AFP Bamako 2014: Au Mali). Außerdem könne das Land weiter mit der Unterstützung seines historischen Verwandten Marokko rechnen. Das gemeinsame Freitagsgebet in der Koutoubia-Moschee bildet den Abschluss des Treffens (vgl. lemag.ma 2014: Les leaders). Nach Aussagen des malischen Außenministers hat es auf die persönliche Bitte des malischen Präsidenten hin stattgefunden, der sich davon eine Beruhigung der Situation verspricht, nachdem die MNLA kurz zuvor Verhandlungsgespräche in Algier abgebrochen hat (vgl. AFP Bamako 2014: Au Mali).

3.3.4 Mediation: Besuch 2 des Königs

Auf seiner Afrika-Reise besucht der marokkanische König vor Guinea, der Elfenbein-küste und Gabun vom 18.–23. Februar 2014 zuerst Mali, wo er mit einer „Salve von 21 Kanonenschüssen für die hohen Gäste" (AFP Bamako 2014: Au Mali) und von tau-senden Beifall klatschenden Maliern empfangen wird. Zu dieser Zeit läuft in Bamako gerade ein Vorbereitungstreffen für die Friedensverhandlungen mit den Führern der MNLA und anderer bewaffneter Gruppen des Nordens. Nach Aussagen des Außen-ministers seien die positiven Auswirkungen der Audienz beim König schon spürbar (vgl. AFP Bamako 2014: Au Mali). Am Ankunftstag trifft sich der marokkanische König zu Gesprächen mit dem malischen Präsidenten und verleiht ihm die höchste staat-liche Auszeichnung Marokkos, den Wissam Al Mohammadi der ersten Klasse (vgl. marokko-news.com 2014: Seine Majestät). I. B. Keïta gibt zu Ehren des Königs und seiner Delegation ein Gala-Dinner, an dem hochrangige Vertreter des Militärs und der Regierung teilnehmen (vgl. marokko-news.com 2014: Der malische Präsident).

Am Tag darauf treffen sich etwa 100 malische und marokkanische Geschäfts-leute, um über Kooperationsmöglichkeiten in verschiedenen Sektoren zu diskutieren (vgl. RFI 2014: Le Mali et son modèle). Als Ergebnis dieser Zusammenkunft werden am 20. Februar 17 bilaterale Abkommen unterzeichnet, durch die u. a. die Zusammen-arbeit der Banken, der Gesundheitssysteme, der Industrie- und Handelskammern, der Ausbildungsförderung, des Berg-, Gas- und Ölabbaus, der Wasser- und Energie-versorgung und der Viehzucht gestärkt werden soll. Ein Abkommen gilt dem Schutz der gegenseitigen Investitionen (vgl. marokko-news.com 2014: Seine Majestät [...] 17 bilaterale Abkommen). Die unter die Zielvorgabe der integrativen und solidari-schen Kooperationen gestellten Partnerschaften sollen helfen, die Infrastruktur des Landes nachhaltig aufzubauen, die verschiedenen Sektoren zu entwickeln und so die Lebensbedingungen der Malier stetig zu verbessern (vgl. RFI 2014: Le Mali et son modèle). Für den Wiederaufbau des Landes sichert der marokkanische König Mali 3 Milliarden Euro zu (vgl. Le Matin Bamako 2014: Le Roi Mohammed VI à Bamako). Erste Schritte werden sofort am nächsten Tag nach dem traditionellen Freitagsbesuch der Moschee umgesetzt: Der Grundstein für eine Geburtsklinik wird gelegt, und Sper-mien für die Rinderzucht werden an malische Viehzüchter übergeben (vgl. marokko-news.com 2014: Aktivitäten seiner Majestät). Ungefähr 100 Malier haben zu dieser Zeit bereits die Ausbildung zu Imamen in Marokko begonnen (vgl. dw.com 2014: Des imams maliens).

Am 22. Februar wird gesondert eine verstärkte militärische Zusammenarbeit aus-gehandelt und beschlossen. Mali soll weiter von Marokkos Expertise in der Terroris-musbekämpfung profitieren, malische Soldaten sollen an der Militärakademie des Königs trainiert werden, Marokko wird den Ausbau der militärischen Infrastruktur fördern und neben sozialem Wohnungsbau und Kasernen auch für neuen Uniform-schmuck sorgen. Der französische Radiosender RFI (Radio France Internationale) spricht von „echte[n] Flitterwochen zwischen den beiden Ländern" (vgl. RFI 2014: Coopération militaire).

3.4 Empirische Analysen

Der marokkanische Mediator geht seine Mediation also ganz umfassend an und verbindet sie mit einer umfangreichen Förderung der malisch-marokkanischen Kooperationsbeziehungen. Aus den die Mediation bestimmenden Faktoren werden nun zwei herausgegriffen, die wahrscheinlich den Mediationserfolg entscheidend mitbestimmt haben. Das sind zum Einen die umfangreichen finanziellen Zusagen und zum Anderen die kulturelle Nähe des Mediators zum Medianten. Sie werden im Folgenden empirisch geprüft, um sie gegebenenfalls als Erfolgsfaktoren ausweisen zu können.

3.4.1 Finanzielle Hilfen als Erfolgsfaktor

Innere Sicherheit

In Mali geht Marokko die Aufgabe an, in dem vielschichtigen, gewaltsamen und unübersichtlichen ethnopolitischen Konflikt zu vermitteln und innere Ordnung zu stiften. Die Ziele des Königs sind in einer Mitteilung des Königlichen Kabinetts festgehalten, in der es heißt, dass der Besuch eines Anführers der Hauptkonfliktpartei der Tuareg im Königspalast in Marrakesch eine logische Konsequenz aus den anhaltenden unterstützenden Bemühungen Marokkos sei, in Mali dauerhaften Frieden und Stabilität zu schaffen und der Konfliktlösung zuzuarbeiten (vgl. maliweb.net 2014: Bilal Ag Cherif). Für die Erreichung dieser Ziele scheut Marokko keinen Aufwand. In der hohen finanziellen Zuwendung materialisieren sich die Bemühungen an den Verhandlungstischen und verleihen ihnen Ernsthaftigkeit. Das zeigt eindrucksvoll seine Wirkung:

Der MNLA-Chef Bilal Ag Chérif wird bei besagter Audienz mit den königlichen Leitlinien konfrontiert, nach denen die Wahrung der territorialen Einheit Malis als eine zwingende Notwendigkeit angesehen wird. Er wird aufgefordert, den terroristischen und fundamentalistischen Übergriffen Einhalt zu gebieten (vgl. maliweb.net 2014: Bilal Ag Cherif) und im Interesse der Tuareg und einer nachhaltigen Problembewältigung mit der malischen Regierung sowie mit der UN zu kooperieren. Unter der Zusage der ideellen und monetären Unterstützung des Konfliktlösungsprozesses durch den marokkanischen König willigt der Anführer ein. Hatte er noch kurz vor dem Vermittlungsgespräch Sondierungsgespräche der Regierung mit den bewaffneten Gruppen des Nordens blockiert (vgl. AFP Bamako 2014: Au Mali), zeigt er sich danach bereit, die Verhandlungen wieder aufzunehmen. Von Marrakesch aus führt sein Weg über Bamako und unter Begleitschutz der MINUSMA direkt nach Mopti, einem nordwestlich von Bamako gelegenen und von der malischen Regierung strategisch gewählten Verhandlungsort. Dort willigen er und seine Anhänger ein, die Bedingungen des Präsidenten zu erfüllen und die Waffen niederzulegen (vgl. maliweb.net 2014: Reprise des négociations). Nach einer von Gewalt und Brutalität geprägten Periode ist ein bedeutsamer Schritt auf dem Weg zur Befriedung des Konflikts vollzogen.

Die Konfliktparteien einigen sich darauf, wieder friedlich ihre Positionen zu verhandeln und das weitere Vorgehen abzustimmen. Das wird in Mali kräftig gefeiert, auch als doppelter Sieg des Präsidenten. Er hatte der Vermittlung Marokkos zugestimmt und die Verhandlungserfolge bei Verhandlungen im eigenen Land erwirkt. I. B. Keïta ist es ein ausdrückliches Anliegen, dem Drängen internationaler Organisationen nicht nachzugeben und die Verhandlungen nicht ins Ausland zu verlagern, um eine Bevormundung Malis abzuwenden. Diese Haltung wird von sämtlichen malischen Gruppen geteilt und öffentlich gelobt (vgl. maliweb.net 2014: Bilal Ag Cherif). Die Verhandlungsergebnisse von Mopti wirken darum nicht nur auf die Konfliktparteien, sondern auf die gesamte malische Bevölkerung einigend.

Die verbesserte Stimmung kann der König bei seinem zweiten Besuch in Bamako selbst erleben. Mit Kanonensalven, die besonders hohen Gästen zukommen, und von Tausenden von Menschen wird er dankbar empfangen. Der malische Minister für auswärtige Angelegenheiten und Internationale Zusammenarbeit expliziert, dass die positiven Auswirkungen des Gesprächs in Marrakesch bereits zu spüren seien. Das Ziel des malischen Präsidenten, mit dem Wunsch nach einem Vermittlungsgespräch durch den marokkanischen König die Situation im Land zu befrieden, sei damit erreicht worden (vgl. AFP Bamako 2014: Au Mali). Damit können also gleichzeitig Mediator und Präsident eine Steigerung des Ansehens verbuchen.

Zeitgleich mit dem Besuch des Königs finden Vorbereitungstreffen für weitere Sondierungsgespräche mit den Gruppen des Nordens wie der MNLA statt (vgl. AFP Bamako 2014: Au Mali). Auch wenn kein direkter Einfluss des Königs und keine expliziten Verhandlungsergebnisse dieser Gespräche recherchiert werden konnten, hat der König höchstwahrscheinlich auch hier mit seinem Rat zur Seite gestanden. Seine während seines Besuches getätigten finanziellen Zusagen in Höhe von dem für die Malier außerordentlichen Wert von 3 Milliarden Euro werden sich günstig ausgewirkt haben. Ausdruck für den erfolgreichen Verlauf ist jedenfalls die Tatsache, dass die Ruhe im Land erst einmal weiter aufrechterhalten werden kann. Auch das Verhältnis zwischen den Konfliktparteien hat sich weiter positiviert und stabilisiert, sodass Bilal Ag Chérif bei seinem Besuch in Marrakesch 8 Monate nach seiner Audienz beim König in einem Gespräch mit dem marokkanischen Außenminister betont, dass alle malischen Kräfte die marokkanischen Bemühungen, ein neues Kapitel in den innermalischen Auseinandersetzungen aufzuschlagen, schätzen würden (vgl. le360.ma 2014: Mezouar).

Bereiche Bildung und Wirtschaft

Für den malischen Bildungssektor hat Marokko ein Förderprogramm mit der Ausbildung von 500 malischen Imamen aufgelegt und als Wirtschaftshilfe 3 Milliarden Euro zugesagt. Diese Hilfe ist ausgesprochen zielgenau platziert. Der Mali-Konflikt hat sich innerhalb von wenigen Monaten von einem Kampf für das Eintreten der Rechte der im Norden Malis beheimateten Tuareg hin zu einem djihadistischen Eroberungsfeldzug gewandelt. Wie ein malischer Vertreter der Tariqa Tijaniyya, der größten sufistischen Glaubenskongregation Nordafrikas, in einem Interview äußerte, kamen den islamistischen Verbündeten der MNLA dabei viele malische Koranschüler zu Hilfe. Ohne die genauen Beweggründe der djihadistischen Gruppierungen zu kennen, kämpften sie mit Gewehren ausgerüstet an ihrer Seite, um, wie er betrauerte, „ihre Schwestern und Brüder zu töten" (dw.com, Des imames). Schon im Vorfeld hatten sich Schulen der radikalgläubigen Wahhabiten, zu denen die Salafisten zählen, im Land verbreitet und moderate sufistische Glaubensausrichtungen übertönt.

Diesen Entwicklungen zollt der marokkanische König mit seiner Hilfe Respekt. Marokko weiß um die große Bedeutung des Islam in der Region, um die verschiedenen Strömungen, um die enge Verknüpfung von staatlicher und religiöser Führung auch in dem demokratisch verfassten Mali. Es bekämpft selbst im Inneren des eigenen Landes und vor allem an der südlichen Grenze auf der Handelsstraße, die nach Mali führt, verhältnismäßig erfolgreich den radikalen Islam. Hier bietet der König nun seine Expertise an und offeriert jungen Menschen mit Stipendien die Möglichkeit, einen moderaten Islam und die malekitische Auslegungspraxis im Königreich zu studieren. Dabei erhalten die jungen Menschen gleichzeitig eine umfassende Hochschulbildung, indem sie auch in Geschichte, Geografie, Regierungsführung und Menschenrechten unterrichtet werden (vgl. foreignaffairs.com 2014: Morocco's Move).

Die Unterstützung erweist sich damit als ein Projekt, das das drängendste Problem im Konflikt, nämlich die zunehmende religiöse Radikalisierung angeht. Dabei ist es langfristig angelegt und auf eine Elitenbildung ausgerichtet. Dass der marokkanische König als Scherif über die Landesgrenzen hinaus eine hoch anerkannte religiöse Autorität ist, die über die direkte Abstammungslinie zum Religionsbegründer Mohammed legitimiert wird, kommt ihm bei der Verhandlung des Hilfsangebots, bei dessen Umsetzung sowie bei der Verfolgung einer wahrscheinlichen Strategie, sich in ganz Nordafrika als Experte und Verbreiter des moderaten Islam zu etablieren, zugute (vgl. foreignaffairs.com 2014: Morocco's Move). Mit der Umsetzung des Projekts wird sofort begonnen. Im November 2014 reist bereits die zweite Gruppe zukünftiger Imame ins Königreich. Mehrere afrikanische und selbst europäische Länder wie Großbritannien haben mittlerweile angefragt, ebenfalls ihre Imame in Marokko ausbilden lassen zu dürfen (vgl. habous.gov.ma 2014: Un deuxième groupe; maroczone. de 2015: Marokko). Die Kooperationsvereinbarung der größten Ausbildungsunternehmen beider Länder bildet zudem die Grundlage für weitere Bildungsprojekte, die dank der zugesicherten marokkanischen Mittel realisierbar sein werden.

Ähnlich entschieden und handlungsbezogen geht der König die Umsetzung der wirtschaftlichen Unterstützung an. Schon zu den Verhandlungsgesprächen reisen 35 marokkanische Wirtschaftsexperten und Geschäftsleute mit nach Mali (vgl. usine-nou-velle.com 2014: La visite), um zusammen mit 65 malischen Experten gezielt bedarfs-orientierte, praxisnahe und mit den Interessen Marokkos abgestimmte Abkommen zu erarbeiten und zu beschließen. 17 Abkommen in verschiedenen Wirtschaftsbereichen werden erarbeitet und dann von den entsprechenden Entscheidungsträgern unter-zeichnet, im ökonomischen und im Bankensektor, in den Bereichen der Industrie und der Infrastruktur, das erste gilt dem Schutz der von beiden Ländern anvisierten und bereits getätigten Investitionen.

Dabei erhält das marokkanische Königreich scheinbar eine den arabischen Werten entsprechende Balance zwischen Geben und Nehmen, Profitorientierung und Wachstumsfinanzierung aufrecht: Abkommen wie das zwischen dem marokka-nischen Strom- und Wasserversorger und der malischen Verwaltung für Trinkwasser sowie zwischen Universitätskliniken und medizinischen Hochschulen dienen offen-sichtlich dem Aufbau der Infrastruktur. Auch die Kooperation zwischen den größten Ausbildungsunternehmen dient sicherlich vorwiegend dem Export marokkani-scher Expertise nach Mali. Andere Abkommen lassen auf marokkanische Interessen schließen wie die Kooperationsvereinbarung im Bereich Bergbau, Öl und Gasfelder. Marokko ist gerade selbst dabei, die Hebung von Bodenschätzen auszubauen und kann Erfahrungen im Gold-, Silber-, Diamantenabbau, aber vor allem in der Gewin-nung von Phosphor weitergeben. Öl aber gibt es nicht unter marokkanischem Boden (vgl. yabiladi.com 2012: Le Maroc sous-exploite). Das Königreich ist darum auf Koope-rationen in diesem Bereich angewiesen. Auch hinter den Verträgen zwischen den Banken und Telekommunikationsunternehmen tritt eine harte Finanzpolitik zutage. Sowohl der Bankensektor als auch die Telekommunikation sind bereits durch marok-kanische Investoren etablierte Bereiche in Mali und gehören zu den größten Arbeit-gebern. Allein die malische Telekommunikationsgesellschaft Sotelma bietet 1.000 permanente und 5.000 nicht permanente Arbeitsplätze und konnte in dem Zeitraum zwischen 2009 und 2014 eine Gesamtwachstumsrate von 50 % verbuchen, der Inter-netmarkt stieg in derselben Zeit um 654 %! Anteilseigner ist mit 51 % Maroc Télécom. Ähnlich sieht es im Bankensektor aus. Seit 2009 gehört die zweitgrößte malische Bank BIM SA der marokkanischen Attijariwata Bank an. Bei der größten Bank BDM SA ist Marokko mit 27,38 % der größte Gesellschafter (vgl. maliweb.net 2014: Coopération).

Dennoch wird Marokko in erster Linie aus Malis eigener Erfahrung heraus als zuverlässiger Wirtschaftsförderer geschätzt, unter dessen Zuwendung der Arbeits-markt und die Wirtschaftskraft steigen, der investiert, auch profitiert, aber in jedem Fall zur Wertschöpfung in Mali beiträgt (vgl. maliweb.net 2014: Coopération). Die bilateralen Abkommen sowie die in Aussicht gestellten 3 Milliarden Euro haben aus diesem Grund und gerade in der durch Marokko etwas besänftigten Krisensituation eine äußerst positive Resonanz hervorgerufen. In den Medien wird das marokkanische Programm als ein auf integrative, partnerschaftliche Zusammenarbeit ausgerichtetes wohldurchdachtes, seriöses und ganzheitliches Wachstumsförderprogramm gefeiert (vgl. RFI 2014: Le Mali).

Zukunftsperspektiven

Es ist also nicht verwunderlich, dass die finanzielle Zuwendung eine enorme Wirkung auf die Zukunftsaussicht der Malier gehabt hat. Die Krise hatte das Land destabilisiert, ganze Dörfer verwüstet und entvölkert, die Infrastruktur lahmgelegt und die Wirtschaft zurückgeworfen. Sowohl der politischen als auch der Wirtschaftselite war klar, dass das Land sich allein nur schwer aus dieser misslichen Situation herausarbeiten können würde. Mit König Mohammed VI und seinen Ministern, besten Experten und Geschäftsleuten kamen sowohl der notwendige Wissenstransfer als auch die erforderlichen monetären Mittel für einen zügigen Wiederaufbau ins Land.

Auf dem Wirtschaftsforum weisen die marokkanischen Experten in Interviews konkrete Perspektiven für die Entwicklung einzelner Sektoren auf (vgl. RFI 2014: Le Mali), z. B. für den Energiesektor, für den man sich Wachstum durch verstärkte regionale Vernetzung und einen Fokus auf erneuerbare Energien verspricht. Die malischen Experten zeigen sich über die Maßen beeindruckt und äußern ihre Begeisterung, auch für den nachhaltigen biologischen Anbau in der Landwirtschaft, subsummiert unter dem Slogan: Maroc vert, oder für den aussichtsreichen Kompetenztransfer in der Rohstoffindustrie, vor allem aber darüber, dass sie nun Argumente, eine Perspektive und die Mittel zur konkreten Umsetzung in ihrem eigenen Land an die Hand bekommen haben (vgl. RFI 2014: Le Mali). Alle aufgezeigten Perspektiven werden mit den zur Verfügung gestellten finanziellen Mitteln zu umsetzbaren Zielen, die ganz konkret und kurzfristig angegangen werden können, und damit zu echten Zukunftsperspektiven.

Derartige Zukunftsperspektiven werden nicht nur im wirtschaftlichen Bereich, sondern in den vielfältigsten gesellschaftlichen Bereichen und auf unterschiedlichen Niveaus entfaltet. Die finanzielle Hilfe erlaubt die reale Aussicht auf den Wiederaufbau einer funktionierenden Infrastruktur, die gleichsam die Basis für florierende Wirtschaftssysteme bildet. Sie ermöglicht den Ausbau des Militärs. Der Bereich Religion wird mit der Übernahme der Kosten durch den marokkanischen König für die Ausbildung der Imame gefördert und beinhaltet neben der Perspektive der nachhaltigen Deradikalisierung und religiösen Homogenisierung auch die Heranbildung einer Gruppe von wesentlichen interkulturell gebildeten Know-how-Trägern in der malischen Gesellschaft. Die Kooperationsvereinbarung zwischen den größten Ausbildungsinstitutionen beider Länder wird mit der Finanzhilfe zu einer Grundlage für ganz konkrete strukturelle Reformen im Bildungsbereich. Das Gesundheitswesen kann mit der marokkanischen Hilfe neue Krankenhäuser erbauen und für qualifiziertes Personal das medizinische Hochschulwesen reformieren. So subventioniert das Finanzpaket überdies die Wissenschaften. Auch wenn in den bilateralen Abkommen in den meisten Fällen kein finanzielles Engagement festgeschrieben wurde (vgl. usinenouvelle.com 2014: La visite), so ist doch durch die Kooperationsbeziehungen und das von Marokko zugesicherte Mentoring auf lange Sicht ein Wissenszufluss möglich und unter Einsatz der 3 Milliarden Finanzhilfe eine stetige und systematische Weiterentwicklung wahrscheinlich. Nicht zuletzt bestärkt die Malier das Wissen darum, mit Marokko nun „une star de l'Afrique" (RFI 2014: Le Mali) als verlässlichen Partner an der Seite zu haben.

Die mit der finanziellen Unterstützung in Aussicht gestellten Wiederaufbau- und Reformprogramme werden allen Maliern angeboten, den im Norden beheimateten nomadisch oder halbnomadisch lebenden ethnischen Gruppen, zu denen die Tuareg zählen, sowie den sesshaften Ethnien mit Wurzeln in Subsahara-Afrika. Indem der König allen Maliern die Verbesserung ihrer Lebensumstände und -standards anbietet, verfolgt er einen dezidiert unitaristischen Ansatz. Er bedient die ähnlichen Interessen der unterschiedlichen Gruppen und trägt so zur Annäherung der Konfliktparteien bei.

Speziell der Konfliktpartei der Tuareg weist er eine mögliche Perspektive durch seinen Rat, sich der malischen Regierung anzunähern und die internationalen Friedensbemühungen der UN für eine nachhaltige Konfliktlösung zu unterstützen (vgl. maliweb.net 2014: Bilal Ag Cherif). Zusätzlich versichert er ihnen, den Prozess weiter zu begleiten, was einer Versicherung, die Interessen der Tuareg nicht aus den Augen zu verlieren, gleichkommt. In dieser Kombination von monetärer Zuwendung, Strategien zum nachhaltigen Einsatz derselben, konkreten Handlungsanweisungen für die Überwindung von politischen Grabenkämpfen und für eine grundsätzliche politische Ausrichtung sowie der Zusage der königlichen Unterstützung entfalten die Finanzen Zuversicht bei den Tuareg auf eine Annäherung an ihre Ziele.

Auswertung

Die Analyse verdeutlicht, welchen enormen Einfluss die Finanzen auf den Mediationsverlauf ausüben, was sie damit als entscheidenden Einflussfaktor qualifiziert. Zum einen wird ersichtlich, dass sie nicht allein, sondern als Teil eines Faktorenbündels die positiven Mediationserfolge im Ganzen bewirken. So werden ebenso der prospektive, ganzheitliche und partnerschaftliche Ansatz des Königs, sein religiöses Verständnis, die Integration aller Konfliktparteien sowie die Unmittelbarkeit der Umsetzung von Hilfszusagen als Einflussgrößen erkennbar. Die Sonderstellung der Finanzen im Zusammenwirken der Faktoren ist dennoch nicht zu übersehen. Sie sind es, die allen Bemühungen in Zeremonien, Verhandlungs- und Vermittlungsgesprächen Ernsthaftigkeit und Glaubwürdigkeit geben sowie realistische Aussichten auf eine tatsächliche Verbesserung der wirtschaftlichen, sozialen und politischen Situation Malis schaffen. Sie ermöglichen die so dringend für zeitnahe Veränderung und Wiederaufbau benötigten konkreten Investitionen. Mit dem Ressourcenzufluss erfährt der Mediant zudem eine Aufwertung, die sich wiederum positiv auf die Bewertung des Mediators durch den Medianten auswirkt. Dieser Prozess entfaltet eine katalysatorische Wirkung für den gesamten Konflikttransformationsprozess.

Auffallend ist der Umfang der marokkanischen Investition in die Mediation. Stellen nach den Untersuchungen der Berghof Foundation die Mediationskosten allein schon eine große Herausforderung für Mediationsprozesse dar (vgl. Safa 2007, 14), so bringt Marokko nicht nur diese auf, sondern sichert erstaunliche 3 Milliarden als Wiederaufbauhilfe zu. Die Analyse zeigt, dass diese Investition auch der eigenen Zukunft dienen soll. Marokko ist bestrebt, sich in der Sicherheitspolitik und Terrorismusbekämpfung in der Sahelzone sowohl regional als auch international einen Namen zu machen und sich als starke Kraft auf dem afrikanischen Kontinent gegenüber dem Konkurrenten Algerien zu profilieren. Auf mehreren Ebenen arbeitet Marokko an dieser Strategie, was die Rabat-Deklaration, das Auftreten als Mediator sowie die Mediationsschritte zur langfristigen Deradikalisierung zeigen. Außerdem geht es Marokko um die Stärkung der eigenen Wirtschaft. Es sichert sich darum seine Interessen über die Verhandlungen auf dem Wirtschaftsforum in Bamako sowie über verstärkte Beziehungen zu anderen ölreichen Ländern in Subsahara-Afrika. Dabei ist es sich der zunehmenden geopolitischen Bedeutung dieser Länder bewusst (vgl. lejournalinternational.fr 2013: Morocco's diplomacy). Diese ambitionierte Politik Marokkos stützt die Untersuchungsergebnisse der Wayne University, dass der Erfolg arabischer Mediatoren im arabischen Raum maßgeblich durch die politische Ausrichtung beeinflusst wird. Zusätzlich wirkt der arabische Pragmatismus, nach finanziellen Kriterien zu entscheiden, sowohl bei Mali als auch bei Marokko.

Ihren für den Mediationserfolg entscheidenden Einfluss zeigen die Finanzen bei der Konfliktberuhigung. So legen die bewaffneten Gruppen des Nordens nach den Gesprächen des Königs, in denen dieser allen Maliern die Verbesserung der Lebenssituation durch die großzügigen finanziellen Hilfen in Aussicht stellt, die Waffen nieder. Diese Waffenruhe kann über ein halbes Jahr aufrechterhalten werden. Als der König langfristige wirtschaftliche und Bildungsprojekte plant, die dazu erforderlichen marokkanisch-malischen Kooperationen aufbaut und erste Schritte zur Umsetzung einleitet, untermauern die Finanzen die Bemühungen und zeigen den Maliern realistische Zukunftsperspektiven auf, die auch die Konfliktparteien dazu bewegen, aufeinander zuzugehen und friedliche Verhandlungen aufzunehmen. So haben die Finanzen in der Mediation unter klugem Einsatz des Königs das Land beruhigt, seine Einheit gewahrt und die Konfliktparteien in einen konstruktiven Austausch gebracht. Die Hypothese 1 sehe ich damit uneingeschränkt bestätigt.

Aus realistischer Perspektive haben die Finanzen als hard fact tatsächlich die Situation Malis und Marokkos substanziell verändert. Marokko hat öffentlich auf der internationalen Bühne auch vor dem Konkurrenten Algerien die neue Ausrichtung seiner Außenpolitik demonstriert und mit dem Einsatz großer Ressourcen gezeigt, was deren Realisierung ihm wert ist. Mit der zeitnahen Etablierung von Kooperationspartnerschaften mit wirtschaftlichem Fokus zu anderen westafrikanischen Ländern untermauert Marokko seine neue Afrika-Politik. Beim Abschluss der zahlreichen Kooperationsverträge mit der Elfenbeinküste, Gabun, Guinea, Senegal und Mali werden wichtige Vereinbarungen zu Sicherheitsfragen getroffen. Nicht nur militärisch, sondern auch durch die Förderung in den Bereichen Wirtschaft, Bildung und Religion wird eine Grundlage zur gemeinsamen Terrorismusbekämpfung gelegt. Mittels der Finanzzusagen konnten die Streitigkeiten zwischen den malischen Konfliktparteien beruhigt werden. Dabei hat Marokko seine Einflussmöglichkeiten auf Mali vergrößert und auf lange Sicht einen Partner in der ihm für seinen Ausbau von *capabilities* strategisch wichtigen Region gewonnen. Regional wie auch international konnte es erst einmal seine Position stärken und größere Unabhängigkeit von Algerien gewinnen. Marokkos neue Ausrichtung erfuhr bisher viele bekräftigende Handlungen aus dem regionalen und genügend aus dem internationalen System, sodass eine Positionsverschiebung tatsächlich stattfinden konnte.

3.4.2 Kulturelle Nähe als Erfolgsfaktor

Selbst- und Fremdwahrnehmung
Mali und Marokko können auf eine gemeinsam geteilte Kultur, eine geteilte religiöse Tradition und gemeinsame Sprachen blicken. Die Untersuchungen der verwandtschaftlichen Beziehungen der Amazighen in beiden Ländern führen zu einem gemeinsamen Stammesvater. Das hat Auswirkungen auf die Selbstwahrnehmung Malis und sein Verhalten gegenüber Marokko. Das spontane und unerwartet umfangreiche marokkanische Hilfsangebot ruft zuerst einmal einige Verwunderung hervor, ist Marokkos Konkurrenzhaltung zu Algerien doch bekannt und hat Mali mit der algerischen Mediationspraxis bereits langjährige und gute Erfahrungen gesammelt. Um das marokkanische Engagement zu rechtfertigen, wird in der Presse noch zum zweiten Besuch des Königs in Bamako mehrfach betont, dass Marokko sich engagiert, obwohl es keine gemeinsame Grenze mit Mali teilt. Als vornehmlicher Grund für das Engagement wird das gemeinsame Interesse an der Bekämpfung des Terrorismus in der Sahelzone angeführt (vgl. AFP Bamako 2014: Au Mali; maliactu.net 2014: Conflit au Mali). Um zusätzlich für sein Auftreten als Mediator zu werben, werden die seit der Unabhängigkeit der Länder bestehenden außenpolitischen Beziehungen aufgerollt und Marokkos wirtschaftliche Erfolge für Mali herausgestellt (vgl. maliweb.net 2014: Coopération; AFP Bamako 2014: Au Mali).

Marokko und Mali haben sich über die Vorgehensweise zur gemeinsamen Bewältigung der Krise abstimmen und die Umsetzung erster Schritte erproben können. Die ersten Erfolge in der Mediation sind bereits sichtbar. Mit einem gestärkten Vertrauen in das marokkanische Wiederaufbauprogramm des Königs veröffentlicht die malische Presse Ergebnisse seiner Mediationspolitik wie die Kooperationsbereitschaft der MNLA nach der Audienz beim König und die zahlreichen Handelsabkommen inklusive der strategischen Vorschläge zum Wiederaufbau Malis. Die Malier sehen in Marokko nicht den Profiteur der Krise – z. B. in seiner Rolle als Konkurrent Algeriens, auch nicht mehr nur den starken wirtschaftlichen Kooperationspartner, sondern zunehmend den Freund des Landes. Kurz vor dem zweiten Besuch des Königs ist auf maliweb.net zu lesen, wie Marokko mit seinen Investitionen in den Telekommunikations- und Bankensektor zur Wertschöpfung im Land beiträgt (vgl. maliweb.net 2014: Coopération). Der malische Außenminister Zahabi Ould Sidi Mohamed äußert sich dann zu Beginn des Besuchs ebenfalls positiv zur Sichtweise Marokkos durch Mali, als er erklärt, dass der Führer der MNLA auf ausdrücklichen Wunsch des Präsidenten Keïta vom marokkanischen König empfangen wurde. „Mali ist das Jagdrevier von niemandem, der König ist bei uns zu Hause" (AFP Bamako 2014: Au Mali).

Marokkos Ansehen in Mali ist also nach dem Angebot des Königs, das Land in der Krise zu unterstützen, zusehends im Prozess der Mediation gestiegen. Die Beziehungen beider Länder haben sich von einem eher pragmatischen bilateralen Verhältnis hin zu einem euphorischen freundschaftlich zugewandten Verhältnis gewandelt, das in dem Ausruf des Vorsitzenden der malischen Organisation für Industrie „une star de l'Afrique" (RFI 2014: Le Mali) und journalistisch in „une véritable lune de miel entre les deux pays" – echte Flitterwochen zwischen den beiden Ländern (RFI 2014: Coopération militaire) gipfelt.

Dabei überzeugt vor allem das Vorgehen und Handeln des Königs. Sich seiner religiösen Autorität als Scherif in der Nachfolge Mohammeds im Nordwesten Afrikas bewusst und auf die gemeinsamen historischen Wurzeln im malekitischen Glauben rekurrierend ist sein erstes öffentlichkeitswirksames Projekt im Mediationsgeschehen die Ausbildung von malischen Imamen in Marokko. Für eine zügige Durchführung unter sehr guten Bedingungen verbürgt er sich persönlich (vgl. AFP Bamako 2013: Le Maroc). Damit erinnert der König an die gemeinsame Geschichte und kulturelle Verwandtschaft der beiden Länder – im Folgenden spricht er von Mali als dem „Bruderland" (marokko-news.com 2014: Seine Majestät [...] empfängt in Marrakesch). Er beteuert, dass „das Königreich Marokko keine Mühen scheuen werde, um den Bruder und Nachbarn Mali, im sozio-ökonomischen Sektor, der momentan Priorität hat, zu unterstützen" (marokko-news.com 2013: Königlicher Besuch). Angesichts der hohen Bedeutung der Lineage in den segmentären Gesellschaften Nordafrikas, gewinnt dies noch an Bedeutung. Er verweist zudem auf den einigenden malekitischen Glauben und seine Fähigkeit, in dieser Krisensituation beruhigende Wirkung zu entfalten, und setzt mit seiner langfristigen Strategie an einem Hauptproblem an. Gleichzeitig verspricht er die persönliche Begleitung des Projekts und drückt so den hohen Stellenwert der Angelegenheit auf der königlichen Agenda aus. In dieser Weise gelingt es ihm, eine gemeinsame Ausgangsbasis für Marokkaner und Malier zu schaffen und Vertrauen aufzubauen. Das Projekt wird tatsächlich schnell implementiert. Schon zum zweiten Besuch des Königs drei Monate nach Beschluss des Projekts befinden sich die ersten Malier in der Ausbildung an der königlichen Akademie. Parallel setzt der König weitere Sofortmaßnahmen um, die besonders drängende Probleme in der Krise mindern wie die Einrichtung der Krankenstation zur gesundheitlichen Notversorgung und -beratung. Dies verschafft ihm Respekt für seine Weitsicht und Umsichtigkeit und Lob für ein ganzheitliches, an den Bedarfen des Landes und seiner Bevölkerung ausgerichtetes Hilfsprogramm.

Sah Mali sich vor dem Hilfsangebot zerrüttet, von ethnischer und politischer Spaltung bedroht und angewiesen auf die Unterstützung von internationalen Akteuren aus dem nicht arabischen Raum, sieht es sich mit diesem sich wertschätzend äußernden und verhaltenden Kooperationspartner aus dem eigenen Kulturraum, der zudem verwandtschaftliche Beziehungen aufleben lässt, wieder als aufstrebende Nation, welcher es mit der marokkanischen Kraft und Zielstrebigkeit gelingen sollte, Einigkeit herzustellen, zu wahren und die aktuelle Not zu überwinden. Aus der innerafrikanischen Lösung ziehen beide Länder nationale Stärke. Die königliche Presse flicht in ihre Berichterstattung immer wieder die erfolgsverheißende „Süd-Süd-Kooperation" ein (vgl. marokko-news.com 2013: Königlicher Besuch), die ganz allgemein im Aufwärtstrend begriffen ist und bereits zu einem erstarkten Selbstbewusstsein der Entwicklungs- und Schwellenländer führte.

Verhandlungsprozess

Wie die kulturelle Nähe dem Erfolg der Mediation zuspielt, zeigt sich auch in ihrer Wirkung auf den Verhandlungsprozess. Beide Länder haben sehr ähnliche Vorstellungen von situationsangemessenen Handlungspraktiken im politisch-diplomatischen Umgang miteinander und in der partnerschaftlichen Zusammenarbeit. Im marokkanisch-malischen Mediationsprozess werden diese in Handlung und Kommunikation sichtbar und wirken sich durchgängig positiv auf das Mediationsgeschehen aus. Einige Elemente dieser geteilten Verhandlungskultur werde ich im Folgenden an bezeichnenden Ereignissen der Mediation darstellen, um die positive Wirkung auf den gesamten Verhandlungsprozess exemplarisch zu verdeutlichen:

Der **Wertschätzung der Autoritäten** kommt jederzeit eine große Bedeutung zu und wird symbolisch und auf verschiedene Weise bekundet. Sie drückt sich aus in den pompösen Empfängen des Königs in Bamako durch große Menschenmengen, die auf Bannern und Plakaten den marokkanischen König hochleben lassen und ihm applaudieren, sowie in den Kanonensalven, üppigen Staatsbanketts mit hohen Vertretern aus Politik, Militär und geistlicher Elite, mit Tanz und Musik (vgl. AFP Bamako 2013: Le Maroc; AFP Bamako 2014: Au Mali). Entsprechend viel Wert wird bei der Berichterstattung durch die marokkanische und malische Presse auf die Beschreibung dieser Empfänge und Rituale gelegt. Die Königliche Presse listet die Mitglieder der marokkanischen Delegation mit vollem Namen auf (vgl. marokko-news.com 2014: Ankunft seiner Majestät). Außerdem werden in amazighisch-arabischer Tradition Gastgeschenke ausgetauscht: Der König verleiht dem Präsidenten die höchste staatliche Auszeichnung Marokkos (vgl. marokko-news. com 2014: Seine Majestät). Diese Gastkultur hat eine lange Tradition in den segmentär geprägten Gesellschaften, deren Autoritäten einen autoritär-paternalistischen Führungsstil pflegen (vgl. eidam-und-partner.de: Kulturelle Werte). Den Clan- und Stammesführern kam und kommt zum Teil auch heute neben der Verantwortung für das Wohlergehen der Einzelnen die Aufgabe der Rechtsprechung auf Konsensgrundlage zu (vgl. Warweg 2014, 10 f). Dies verleiht ihnen zum einem große Verantwortung und zum anderen großen Respekt, der ihnen auch von Personen der gleichen Hierarchiestufe entgegengebracht wird. Geschenke, die das Prestige erhöhen, sowie Loyalität sind dabei von größter Wichtigkeit. So erhält der Vertragsabschluss über die Ausschmückung der malischen Militäruniformen mit bunten Quasten ebenfalls seinen Sinn (vgl. RFI 2014: Le Mali).

Zeichen dieser kollektiven Gesellschaften, in denen vorwiegend von der Gemeinschaft her gedacht wird, ist außerdem **der Aufbau und die Pflege der persönlichen Beziehung vor den Verhandlungen** in Reihenfolge und Wertigkeit. So ist beim ersten Besuch des Königs nach dem öffentlichen Staatsbankett zur Amtseinführung Zeit für Gespräche in intimer Runde mit den Geistlichen des Landes und dem frisch gewählten Präsidenten, in denen Beziehungen aufgebaut und erste Absprachen für die Verhandlungen getroffen werden (marokko-news.com 2013: Seine Majestät [...] empfängt). Erst am Folgetag kommt es der Königlichen Presse nach ausdrücklich zu Verhandlungsgesprächen und zur Vertragsunterzeichnung über die Imam-Ausbildung (marokko-news.com 2013: Seine Majestät [...] unterzeichnen). Ebenso steht bei dem zweiten Besuch des Königs das Staatsbankett mit dem Präsidenten auf dem Programm ganz zu oberst, und es finden Treffen in kleiner Runde statt. Bei diesen Gelegenheiten können informelle Informationen ausgetauscht, Absprachen über die Ziele getroffen, Wünsche zu dem Aufenthalt geäußert und die persönlichen Beziehungen vertieft werden. Die malische Presse berichtet von den Tête-à-Tête-Treffen der beiden Staatschefs, sie würden in einer von Brüderlichkeit, Freundschaft und gegenseitiger Wertschätzung geprägten Atmosphäre stattfinden (vgl. maliactu.net 2014: bilan de la visite). Will man also verhandeln, ist es wichtig, den anderen erst einmal auf der Beziehungsebene kennenzulernen, wo er sich als vertrauenswürdiger Partner erweisen kann. Erst dann wird in die Verhandlungsphase getreten. Auch dieses Verhalten lässt sich aus der Historie und den Lebensbedingungen herleiten. Das harte Leben in der Wüste förderte den Zusammenhalt und die Beziehungsorientierung der Clans und Stämme, da der Einzelne nur Überlebenschancen in der Gemeinschaft hatte. Dem Clan, dem Stamm wird darum größte Loyalität entgegengebracht. Schon mit Beginn der regen Handelstätigkeit auf den Handelsrouten der Sahara und ihren Märkten, den Souks, musste ein Verkäufer erst durch seine Person überzeugen, bevor er ins Geschäft kommen konnte (vgl. eidam & partner: Kulturelle Werte).

Bei den Verhandlungen selbst wird auf ein **ausgeglichenes Verhältnis zwischen Geben und Nehmen** geachtet. Eine solche Wechselseitigkeit ist amazighisch-arabischen Verhandlungen immanent. Es wird ein Vertragsabschluss angestrebt, der auf weitere Verhandlungen und eine langfristige Kooperationspartnerschaft abzielt, von der beide Partner einen Mehrwert haben. Vor diesem Hintergrund wird verständlich, warum der König nicht ohne Gastgeschenke reist und warum die Vertragsabschlüsse auf der Wirtschaftstagung so ausfallen, dass das marokkanische Königreich ganz natürlich gleichberechtigt von den Vertragsabschlüssen profitieren können wird, sei es durch den Zugang zu Öl oder in seinem Ansehen als Wirtschaftspartner und Mediator im nord- und westafrikanischen Raum. Diese wechselseitige Gewinnorientierung ist gewollt und soll die Attraktivität der Partnerschaft für alle Beteiligten steigern.

Diese Wechselseitigkeit hängt mit einem weiteren Charakteristikum der Verhandlungskultur zusammen: der **Gleichzeitigkeit von Verhandlungen und Projektimplementierung.** Sie wird durch die Eigenart von Menschen im arabischen Raum unterstützt, die Dinge mehrdimensional und zeitgleich anzugehen und auszuführen. Schon auf dem ersten Besuch des Königs wird dieses Prinzip offensichtlich. Am Ankunftstag des Königs in Bamako wird die von ehrenamtlichen marokkanischen Ärzten geführte Krankenstation im Modibo-Keïta-Stadion eröffnet und dann nach den Empfängen, Verhandlungen und der Vertragsunterzeichnung zur Imam-Ausbildung am Freitag nach dem gemeinsamen Besuch der Messe feierlich eingeweiht (vgl. AFP Bamako 2013: Le Maroc). Auf diese Weise kann der König seine Worte direkt während seines Aufenthaltes durch Taten bekräftigen, demonstrieren, wieviel ihm an der Zusammenarbeit liegt und das Vertrauen der malischen Regierung sowie – und das ist führenden Persönlichkeiten in paternalistischer Tradition ebenfalls wichtig – das Vertrauen der Bevölkerung gewinnen. Auch sein zweiter Besuch ist von zahlreichen öffentlichkeitswirksam zelebrierten Aktivitäten begleitet, die die gemeinsamen Wirtschaftskooperationen einleiten und die Vertrauenswürdigkeit Marokkos untermauern, wie die Übergabe von Rindersperma für die malische Rinderzucht, die Grundsteinlegung eines Zementwerks in Bamako und die Einweihung des ersten Trans-African-Glasfaserkabelabschnitts (vgl. marokko-news.com 2014: Aktivitäten seiner Majestät).

Dieses **Denken an das Wohl der gesamten Gesellschaft** ist ebenfalls bezeichnend. Im marokkanisch-malischen Mediationsprozess zeigt es sich z. B. in der Ausrichtung der unternommenen Maßnahmen. Sie sollen kurz- und langfristig der Gesamtbevölkerung zugutekommen. Die Einrichtung der Krankenstation symbolisiert die Fürsorge Marokkos um die notleidende Bevölkerung Malis und ist eine zutiefst menschliche Aktion, die erst einmal an der akuten Not der Opfer von Krieg und Zerstörung ansetzt. Die langfristige Beruhigung der Region wird u. a. mittels der Schulung der Imame in einem moderaten Islam angestrebt. Von den meisten zusätzlich geschlossenen Kooperationspartnerschaften im wirtschaftlichen, sozialen und kulturellen Sektor kann man erwarten, dass sie langfristig der gesamten amazighisch- als auch subsahara-afrikanisch-stämmigen Bevölkerung dienen. Die Bezeichnung der Partnerschaften mit dem französischen Wort jumelage, welches sich von dem Wort jumeau – Zwilling ableitet, verrät eine besondere Ausrichtung. Hier wird nicht in erster Linie auf eine sachbezogene und profitsteigernde Wirkung der Partnerschaften abgehoben, sondern auf eine Geschwisterlichkeit abgezielt. Sie ist ein wichtiges Attribut im königlichen Mediationsansatz.

Die amazighisch-arabische Verhandlungskultur ist durch weitere Merkmale gekennzeichnet. So gilt das Prinzip, dass **Partner der gleichen Hierarchiestufe verhandeln,** was der Grund dafür ist, dass der König mit seinen Ministern und Geschäftsleuten nach Mali reist. Allerdings belasse ich es vorerst bei den beschriebenen Charakteristika in Anbetracht des Rahmens der vorliegenden Arbeit. Deutlich ist sicherlich geworden, wie wichtig die umfangreiche Kenntnis der amazighisch-arabischen Lebensauffassungen, Handlungsprämissen und Verhandlungspraktiken für erfolgreiche Verhandlungen respektive Mediationen ist und wie sehr die geteilte Verhandlungskultur auch in diesem Fall den Erfolg der Mediation mitbestimmt hat.

Gegenseitige Akzeptanz der Konfliktparteien

Wie sehr die kulturelle Nähe die Einigkeit unter den Konfliktparteien befördern kann, zeigt ein Beispiel zur geteilten amazighisch-arabischen Gesprächskultur, die unter anderem durch den hohen Stellenwert indirekter und nonverbaler Kommunikation gekennzeichnet ist. Mittels dieser möchte man anderen Ehrerbietung erweisen, ihr Gesicht bei Fehlverhalten wahren oder Loyalitätskonflikte lösen. Ein besonders anschauliches Beispiel aus dem Mediationsprozess liefert dazu der Empfang des Führers der MNLA beim König. Der Gesprächsverlauf, den ich im Folgenden kurz skizziere, wird in der Königlichen Presse unter die Leitlinie des Königs gestellt, in seinem „Bruderland" für „dauerhaften Frieden und Stabilität" (marokko-news.com 2014: Seine Majestät [...] empfängt) einzutreten. Nachdem der König seine Sicht der Dinge geschildert und deutlich gemacht hat, wieviel dem Königreich an der territorialen Einheit des Landes liegt und dass die Bekämpfung „fundamentalistischer und terroristischer Organisationen" (marokko-news.com 2014: Seine Majestät [...] empfängt) als Leidverursacher eine Notwendigkeit darstellt, wird Bilal Ag Chérif angehört. Dieser schildert die Situation im Norden und bedankt sich beim König für dessen Engagement zur Bekämpfung des Terrorismus, woraufhin der König den Rat erteilt, sich für eine langfristige Konfliktberuhigung auf die Pläne der Vereinten Nationen einzulassen. In seinem Schlusswort betont er, dass Marokko sich weiter für die „Förderung und Vertiefung der Beziehungen der Brüderlichkeit" (marokko-news.com 2014: Seine Majestät [...] empfängt) einsetzen wird.

Zwischen den Zeilen lese ich heraus,[3] dass der König seinen festen Standpunkt zur Einheit des Landes ganz klar darlegt und dadurch von Beginn an den Unabhängigkeitsbemühungen der Tuareg für ein autonomes Azawad Einhalt gebietet. Indem der Führer der MNLA das Engagement des Königs gegen Terrorismus wertschätzt, zeigt er ihm, dass er bis zu diesem Punkt mit dem König mitgeht. Außerdem legt er ihm die Bedarfe der Tuareg dar. Der König rät ihm nun ausdrücklich, sich in die Regeln der internationalen Politik zu fügen. Gleichzeitig signalisiert er ihm – u. a. über die Betonung der Brüderlichkeit, die auf die gemeinsame Geschichte, die Verwandtschaft und

---

3 In fünf Jahren (intermittierender) Arbeitserfahrungen im Süden Marokkos und in Tunesien habe ich die ausgeprägte Gesprächskultur der Amazighen in privaten und offiziellen Gesprächen mit Gouverneuren, Ministern, Paschas, Gemeindevorstehern, Wissenschaftlern, Journalisten, Musikern, Aktivisten, Ältesten, Dorf- und Stadtbewohnern in Projektarbeit, Seminaren, auf Konferenzen, Versammlungen, Festivitäten und beim gemeinsamen Essen intensiv kennengelernt.

die Verbundenheit der marokkanischen und malischen Amazighen rekurriert, sowie über das Offenlegen des Plans für ein langfristiges Engagement – dass der König sich dem Wohl aller Bevölkerungsgruppen und eben auch dem der Amazighen in Mali widmen wird und zwar auf lange Sicht. So vermittelt der König dem MNLA-Führer, dass die Belange der Tuareg gehört wurden und sichert ihm langfristige Unterstützung bei Kompromissbereitschaft zu. In den informellen Gesprächen dürften die Zusicherungen an die Hauptkonfliktpartei der Tuareg noch eindeutiger und direkter formuliert worden sein.

Meines Erachtens liegt hierin der prompte Politikwechsel der MNLA und die sofortige Gesprächsbereitschaft und Waffenniederlegung in Mali nach dem Gespräch in Marrakesch begründet. Durch die kluge Gesprächsführung und Vermittlung hat der König internationale, nationale und ethnische Interessen zu einen verstanden und dadurch die Konfliktparteien näher zueinander gebracht. Die MNLA, die kurz zuvor Verhandlungen platzen ließ, erfüllt nun die Bedingung des Präsidenten Keïta, legt die Waffen nieder und tritt mit der Regierung erneut in Dialog (vgl. Kap. 3.4.1: Innere Sicherheit). Die Ergebnisse der Verhandlungen und der nachfolgenden Zeit sind derart, dass der malische Minister für auswärtige Angelegenheiten dem König bei seinem zweiten Besuch schon von positiven Auswirkungen seines Gesprächs mit dem MNLA-Führer berichten kann (AFP Bamako 2014: Au Mali) und Bilal Ag Chérif im August 2014 bei einem Gespräch mit dem marokkanischen Außenminister in Marokko berichtet, dass alle Konfliktbeteiligten den marokkanischen Einsatz zur Beruhigung der innermalischen Angelegenheiten schätzen würden (vgl. le360. ma 2014: Mezouar). In dieser Aussage wird die neue Nähe der Konfliktparteien explizit ausgesprochen. Indem der MNLA-Führer für alle Beteiligten Wort ergreift, zeigt er sich solidarisch mit ihnen. Außerdem ist die Übernahme der Leitlinie des marokkanischen Königs und der malischen Regierung durch die MNLA, an einem geeinigten Mali festzuhalten, bemerkenswert. Offensichtlich wird sie durch die Bewertung der Krise als „innermalische Angelegenheit". Er verweist allerdings noch einmal auf die entscheidende Rolle Marokkos in der politischen Konfliktregelung in Mali (vgl. le360. ma 2014: Mezouar), wobei die Erwartung mitschwingt, dass die Bedarfe seiner Ethnie dabei berücksichtigt und befriedigt werden. Diese Erwartungshaltung ist gleichsam eine Erinnerung an die Zusicherung des Königs. Außerdem finden die Konfliktparteien in der vom König programmatisch verordneten Bekämpfung des Terrorismus ein gemeinsames Ziel, was ebenfalls – den psychologischen Bindungsmechanismen entsprechend – zur Einigung beiträgt. Am Ende des zweiten Besuchs des Königs fällt die Bilanz für die Parteien positiv aus. Der Präsident bedankt sich beim Mediator für die Unterstützung Malis auf dem Weg heraus aus der Krise mittels einer politischen Lösung und unter der Wahrung der Einheit des Landes (vgl. maliactu.net 2014: Bilan de la visite).

Auswertung

Die Analyse zeigt, wie stark die beiden Länder Marokko und Mali kulturell und historisch miteinander verbunden sind und wie dadurch das Ergebnis der Mediation beeinflusst wird. Durch die gemeinsame Geschichte der Amazighen und der damit verbundenen verwandtschaftlichen Verhältnisse besteht noch heute eine große Verbundenheit zwischen Bevölkerungsanteilen beider Länder. Mali und Marokko sind als Anrainerstaaten der Sahara zudem mit ähnlichen innerpolitischen Konflikten konfrontiert, die durch die natürlichen, die Länder durchziehenden Grenzen zwischen Wüstenregionen und Weide- und Ackerland und den entsprechenden nomadischen, halbnomadischen und sesshaften Lebensweisen sowie durch künstliche, in der Kolonialzeit geschaffene Grenzverläufe geprägt sind. Wenn auch nicht so intensiv wie in Mali, so erleben sich die Amazighen Marokkos doch ebenfalls als marginalisierte Bevölkerungsgruppe. Dadurch sind die Problematiken der malischen Tuareg den Marokkanern sehr vertraut. In den Konflikten im eigenen Land konnte der König umfangreiche Erfahrungen in der Konfliktmediation mit Amazighen sammeln. Die geteilte Geschichte und Kultur wirken geradezu katalysatorisch. Durch sie ist es dem König überhaupt erst möglich, gesellschaftlich hochgeachtete verwandtschaftliche Beziehungen und geteilte ebenfalls außerordentlich wichtig erachtete Glaubenstraditionen aufzuzeigen und über diese eine Vertrauensbasis herzustellen.

So nimmt Mali zwar auch verwundert, aber natürlich in der Ausnahmesituation des Landes und mit dem Ausbleiben algerischer Hilfe mit offenen Armen das Angebot Marokkos an, Mali als Mediator zu unterstützen und den Wiederaufbau mit zu begleiten. Durch die Wiederbelebung der gemeinsamen Geschichte und der einigenden malekitischen Glaubenstradition des sunnitischen Islam sowie durch die zügige Umsetzung erster Maßnahmen erweist sich Marokko schon zu Mediationsbeginn als vertrauensvoller und zuverlässiger Partner und wird im Laufe des Mediationsprozesses zunehmend positiv wahrgenommen. Dabei profitiert das Verhältnis von den historischen verwandtschaftlichen Beziehungen, geteilten Normen und Werten sowie gemeinsamen Sprachen, aber auch von dem geschickten und umsichtigen Vorgehen des Königs. Parallel zur Aufwertung des Mediators positiviert sich die Selbstwahrnehmung Malis. Die positive öffentliche Kommunikation, die beide Regierungsoberhäupter als selbstbewusst und eigenständig handelnde kompetente Partner ausweist, fördert den Kooperationswillen. Positiv wird von beiden auch die innerafrikanische Lösung bewertet. Damit wirkt die kulturelle Nähe eindeutig positiv auf die Fremdwahrnehmung Marokkos durch Mali, seine Selbstwahrnehmung und den gesamten Mediationsprozess.

Die Untersuchung des Verhandlungsprozesses zeigt, dass er ebenfalls von der kulturellen Nähe profitiert, die sich auch in einer gemeinsamen Verhandlungskultur ausdrückt. Dieses über die Zeit gewachsene komplexe System aus symbolträchtigen Handlungen, Ritualen und bestimmter Kommunikation ist nicht arabisch stämmigen Gruppen nur schwer zugänglich und kurz- und mittelfristig nur anteilig erschließbar. Aber mittels ihrer kann der Mediator dem Medianten Respekt, Unterstützung und

Glaubwürdigkeit in der von ihm als angemessen empfundenen Weise kommunizieren, sodass es zu Vertragsabschlüssen und in der Folge zu erfolgreichen Partnerschaften und der Durchführung von zielführenden Maßnahmen zur Konfliktberuhigung kommen kann.

Auch auf die Einigung der Konfliktparteien untereinander wirkt die kulturelle Nähe positiv. Mittels kluger und diplomatischer Gesprächsführung gelingt es dem König, die internationalen Interessen zu berücksichtigen, die nationalen Interessen Malis zu betonen, allen ethnischen Bevölkerungsgruppen Unterstützung anzubieten und über die der amazighisch-arabischen Gesprächskultur immanenten indirekten Kommunikation die Bevölkerungsgruppe und Hauptkonfliktpartei der Tuareg zu beschwichtigen. Dadurch können sich die Parteien aufeinander zu bewegen. Sie tun es auch und demonstrieren Einigkeit in der Waffenniederlegung und der Aufnahme friedlicher Verhandlungsgespräche, in öffentlichen Interviews und in der Ausrichtung auf einen gemeinsamen Feind – den radikalen Islam und Terrorismus.

So hat sich auch der *soft factor* kulturelle Nähe als einflussreicher Faktor auf den Erfolg des Mediationsprozesses beweisen können. Er trägt wesentlich dazu bei, dass Marokko von Mali als Mediator angenommen und nach gelungener Vertrauensbildung akzeptiert und als Freund gewürdigt wird. Er bildet des Weiteren eine entscheidende Basis für erfolgreiche Verhandlungs- und Vermittlungsgespräche in den einzelnen Mediationsphasen und die offenkundige Annäherung der Konfliktparteien. Darum sehe ich die zweite Hypothese ebenfalls uneingeschränkt bestätigt. Allerdings möchte ich hinzufügen, dass Mali in seiner Krisensituation wahrscheinlich auch einem kulturfremderen Mediator bei entsprechendem finanziellen Angebot erst einmal zugestimmt hätte, nur konnte Marokko sich als Mediator erweisen und wirkliche Akzeptanz gewinnen. Marokko hat Mali in kulturell vertrauter Art und Weise hinreichend Anlass gegeben, seine Bemühungen als echtes Interesse an einer langfristigen, gleichberechtigten und geschwisterlichen Kooperationspartnerschaft zu bewerten und es als Freund einzustufen. Auf bereits bestehende Wirtschaftskooperationen konnte dabei aufgebaut und an eine gemeinsame ethnische und Glaubenstradition angeknüpft werden. So konnten sich im Mediationsprozess auf verschiedenen Ebenen neue von beiden Seiten positiv verstärkte Interaktionsmuster zusätzlich zu bereits bestehenden herausbilden und zu Routinen entwickeln. Für eine Veränderung der Strukturen im internationalen System war das äußerst zuträglich. Auch wenn von der internationalen Staatengemeinschaft nur zögerlich und selten Anerkennung ausgesprochen wurde – die Zustimmung in der nord- und westafrikanischen Region war umso lauter. In der Mikrostruktur des internationalen Systems hat sich das Verhältnis beider Staaten eindeutig verbessert und vertieft.

3.5 Konklusion

Beide Länder haben ihre positive Gesamtbewertung der Mediation bekundet und die Ergebnisse in einer ersten Bilanzierung veröffentlicht (vgl. maliactu.net 2014: Bilan de la visite). Es werden ganz konkrete bereits umgesetzte Maßnahmen mit ihren anvisierten Maßnahmen aufgelistet, wie die Grundsteinlegung für eine Geburtsklinik zur signifikanten Senkung der Kindersterblichkeit im Gesundheitssektor, erste Maßnahmen einer großangelegten Rinderzucht zur Steigerung der Milchproduktion im landwirtschaftlichen Sektor oder die Spende von 10.000 Exemplaren des Korans zur Förderung des religiösen Bereichs neben der Ausbildung der Imame. Die zeremoniellen Höhepunkte wie der Empfang des Königs im Februar werden in Erinnerung gerufen und als „accueil populaire et chaleureux" – als warmherziger Empfang mit Volksbeteiligung beschrieben, womit gleichfalls das besonders gute neu gewachsene Verhältnis der beiden Partner, das sich auch als freundschaftliches und brüderliches beschreiben lässt, betont wird. Die Vertragsunterzeichnungen für Kooperationsvereinbarungen in den verschiedenen gesellschaftlichen Bereichen werden aufgezählt, wobei die Bereitschaft Marokkos, sich mit seiner Expertise einzubringen, um einen wirklichen Fortschritt für das Land Mali anzuschieben, gewertschätzt wird.

Alle Bemühungen des Königreichs werden in einen größeren Rahmen des Engagements gegen Terrorismus und für die Entwicklung der Länder im nord- und subsahara-afrikanischen Raum gestellt. Dabei findet der damit vollzogene Ausbau von Süd-Süd-Kooperationen besondere Erwähnung. Der Präsident legt dar, dass sich unter der neu belebten marokkanisch-malischen Kooperation das soziopolitische Leben wesentlich verbessert, die Sicherheit im Land wieder zugenommen und sich stabilisiert hat, insbesondere der Norden beruhigt werden und dadurch zu einem normalen Leben in einem konstitutionell verfassten Staat zurückgekehrt werden konnte. Es können nun Wahlen abgehalten werden, und die neu eingerichtete Kommission für Wahrheit, Recht und Versöhnung kann ihre Arbeit aufnehmen. Den Dank des Präsidenten erwidert der König seinerseits u. a. mit dem Dank für die Aufnahme inklusiver Gespräche mit allen malischen Konfliktbeteiligten (vgl. maliactu.net 2014: Bilan de la visite). Diese positive Einschätzung der Mediation durch die beiden Staatschefs wird von Akteuren aller gesellschaftlichen Bereiche der beiden Länder geteilt und gestützt.

Welchen Einfluss auf solch einschlägigen Erfolg dabei die umfangreichen finanziellen Zusagen Marokkos an Mali hatte, konnte anschaulich aufgezeigt werden. Innere Sicherheit: Durch die in Aussicht gestellten und mittels der Finanzen realisierbaren Verbesserungen der Lebenssituation aller Involvierten inklusive der malischen Gesamtbevölkerung wird es den Konfliktparteien möglich, aufeinander zuzugehen, Kompromisse zu schließen und die für neues Wachstum erforderliche Ruhe und Sicherheit im Land herzustellen. Bereiche Bildung und Wirtschaft: Für die verschiedenen gesellschaftlichen Bereiche, in der Untersuchung repräsentiert durch die Bereiche Bildung und Wirtschaft, werden mit den Finanzen erste richtungsweisende Maßnahmen sowie umfangreiche Strukturprogramme basierend auf marokkanischer

Best Practice realisierbar. Es wird sofort mit der Umsetzung begonnen, sodass eine kurz-, mittel- und langfristige Verbesserung in den Bereichen bei stabilen, sicheren Verhältnissen wahrscheinlich wird. Zukunftsperspektiven: Als probates Mittel zur Realisierung von Vorhaben schenken die Finanzzuwendungen damit nicht nur eine realistische Aussicht auf die Durchführung beschlossener Maßnahmen, sondern werten den Ressourcenempfänger allgemein auf. Mit einem derartigen Zuwachs an Handlungsfähigkeit und -sicherheit gelingt es dem Land und seinen Akteuren, eine positive Zukunftsperspektive zu entwerfen.

Ein eindeutiger Einfluss auf den Mediationserfolg kann auch für den Faktor der kulturellen Nähe ermittelt werden. Sein Einfluss ist fundamental, da hier Wissen und Erfahrung über die der Mediation zugrundeliegende Natur der Vermittlung und Verhandlung über Jahrtausende gewachsen ist und gesellschaftlich geteilt wird. Selbst- und Fremdwahrnehmung: Vor allem über die gemeinsame Geschichte und die geteilte malekitische Glaubenstradition, mit denen ähnliche Bedeutungskonzepte verbunden werden, gelingt es dem König, eine Vertrauensbasis herzustellen und darauf eine freundschaftliche und brüderliche Partnerschaft aufzubauen, in deren Verlauf Marokko als Mediator und Partner immer positiver wahrgenommen wird. Mali wirkt durch die marokkanischen Zuwendungen, die als echte Hilfe empfunden werden, und deren positive Auswirkungen auf sämtlichen Ebenen inklusive durch das Zelebrieren einer Süd-Süd-Kooperation in der internationalen Gemeinschaft zusehends selbstbewusster. Verhandlungsprozess: Die geteilten Vorstellungen und Kenntnisse von Verhandlungsabläufen und -ritualen inklusive der gemeinsamen verbalen und nonverbalen Sprache erleichtern enorm den Mediationsablauf, da von einer gewissen Erwartungssicherheit ausgegangen werden und symbolisches Handeln korrekt interpretiert werden kann. Mediator und Mediant übertreffen sich geradezu in den Prozess bestärkenden und den in Handlungen ausgedrückten Sympathiebekundungen und feiern die Aussicht auf eine langfristige beide Partner bereichernde Partnerschaft. Verhältnis der Konfliktparteien: Indem Interessen aller Konfliktparteien kulturell geschickt bedient und in der Bekämpfung des fundamentalistischen Islam und Terrorismus sogar ein gemeinsames Ziel, für das es sich zu kämpfen lohnt, ausgemacht werden kann, gelingt die Einigung der Konfliktparteien. Sie äußert sich deutlich in der Waffenniederlegung und in der Wiederaufnahme friedlicher Verhandlungsgespräche, in der Bildung gemeinsamer Handlungsprämissen und deren öffentliche Bekundung.

In der Raffung der Ergebnisse wird erkennbar, dass die Untersuchungsergebnisse vor allem zum Einflussfaktor Finanzen gemeingültigen Charakter haben und auch für Mediationen in nicht arabischen Kontexten ihre positive Wirkung entfalten dürften. Für die kulturelle Nähe zwischen Mediator und Mediant gilt, dass sie zumindest bei Mediationen im arabischen Kulturraum eine außerordentlich bedeutsame Rolle spielt und den Mediationserfolg wesentlich begünstigt. Sie beweist nicht, dass Marokko ein besserer Mediator ist als Algerien, aber sie bestätigt die Präferenz Marokkos gegenüber einem Mediator aus dem nicht arabischen Raum. Damit stützt die Untersuchung die Ergebnisse von Pearson, der aus seinen Untersuchungen u. a. schlussfolgert, dass für Konflikte innerhalb der arabischen Welt arabische Mediatoren angemessener sind (vgl. Pearson 2014: Arab Approaches). Wie bei seinen Untersuchungen wird auch in dieser sichtbar, dass der Ausdruck von Ehrgefühl und Gesichtswahrung Mediationen im arabischen Raum kennzeichnen. Parallel zu dem von Pearson festgestellten Pragmatismus bei finanziellen Entscheidungen kann man sagen, dass die umfangreiche Finanzhilfe sich in der hier untersuchten Mediation ebenfalls als Türöffner erweist. Es ist sogar anzunehmen, dass ein entsprechendes Angebot auch die Bereitschaft zu Zugeständnissen im Bereich der kulturellen Kompetenz erhöht, dann aber möglicherweise die entsprechenden Rückkopplungseffekte nicht wirken und der langfristige Erfolg infrage steht. Als kurz und effektiv kann man auch diese Mediation im Vergleich zu nicht arabischen einstufen. Die schnelle Einigung gerade bei gewaltsamen Konflikten konnte auch hier beobachtet werden. Ausgewogene Kräfteverhältnisse lagen zwar nicht vor, allerdings konnte Mali mit seiner Konfliktlage und seinen Ressourcen starke wirtschaftliche und politische Interessen Marokkos befriedigen. Nach Pearson trägt der Fakt, dass es sich um einen ethnopolitischen Konflikt handelt, dazu bei, dass in der kurzen Zeitspanne keine nachhaltige Lösung erreicht werden konnte (vgl. Pearson 2014: Arab Approaches). Die Waffenruhe wird im Sommer 2014 wieder aufgehoben, und die Kämpfe im Norden werden weitergeführt.

Das Interesse dieser Arbeit, erst einmal die unmittelbaren Erfolge der Mediation genauer anzuschauen und zu erklären, konnte erfüllt werden. Für die Beantwortung der Forschungsfrage haben sich die herangezogenen Theorien als äußerst hilfreich erwiesen. Mit der Theorie des Neorealismus konnten außenpolitische Strategien Marokkos und der Nutzen des Landes aus dem Engagement in der Mali-Krise aufgezeigt werden. Außerdem wurde die Wirkmacht des Geldes in Mediationsprozessen aufgedeckt. Mithilfe der konstruktivistischen Theorie konnte die Relevanz von gemeinsam geteiltem kulturellen Wissen in Mediationen nachgewiesen werden. So lag der Fokus einmal mehr auf dem Eigeninteresse, der eigenen Sicherheit und Machterweiterung im internationalen Staatensystem und einmal mehr auf Gemeinsamkeiten und der gemeinsamen Interessenverfolgung. Damit haben die Theorien natürlich wie selbsterfüllende Prophezeiungen die von ihnen jeweils proklamierten Wirkmechanismen nachgewiesen, sie haben aber auch dazu beigetragen, den Untersuchungsgegenstand systematisch zu untersuchen, ihn aus verschiedenen Blickwinkeln zu betrachten und so ein differenzierteres Bild von der Wirklichkeit des Mediationserfolges zu zeichnen.

Mithilfe der Methode des Process Tracing konnten die unmittelbaren Mediationserfolge erfolgreich nachgewiesen werden. Es konnten lineare und kausale Wirkzusammenhänge über das Nachzeichnen des Mediationsablaufs gewonnen werden. Hilfreich für die deduktiven Ableitungen war die zusätzliche Analyse der Ausgangsbedingungen mit der Analyse der außenpolitischen Interessen und der Beziehungsanalyse Marokko-Amazighen. Wie sich allerdings die erneuten Rückschläge nach dem Untersuchungszeitraum der Mediation in den gesamten Konflikttransformationsprozess einordnen lassen und wie sich die bis dato erfolgten Maßnahmen und ihre positiven Konsequenzen auf den weiteren Friedensprozess auswirken, das kann mittels der Methode nur unzureichend geklärt werden. Sie stößt an ihre Grenzen, wenn über lineare Wirkprozesse hinausgehende komplexe, zyklische und azyklische Wirkmechanismen und Feedback-Loops aufgedeckt werden wollen. Hier könnte eine Untersuchung ansetzen, die einen größeren Untersuchungszeitraum vorsieht und mithilfe entsprechender Methoden und Konzepte die langfristigen Wirkungen der marokkanischen Mediation oder anderer Impulse auf den Friedensprozess eruiert bzw. den Prozess selbst zum Untersuchungsgegenstand macht. Die Vermutung aber liegt nahe, dass – wären die Erfolge der marokkanischen Mediation in den von der Europäischen Union (EU) angestoßenen Konfliktlösungsprozess mit Algerien als Mediator einbezogen worden – der Friedensprozess effektiver hätte gestaltet werden können.

3.6 Handlungsanleitungen

Die Möglichkeiten des fruchtbaren Austausches zwischen Marokko und Mali wurden von der internationalen Gemeinschaft bei ihren Bemühungen zur Stabilisierung der Region nicht aufgegriffen und gefördert, wozu Marokkos umstrittene Haltung zur Westsahara und seine offensive Machterweiterungspolitik Gründe geliefert haben dürften. Aus neorealistischer Perspektive könnte man sagen, dass Marokkos Handlungen als Mediator in dem Untersuchungszeitraum vorerst wenig Bestätigung und Unterstützung durch westliche Akteure im internationalen Staatensystem erfahren haben. Mit der einstweiligen Ignoranz der Mediation Marokkos sanktionierten Teile des Systems die Vorstöße und die Wachstumspolitik Marokkos, um den Status Quo beizubehalten. Eine Positionsverschiebung innerhalb des Systems hat sich aber aufgrund des großen Zuspruchs in Westafrika und die Stringenz und den Impetus Marokkos durchgesetzt. Förderlich für eine stille Akzeptanz der marokkanischen Afrika-Politik durch europäische Staaten mögen Entwicklungen sein, die das Interesse dieser Staaten an der Eindämmung des Flüchtlingszustroms nach Europa und an der Eindämmung der bis in ihre Städte ausstrahlenden Kriminalität verstärkt haben.

Mit Algerien als bewährtem Vermittler strengte die internationale Gemeinschaft eigene Friedensbemühungen an, die bisher einige positive Ergebnisse brachten. So wurde nach zweimaligem Scheitern der Friedensvertrag von Algier im Juni 2015 doch noch von dem 2014 neu gegründeten Bündnis der Tuareggruppierungen Coordination des mouvements de l'Azawad (CMA) unterschrieben (vgl. yabiladi.com 2015: Mali: Les alliés touaregs; RFI 2015: Une délégation de la CMA). Als nachhaltig konnte dieser sich allerdings ebenfalls nicht erweisen. Die Kämpfe im Norden sind inzwischen erneut aufgeflammt. Verfeindete Tuareggruppen streiten sich um die Kontrolle von Drogenschmugglerrouten, aus der sie ihre Einnahmen beziehen, heißt es (vgl. dw.com 2015: Tuareg-Konflikt).

Marokko hält sich aus diesen international angestrengten Friedensbemühungen mit Algerien als Mediator erst einmal heraus. So hat das Land keinen diplomatischen Vertreter zu den Vertragsunterzeichnungen entsandt (vgl. yabiladi.com 2015: Mali: Les alliés touaregs). Als größtes Manko an dem algerischen Vermittlungsstil wird von marokkanischer Seite einer Meldung des Außenministeriums zufolge das Verhandeln unter Ausschluss bedeutsamer lokaler Autoritäten und Parteien sowie die Einschüchterungstaktik angesehen (vgl. yabiladi.com 2015: Mali: Les alliés touaregs). Der Streit zwischen den beiden Ländern setzt sich fort und behindert ein gemeinsames zielgerichtetes Handeln gegen den Terrorismus. Den engen partnerschaftlichen Kontakt mit Mali aber hält Marokko aufrecht. Beide Länder setzen die entwickelten und ausgehandelten Programme gemeinsam um (vgl. maliactu.net 2015: de grands desseins). Konstruktivistisch lässt sich sagen, dass es den beiden Akteuren gelungen ist, sich über die Handlungspraxis während der Mediation positiver zu bewerten und die aufgebauten kooperativen Interaktionsmuster zu Gewohnheiten inklusive entsprechend stabiler Handlungserwartungen auszuformen und so die Mikrostruktur des Staatensystems zu verändern.

Welche Handlungsanweisungen können nun aus der Analyse der vorliegenden Arbeit für den aktuellen Friedensprozess in Mali und darüber hinaus für Friedensprozesse im ganzen arabischen Raum abgeleitet werden? Nun, die Analyse des Erfolgsfaktors Finanzen hat gezeigt, dass die innere Sicherheit im Land hergestellt werden kann, wenn **auf die Interessen aller Konfliktparteien ernsthaft eingegangen wird** und diese in dem Engagement externer Akteure tatsächlich einen Mehrwert für sich sehen, sodass sich ihnen positive Zukunftsperspektiven eröffnen. Die Analyse zeigt ebenfalls, dass mittel- und langfristige Zielsetzungen über entsprechende **Zielvereinbarungen und gemeinsam erarbeitete Programme und Projekte in den einzelnen gesellschaftlichen Sektoren** effektiv angegangen werden können. Die **kurzfristige Umsetzung konkreter Projekte** als erste sichtbare Schritte in die anvisierte Richtung begegnet der Handlungsdringlichkeit und dem hohen Erwartungsdruck und beschleunigt den positiven Entwicklungsprozess. Die **Bereitstellung der benötigten projektgebundenen Finanzen** wirkt im gesamten Prozessgeschehen als Accelerator, da diese die Realisierung aller Vorhaben ermöglichen, zum Handeln befähigen und Handlungssicherheit schenken. Außerdem ist mit der materiellen Zuwendung auch eine immaterielle Aufwertung des Empfängers nach innen und nach außen verbunden.

Aus der Analyse der kulturellen Nähe als Erfolgsfaktor kann geschlussfolgert werden, dass der Vertrauensbildung am Anfang eines Mediationsprozesses enorme Bedeutung zukommt. Der Mediator sollte **sich um das Vertrauen der Konfliktparteien ehrlich bemühen** und über den gesamten Mediationsprozess **sich als verlässlicher Partner erweisen**, damit sowohl der Mediator als auch die Zusammenarbeit mit ihm vom Medianten positiv bewertet werden. Das schließt die Übervorteilung einer Konfliktpartei und eine einseitige Interessenverfolgung aus. Die **gleichartige Wertschätzung der einzelnen Konfliktparteien** sowie **ihre Inklusion in den gesamten Mediationsprozess** erweisen sich als erfolgsfördernde Durchführungspraktiken. Das schließt die Beachtung der Meinungen, Bedarfe und Interessen jeder Gruppe ein. Die Interessen von Minderheitenparteien ohne große Lobby wie die der Tuareg sollten den Interessen interner oder externer mächtigerer Akteure nicht automatisch nachgeordnet, sondern gleichberechtigt im Prozess berücksichtigt werden. Eine **beziehungsorientierte statt vorwiegend sach- und zielorientierte Mediation** wirkt zusätzlich fördernd. Das liegt an den besonderen über Jahrtausende gewachsenen kulturellen Prägungen im arabischen Raum. So wird die **Beachtung kulturell üblicher Verhandlungspraktiken** nicht nur dem Mediator, sondern auch den internationalen, den Prozess begleitenden Vertretern und Diplomaten den Beziehungsaufbau und die Verhandlungsabläufe erleichtern.

Darum halte ich eine **kulturelle Kompetenzschulung** aller den Prozess begleitenden Akteure zu den betreffenden in den Konflikt involvierten Ethnien, ihren Sprachen, Lebensweisen und kulturellen Prägungen für ratsam. Dementsprechend sollte auch eine **kultursensible Politikberatung** stattfinden. Sie wird den Blick für andersartige Denk- und Lebensmuster öffnen und das Verständnis für den Sinn **kulturell angepasster Lösungen** weiten. Bei Beachtung dieser sich aus der Arbeit ableitbaren Handlungsanweisungen sollten mehr Erfolge bei Konfliktlösungsprozessen im arabischen Raum zu verzeichnen sein. Außerdem könnte nicht nur die nicht arabische Friedens- und Konfliktforschung und -praxis von den arabischen Mediationspraktiken profitieren. Es könnten auch Synergieeffekte für politische Systeme im europäischen Raum durch den kulturellen Austausch entstehen, z. B. in der Frage der flexiblen Selbstregulation von Provinzen in einem Land bzw. Staaten in einem Staatenverbund.

Der kulturelle Faktor hat sich in jedem Fall als äußerst wirkmächtig erwiesen und ist darum nicht zu unterschätzen. Seine Majestät Mohammed VI sagt dazu, dass

> jede internationale koordinierte Aktion, der der Anbetung kultureller Dimension [sic!] keine Bedeutung beimesse zum Scheitern verurteilt sei [...] [und dass] die Tradition und Praxis des Islam in Marokko und Mali eins sind. Sie konzentrieren sich auf das gleiche Gebote „der Balance". Sie behaupten, die gleichen Werte wie Toleranz und Offenheit gegenüber anderen, und bilden das Fundament des kontinuierlichen geistigen Stoffes, der unseren beiden Ländern [sic!] verbindet. (marokko-news. com 2013: Königlicher Besuch)

Mögen sich zukünftig noch mehr Staaten den Werten wie Toleranz und Offenheit verpflichten und mit ihren Kooperationspartnern solche engen geschwisterlichen Verbindungen eingehen, die auf das Wohl beider Partner ausgerichtet sind und die sich über theoretische Konzepte erheben, damit bei Konflikttransformationsprozessen die Egoismen einzelner Akteure durch neue gemeinsame Visionen ersetzt werden und an einem nachhaltigen Frieden gebaut werden kann. Die Befriedung der gesamten Sahelzone ist so eine erstrebenswerte Vision, die zum deklarierten Ziel der internationalen Politik erhoben werden sollte, damit die dort beheimateten Menschen die Ressourcen der Region für sich materiell verwerten, ein menschenwürdiges Leben führen, ihre besonderen Lebensformen praktizieren und ihr reiches kulturelles Erbe pflegen können.

4 Die Mediation des Sultanats Oman im Jemen

Eine von Politik und Medien ebenfalls viel zu wenig gewürdigte Mediation führt das Sultanat Oman im Jemen durch. Dort herrscht ein im Medienwirbel um den Syrienkrieg untergehender, aber dennoch nicht weniger grausamer und komplexer Krieg mit verheerenden Folgen. Die sensible Konfliktmediation des Sultanats zwischen internationalen und regionalen Kräften in einem politisch hochbrisanten Gefilde und deren positive Wirkungen beschreibe ich im Folgenden. Als Untersuchungszeitraum bestimme ich die Zeit zwischen der öffentlichen Erklärung Omans im April 2015 zur Bereitschaft, im Jemen-Konflikt zu vermitteln, und Dezember 2015, was den ersten neun Monaten des Vermittlungsprozesses entspricht.

4.1 Anlass

Während des Arabischen Frühlings kommt es auch im Jemen zu Protestbewegungen, die nach politischer Erneuerung und der Ablösung des bereits 33 Jahre amtierenden Präsidenten Ali Abdullah Saleh verlangen. Nachdem Präsident Saleh erst gewaltsam gegen die Protestbewegungen vorgeht, kündigt er vorgezogene Wahlen an. Unter internationalem Druck – der UN-Sicherheitsrat fordert ihn zu einer geregelten Machtübergabe auf (vgl. diepresse.com 2011: UN-Sicherheitsrat) – finden im Jahr 2012 Neuwahlen statt, aus denen der einzige Kandidat und ehemalige Vizepräsident Abd Rabbo Mansour Hadi als neuer Präsident hervorgeht (vgl. qantara.de 2012: Experiment Demokratie). Erneut kommt es zu Protesten, da viele Jemeniten die Fortführung der alten konservativen Politik befürchten.

Diese politischen Umwälzungen werden von alten Konflikten begleitet: etwa dem zwischen den Houthis und der Zentralregierung. Seit Jahren sieht sich die schiitische Minderheit der Houthis von der sunnitisch dominierten Regierung politisch und religiös diskriminiert und fordert nun nicht nur mehr politische Mitsprache und religiöse Anerkennung ein, sondern strebt ein eigenes Imamat und damit die politische und religiöse Machtübernahme im Jemen an. Den als Konsenskandidaten vorgeschlagenen Präsidenten unterstützen sie nicht. Auch im bis 1990 unabhängigen, sozialistisch geprägten und politisch vernachlässigten Süden des Landes verstärken sich erneut Rufe nach Abspaltung und Unabhängigkeit. Das verschärft den Nord-Süd-Konflikt im Land, der durch die hohen Erdöl- und Erdgasvorkommen im Süden potenziert wird. In die politischen Wirren und Unruhen mischen sich zunehmend al-Qaida Gruppen. Der neue Präsident kann keine politische Ordnung wieder herstellen und aufrechterhalten.

Im September 2014 gelingt es den Houthi-Milizen zusammen mit den Saleh-Anhängern und nicht bestätigter aber vermuteter Unterstützung durch Iran, die Hauptstadt Sanaa und weitere strategische Orte einzunehmen und die Führung im Jemen zu übernehmen. Präsident Mansour Hadi flieht ins Nachbarland Saudi-Arabien, wo

https://doi.org/10.1515/9783110481471-004

auch Ex-Präsident Saleh weilt. Seitdem liefern sich die Anhänger der verschiedenen Gruppierungen erbitterte Kämpfe. Saudi-Arabien reagiert mit der Bildung einer pro-gouvernementalen Militärkoalition aus vorerst acht Ländern der MENA-Region. Mit Unterstützung der USA fliegen sie im März 2015 Luftangriffe auf den Jemen, bei denen tausende Zivilisten zu Tode kommen, und bereiten im Weiteren eine Bodenoffensive zur Rückeroberung Sanaas vor (vgl. thenational.ae 2015: Praise for Oman).

In diesem politisch äußerst diffizilen Konfliktgemenge, in das sich Interessen so unterschiedlicher lokaler, regionaler, nationaler und internationaler Akteure mischen und in dem sich Anzeichen für mehrfache Stellvertreterkriege finden, erklärt sich Oman gegenüber der UNO bereit, zwischen Jemen und Saudi-Arabien zu ver-mitteln (vgl. gulfnews.com 2015: Oman 'ready to help mediate'). Das Sultanat bringt es tatsächlich zustande, den Dialog zwischen den verschiedenen Konfliktparteien wieder herzustellen und sie an einen Tisch zu bringen. Außerdem kann Oman durch die sensible Vermittlung die Freilassung von ausländischen Geiseln bewirken und das Bemühen um Waffenruhen verstärken. Wenn der Jemen-Krieg auch noch nicht vorüber ist und die errungenen Waffenruhen nicht von Dauer sind, so ist dies doch ein unschätzbar wertvoller Erfolg auf dem Weg zur Versöhnung und Befriedung des Jemen und seiner Kooperations- und „Sparringpartner". Es ist überdies ein Werk von höchster diplomatischer Kunst, das zukünftigen Konfliktmediatoren als herausragen-des Beispiel gelten kann.

Die Gründe, welche diese Einschätzung rechtfertigen, und die einzelnen Punkte, durch die diese Mediation andere Mediationen im arabischen Raum und darüber hinaus bereichern kann, erschließen sich durch die nachfolgenden Ausführungen. Es wird untersucht, was Oman als Konfliktmediator in der Jemen-Krise qualifiziert, wie die Mediation im Untersuchungszeitraum abläuft, welche Ergebnisse sie erbringt und durch welche Charakteristika sie sich auszeichnet, um nachfolgend Handlungsanlei-tungen ableiten zu können.

4.2 Hintergrundinformationen

Zuerst soll also beleuchtet werden, auf welchen Erfahrungshintergrund Oman auf-bauen kann, als es die Vermittlungen aufnimmt. Dabei wird sich zeigen, dass Oman auch vor der öffentlichen Bekundung mit seinen Nachbarstaaten im Austausch steht und im Zuge der Konfliktverschärfung kontinuierlich beschwichtigend wirkt, dies aus dem Selbstverständnis Omans heraus, ein friedliebendes Volk zu sein, das sich für friedliche Beziehungen zu seinen Nachbarn und zwischen seinen Nachbarn einsetzt und die Stabilität in der Region fördert. Des Weiteren wird die omanische Religion des Ibadismus vorgestellt, die dieses Selbstverständnis stützt und ko-kreiert und die die besondere Stellung Omans als Vermittler im Mittleren Osten mitbegründet und unterstreicht.

4.2.1 Omans Erfahrungsschatz in der Konfliktmediation

Die Konfliktmediation wendet der Sultan von Oman Qaboos bin Said Al Said während seiner gesamten Regierungszeit in Oman erfolgreich an. Mittlerweile hat er eine Kunstfertigkeit darin entwickelt wie kaum ein anderes Staatsoberhaupt. Mit ihm konnte das gesamte Land langfristig stabilisiert werden. Er bescherte Oman nach dem Weltentwicklungsbericht der UN von 2010 in einem Vergleich von 169 Ländern außerdem den größten Gesamtfortschritt in 40 Jahren (vgl. dw.com 2011: „Absolut" beliebt). Das dankt ihm sein Volk, das seinen Monarchen liebt und feiert.

Zu Beginn seiner Zeit als Sultan steht Qaboos bin Said vor enormen Schwierigkeiten. Als er die rückwärtsgewandte Politik seines Vaters Said bin Taimur nicht länger mittragen kann, setzt der omanische Prinz Qaboos, 29-jährig, diesen 1970 kurzerhand mithilfe der Briten, bei denen er eine militärische Ausbildung genossen hat, ohne große gewaltsame Auseinandersetzungen ab. Dann steht er vor der Herausforderung, die zahlreichen Clanfehden im Land zu beruhigen und einen Angriff südjemenitischer Kommunisten auf die Monarchie abzuwehren (vgl. deutschlandfunk.de 2015: Das Sultanat Oman).

Bei letzterer Aufgabe handelt es sich um nicht weniger, als Oman aus dem Kalten Krieg und damit aus dem Kampf der Großmächte um die Vormachtstellung am Persischen Golf so weit herauszulösen, dass das Land, statt sich in kriegerischen Auseinandersetzungen zu verlieren, sich dem friedlichen Aufbau widmen kann. Mit Unterstützung des SAS – des Special Air Service der Royal Airforce Großbritanniens, der in einer Geheimmission agiert – und mit militärischer Unterstützung aus Iran und Jordanien vollbringt Sultan Qaboos bin Said dieses Kunststück. Bis heute brauchte er militärisch nicht mehr einzugreifen, und der Frieden in Oman konnte aufrechterhalten werden.

Dies gelingt ihm unter anderem auch mittels einer weitsichtigen und integrierenden Politik. Gilt das Land in den 1960er-Jahren noch als das rückständigste Land der arabischen Welt mit nur drei Schulen für Jungen und einem dürftigen Straßennetz, so wird unter Qaboos bin Said das Bildungssystem systematisch erweitert, das Verkehrsnetz ausgebaut, die Gesundheitsförderung vorangetrieben und Strom und fließend Wasser zum Standard, während Umweltschutz, Gleichberechtigung und Meinungsvielfalt großgeschrieben werden. Er sorgt dabei dafür, dass diese Errungenschaften möglichst allen Omanern zugutekommen und den allgemeinen Lebensstandard erhöhen. Ausdruck seiner auf Nachhaltigkeit ausgerichteten Politik ist auch die sogenannte Omanisierung, mit der er gezielt omanische Einwohner für die Integration in die Wirtschaft weiterbildet (vgl. dw.com 2011: „Absolut" beliebt). Ganz nebenbei schafft er somit ein Gegenmodell für eine hauptsächlich marktwirtschaftliche Orientierung und tritt den Beweis an, dass eine das umfassende Wohl der Gesamtgesellschaft in den Blick nehmende Politik zu nachhaltigem Wohlstand führt.

Ruhe und Stabilität im Land fördert er zudem gezielt, indem er einen Mittelweg zwischen Traditionalismus und Moderne geht, also die omanischen Traditionen

bewahrt und sich modernen Ideen gegenüber offen zeigt. So gelingt es ihm, traditionalistische und fortschrittliche Bewegungen zu einen und Konflikte zwischen dem
eher rückwärtsgewandten Bergland und der weltoffeneren Küstenregion zu entschär-
fen (vgl. deutschlandfunk.de 2015: Das Sultanat Oman). Bei den wiederholt aufkei-
menden Rangeleien der Clans um Macht und Einfluss ist seine Vermittlungsfähigkeit
immer wieder gefragt. Um zu schlichten, reist er persönlich zu den Stämmen. Oppo-
nenten bindet er ein (vgl. dw.com 2011: „Absolut" beliebt). Die Stimmung in seinem
Land nimmt er auf seinen ausgedehnten Reisen durch sein Land auf, bei denen er
immer wieder das direkte Gespräch mit der Bevölkerung sucht.

Als es im Zuge des Arabischen Frühlings 2011 zu größeren Demonstrationen
kommt, begegnet er diesen mit zeitnahen Reformen, insbesondere mit erweiterten
Rechten des Rates des Sultans – dem Madjlis al-Shura-Rat, der Schaffung neuer
Arbeitsplätze und der Erhöhung von Sozialleistungen. Das bringt ihm in der Bevölkerung nicht nur Lob ein. Es werden nachhaltige Reformen vermisst (persönliche Kommunikation der Autorin mit Dr. Jürgen Werner, 22. Februar 2017), die für das Land
angesichts seiner schwindenden Erdöleinnahmen und knapperen Haushaltsmittel
dringend erforderlich gewesen wären. Der revolutionäre Druck aber kann erst einmal
abgebaut werden. Als alternative Einkommensmöglichkeit wird der Tourismus in
Oman derzeit besonders gefördert (vgl. deutschlandfunk.de 2015: Das Sultanat
Oman). Eine besondere Herausforderung für die Aufrechterhaltung der wirtschaftlichen Stabilität und des inneren Friedens bilden heute zusätzlich die vielen Flüchtlinge, die vor dem Krieg im Jemen fliehen. Dieser hat auch die gemeinsame Grenze
zum Nachbarland durchlässiger für islamistische Gruppen gemacht. Die ungeklärte
Nachfolge für Sultan Qaboos bereitet ebenfalls vielen Omanern Sorge. Noch aber
kann das Oberhaupt politisch wirken.

Zu einer weisen Innenpolitik gesellt sich eine weise Außenpolitik. Diese basiert
in Oman vor allem auf friedlicher Koexistenz, das heißt Nichteinmischung und Bünd-
nisfreiheit, sowie auf friedlicher Konfliktlösung in der Region. Seit seinem Amtsantritt legt Qaboos bin Said Wert auf gute Nachbarschafts- und Handelsbeziehungen.
Dabei kann er nach Amtsantritt auf dem Erbe seines Vaters aufbauen, der sich von
seinen arabischen Nachbarn distanziert und sich eher Indien und Großbritannien
zuwendet und damit das Land aus den arabischen Rivalitäten heraushält. Qaboos
wahrt eine gewisse Distanz mithilfe der Maxime „not beeing too close or too far from
the states around" (middleeastmonitor.com 2015: Beyond its neutrality). Die so ent-
standene Unabhängigkeit bietet die Möglichkeit, mit Ländern verschiedener Lager in
Handelsbeziehungen zu treten und sich eine politische Eigenständigkeit zu sichern,
die Oman geradezu für eine Vermittlerrolle prädestiniert. Das diplomatische Geschick
des Sultan Qaboos bei diesem politischen Balanceakt bringt ihm über die Landesgrenzen hinaus hohe Anerkennung ein (vgl. middleeastmonitor.com 2015: Beyond its
neutrality).

Es gelingt ihm beispielsweise, diese Eigenständigkeit und Sonderrolle innerhalb
des Gulf Cooperation Council (GCC) zu behaupten. Oman ist sogar eines der sechs

Gründungsmitglieder des Golfrates, der sich während des Ersten Golfkrieges bildet und zwar mit der Zielsetzung, die Verbindungen zwischen den Mitgliedsstaaten auf verschiedenen Gebieten zu stärken und „to channel their efforts to reinforce and serve Arab and Islamic causes" (gcc-sg.org: The Charter), wie es in der Charta heißt. Das bedeutete auch die Bildung eines sunnitischen und monarchischen Militärbündnisses gegen den schiitischen Staat Iran und seine republikanische Bewegung. Oman spricht sich allerdings von Anfang an gegen eine dezidiert anti-iranische Haltung des GCC aus (vgl. Valeri 2014: 2).

Es unterhält gute Beziehungen zu Iran. Iran hat das Sultanat in den 1970er-Jahren militärisch bei der Bekämpfung des Aufstandes der kommunistischen Revolutionäre unterstützt. Die beiden Staaten können auch heute, nach dem jüngsten Atomabkommen zwischen den P5+1 Staaten (USA, Großbritannien, Frankreich, China, Russland plus Deutschland) und Iran und der Aufhebung der Sanktionen, auf gegenseitige militärische Unterstützung vertrauen und bauen ihre Handelspartnerschaft aus. Der Bau einer Gaspipeline nach Oman über die Wasserstraße von Hormuz, die an ihrer schmalsten Stelle Iran mit nur 50 Kilometern von Oman trennt, und eine intensivere Zusammenarbeit im Tourismusbereich sind in Planung (timesofoman.com 2016: Iran optimistic; 20min.ch 2012: Die heikle Meerenge).

Mit seiner Haltung zu Iran positioniert sich Oman, wie der Arabist Dr. Jürgen Werner berichtet.

> Es schlägt sich auf die Seite eines großen Players der Region. Obwohl Oman politisch ja durchaus nach Westen orientiert ist, fühlt es sich dennoch auch dem Osten zugehörig: Iran, Pakistan, Indien, mit denen es jahrhundertelange enge Handelskooperationen unterhalten hat und die für viele Omaner zur Heimat wurden bzw. früher Heimat waren. Das ist natürlich ein diplomatischer Balanceakt. [...] Das Verhältnis zu Saudi-Arabien hingegen ist eher kühl und historisch belastet: Immer wieder gab es Übergriffe auf Oman, weil Saudi-Arabien seinen Einfluss erweitern bzw. sichern wollte und weil Wahhabismus und Ibadismus so gar nicht zusammenpassen wollen. (persönliche Kommunikation der Autorin mit Dr. Jürgen Werner, 22. Februar 2017)

Innerhalb des GCC wird daher seine Stellung zu Iran nicht gutgeheißen, aber in Kauf genommen. Die Tatsache, dass Oman mit seiner Religion des Ibadismus weder den Schiiten noch den Sunniten zuzuordnen ist, erleichtert es ihm, mit beiden Seiten Kooperationsbeziehungen zu unterhalten.

Wie sein Kooperationswille ist auch der Wille zu einer selbstbestimmten Politik, die sich einen eigenen Entscheidungsraum bewahrt und sich nicht auf bestimmte Handelspartner festlegen lässt, stark ausgeprägt. Nicht zu unterschätzen ist sicherlich das Tolerieren dieser autonomen Politik durch Großbritannien und die USA, die über die Straße von Hormuz Teile ihres Erdöls beziehen und an der Aufrechterhaltung des Status quo in Oman als Kontrolleur des Zugangs zu dieser strategisch wichtigen Handelsroute interessiert sind (vgl. Valeri 2014: 1). Ihr Wohlwollen bezahlt das Sultanat allerdings teuer: Allein in den Jahren 2012 und 2013 unterschreibt das Land Verträge mit Großbritannien und den USA über den Kauf eines Luftabwehrsystems und 20 Flugzeuge in Höhe von 5,6 Milliarden Dollar und opfert damit im Jahr 2013 35 % seiner Staatsausgaben für Verteidigung und nationale Sicherheit (vgl. Valeri 2014: 2). Innerhalb des GCC erlaubt die Position Oman, in Fragen zu Iran vermittelnd und beruhigend zu wirken (vgl. middleeastmonitor.com 2015: Beyond its neutrality) und die Kommunikation zwischen den sunnitischen arabischen Ländern und Iran aufrecht zu erhalten.

Um Frieden in der Region ist Oman nicht zuletzt deshalb bemüht, da ihm bewusst ist, wie sehr die innere politische Stabilität von der äußeren in der Region abhängt. So vermittelt es zwischen den verschiedenen Akteuren der Region und ihren unterschiedlichen Interessen mit Langmut, Dialog- und Konsensorientierung. Als der Irak beispielsweise 1990 Kuwait annektiert, kritisiert Oman das irakische Vorgehen als Verstoß gegen internationales Recht scharf. Gleichzeitig mahnt das Sultanat zu einer friedlichen Konfliktlösung. Über die Zeit der US-geführten militärischen Intervention im Zweiten Golfkrieg bleibt es mit der irakischen Regierung in Verbindung, baut die politischen Kontakte aus und begleitet dann nach dem Krieg beratend und vermittelnd den ersten Staatsbesuch des irakischen Außenministers bei einem der GCC-Staaten (vgl. Lefebvre 2010: 1; Valeri 2014: 1).

Ähnlich konfliktlösungsorientiert verhält sich Oman angesichts des arabisch-israelischen Konflikts, indem das Sultanat zu beiden Parteien gute Beziehungen etabliert. Qaboos bin Said wendet sich gegen den Ausschluss Ägyptens aus der Arabischen Liga nach dessen Friedensvertrag mit Israel im Jahr 1979 und nimmt demonstrativ nicht an dem Treffen der Arabischen Liga im gleichen Jahr teil, stärkt somit aber die Beziehungen zu Ägypten und den USA. Auch mit Israel nimmt er Gespräche auf und lädt den israelischen Außenminister 1994 nach Oman ein, der die Einladung annimmt und damit als erster israelischer Minister nach 1948 einen Golfstaat besucht. Seitdem treffen sich außenpolitische Vertreter beider Länder regelmäßig inoffiziell und unterhalten zeitweise, nämlich zwischen 1996 und 2000, Handelsvertretungen in beiden Ländern (vgl. Valeri 2014: 2). Heute spricht der Sultan sich offiziell für eine Zwei-Staaten-Lösung im Nahen Osten aus. Mit seiner langjährigen vermittelnden Arbeit kann er als Wegbereiter für die stetige Öffnung der arabischen Welt für Handelsbeziehungen zu Israel angesehen werden. Mittlerweile legen immer mehr GCC-Länder die vorher geheim gehaltenen Handelsbeziehungen zu Israel offen.

Durch seine guten Beziehungen zu Iran kann Qaboos bin Said auch vermittelnd auf dessen Beziehungen zum Irak einwirken und die Wiederaufnahme diplomatischer Gespräche zwischen den verfeindeten Nationen bewirken. Er kann Iran zur Unterzeichnung der UN-Resolution bewegen, die mit dem Waffenstillstandsabkommen das Ende des Ersten Golfkrieges 1988 besiegelt. Außerdem regt er die Wiederaufnahme von Handelsbeziehungen zwischen Iran und Saudi-Arabien durch gemeinsame Gespräche in Oman 1991 an. Von dem kürzlich verabschiedeten Atomabkommen Irans mit den P5+1-Staaten ist bekannt, dass auch hier im Vorfeld geheime Treffen zwischen iranischen und US-amerikanischen Außenpolitikern in Oman seit 2012 abgehalten wurden (vgl. Valeri 2014: 1). Außerdem engagiert sich Oman für Frieden in Syrien und ist Mitglied der Syrien-Unterstützergruppe, in der 17 Länder gemeinsam an einem Friedensprozess arbeiten. Auch zu Russland unterhält Oman Kontakte, um Friedensbemühungen in der Region zu fördern.

So hilft Oman also den verschiedenen gegnerischen Parteien – in hochkomplexen Interessenlagen und Konfliktkonstellationen – eine gemeinsame Handlungsbasis wiederzufinden. Das Land vermittelt zwischen sunnitischen und schiitischen Staaten sowie ihren westlichen und östlichen Verbündeten, um die Golfregion zu stabilisieren. Der Sultan und seine Stellvertreter tun dies in einer diskreten und ruhigen Art, und so ist es nicht verwunderlich, dass Oman von der UNO um Unterstützung bei Vermittlungen im Jemen-Konflikt gebeten wird. Diese Unterstützung sagt Oman Anfang April 2015 offiziell zu.

Gute diplomatische Beziehungen zum Jemen pflegt das Land seit langem. Nachdem die Houthis Aden und die Hauptstadt Sanaa eingenommen und damit de facto die Macht im Jemen übernommen haben, bildet der GCC ein militärisches Bündnis mit mindestens sechs weiteren Staaten, nämlich den Anwärtern für eine GCC-Mitgliedschaft Marokko und Jordanien sowie ferner mit Ägypten, dem Sudan, der Türkei und den USA. Alle Staaten unterstützen durch die Lieferung von Kampfjets, Aufklärungsflugzeugen und/oder Boden- und Marineeinheiten (vgl. reuters.com 2015: Saudi Arabia's coalition) die militärische Offensive *Asifat Al-Hazm* – Sturm der Entschlossenheit, die von Saudi-Arabien angeführt wird und deren erklärter Feind die Houthis und ihre Unterstützer sind (vgl. arabnews.com 2016: Scholars).

Oman aber gehört als einziges GCC-Mitglied und als einzige Monarchie nicht dem Bündnis an. Yousef bin Alawi, der den Sultan als Außenminister vertritt, begründet diese mutige Entscheidung folgendermaßen: „Oman is not part of a military campaign for simple reasons – Oman is a nation of peace. […] We cannot work on peace efforts at the same time we would be part of a military campaign. Those two things do not meet." (middleeastmonitor.com 2015: Beyond its neutrality). Eine weise Entscheidung, meint auch der Houthi-Ageordnete Mohammed al Bukhaiti, denn für die Houthis bleibt Oman somit neutral und als Mediator akzeptiert (vgl. gulfnews.com 2015: Oman 'ready to help mediate'). Mit diesem entscheidenden diplomatischen Schritt wahrt Oman seine Neutralität und kann daher aktiv zwischen den Parteien vermitteln, als am 26. März 2015 die Luftangriffe auf den Jemen einsetzen. Zumindest eine fast 24 Stunden andauernde Waffenruhe im April 2015 soll auf Vermittlungen Omans zurückzuführen sein (vgl. al-monitor.com 2015: Oman breaks from GCC).

Das omanische Verhalten in den verschiedenen Konfliktkonstellationen zeigt, dass rein realistische Erklärungsansätze zu kurz greifen würden. Die langfristige nationale Sicherheit kann als Leitlinie für die omanische Außenpolitik ausgemacht werden. Ohne regionale Stabilität ist diese nicht zu erreichen. So kann das Interesse an einer konfliktberuhigenden Politik verstanden werden, bei der Oman immer wieder Menschenkenntnis, Scharfsinnigkeit und strategisches Kalkül beweist.

Seine Politik weist aber über das reine Interesse an regionalen Einflussmöglichkeiten und den Aufbau von *capabilities* in einem Wettstreit der Nationen hinaus. Die

entschiedene Fokussierung friedlicher dialogischer Vorgehensweisen, die Kooperation mit Minoritäten und von Staatengemeinschaften ausgeschlossenen Staaten,
unkonventionelle Handlungen, deren Weitsichtigkeit sich oft erst im Nachhinein
offenbart, das kategorische Ablehnen militärischer Handlungen und ebenso der hohe
Einsatz, mit dem Oman seine Neutralität aufrecht erhält, indem es beispielsweise
Stellung und Ansehen im GCC riskiert, dies alles entspringt einer starken inneren
Haltung, einem Wertekanon, dem sich Oman verpflichtet sieht, und der auch in
seiner besonderen Religion, nämlich dem Ibadismus wurzelt.

4.2.2 Der Ibadismus als tolerante Religion

Das Konfliktlösungsverhalten ist hier also nicht nur Instrument oder Methode zur
Konfliktlösung und Interessenbefriedigung, sondern ergibt sich aus dem offensicht-
lichen Bedürfnis, eine Einigung der Konfliktparteien herbeizuführen und intensiv
für den Frieden zu wirken. Damit dieses Bedürfnis zu einer so starken Handlungsorientierung in der omanischen Politik werden und zu dem Selbstverständnis reifen
konnte, eine friedliebende Nation zu sein, die jede militärische Handlung ablehnt,
war ein grundlegendes Wertesystem vonnöten, das in den Zeiten des Krieges wie des
Friedens wachsen und sich weiter ausprägen konnte. Dieses Wertesystem ist maßgeblich durch den Ibadismus geformt, eine äußerst tolerante Form des Islam.

Sie entsteht bereits kurz nach dem Tod Mohammeds um das Jahr 645 in der Stadt
Basra (vgl. ibadism.ahmedsouaiaia.com: History) und zählt damit zu den ältesten
philosophischen Strömungen des Islam. Eine herausragende Persönlichkeit, die sie
in ihren Anfängen prägt, ist Djabir Ibn Zaid, der als Jurist den Qur'an auslegt und
Rechtsgutachten verfasst. Dabei bedient er sich des *Ijtihad ar-ra'y* (vgl. van Ess 1991:
190 f), der selbstständigen Urteilsfindung der *Mujtahid* – der Rechtsgelehrten, die den
Hadith mit seinen Handlungsanweisungen für den Alltag, aber vor allem den Qur'an
als Grundlage nehmen und die in ihm geäußerte Lehre nach Gesetzen der Logik an
die aktuellen Kontexte, innere und äußere Veränderungen und Zusammenhänge
anpassen. Damit wird Recht nicht nur auf verschiedene Situationen übertragen,
sondern es wandelt sich entsprechend neu gewonnener Erkenntniszusammenhänge.
Dieses Verständnis der Rechtsprechung ist wesentlich für den Ibadismus und Grund
für die frühe Abspaltung von sunnitischen Strömungen, die aufgrund der Sorge um
Falschauslegung den *Ijtihad* einschränken und ein engeres Verständnis der Rechtsprechung etablieren. Um ihren Glauben ungestört leben zu können, migriert die verhältnismäßig kleine Gruppe der Ibaditen in entlegene Gebiete der arabischen Welt in
Nordafrika, nach Sansibar, in den Jemen und nach Oman (vgl. ibadism.ahmedsouai-
aia.com: History; Young et al. 1990, 33 ff).

Im *Ijtihad* kann auch ein Grund für die Reformfähigkeit Omans und seiner Regen-
ten und ihr flexibler Umgang mit sich wechselnden Bedingungen gesehen werden.

Der Glaube an die Urteilsfähigkeit der Menschen und die Veränderlichkeit der Gesetze bringt der omanische Religionsminister Al Salim selbst so zum Ausdruck:

> Wir glauben, wenn wir uns nicht weiterentwickeln, so entwickeln sich doch die Gesetze Gottes im Universum weiter. Das heißt, wenn du dich nicht aus eigenen Stücken weiterentwickelst, so wirst du dich doch mit der Zeit verändern. Wir haben im Oman einen besonderen Ansatz, der vielleicht auch mit unserem Glauben an Moses Erlebnisse zusammen hängt [sic!] und seinen 40 Jahren in der Wüste: Wenn wir uns nicht weiterentwickeln und die Zeit ebenso lenken wie unsere eigene innere Erneuerung, wird das zum großen Problem, in unserer Religion, unserer Politik und unserer Beziehung zu den anderen. Deswegen sind wir für Weiterentwicklung und nicht für Stillstand. (deutschlandradiokultur.de 2015: Religiöse Toleranz)

Auch der ibaditische Glaube selbst ist nach der Auffassung der Ibaditen Veränderungen unterworfen, denen bestimmte zyklische Gesetzmäßigkeiten zugrunde liegen. Einen bedeutenden Teil ihrer Glaubenslehre bilden die vier Wege der Religion: Geheimhaltung, Hervortreten, Verteidigung und Selbstverkauf bzw. Selbstaufopferung. Jedes Imamat wird besonders durch einen dieser Wege charakterisiert (vgl. Ennami 2008: 324 ff).

Im Kontext dieser Arbeit ist interessant, dass die Schiiten und besonders die im Jemen lebenden Zaiditen ebenfalls den *Ijtihad* praktizieren und man ihnen wie den Ibaditen nachsagt, niemals das Tor zum *Ijtihad* geschlossen zu haben (vgl. ibadism. ahmedsouaiaia.com: History). Zaiditen wie Ibaditen sind von der theologischen Strömung der Mu'tazila beeinflusst, die dem Verstand, der ratio große Bedeutung beimisst. Sie praktizieren seit dem ausgehenden 8. Jahrhundert das Kalam, ein Streitgespräch, bei dem in die Auseinandersetzung über religiöse Inhalte rationalistische und philosophische, von den Griechen übernommene Argumentationstechniken wie die Syllogismen einfließen. Dabei wird Wert auf die Willensfreiheit des Menschen gelegt (vgl. islam-aktuell.de 2014: Die Mu'tazila), die ihn zu bestmöglichem Handeln herausfordert. Beide Glaubensströmungen fördern demnach eine kritische Auseinandersetzung mit Religion und getrauen sich, den Koran als menschliches Dokument zu betrachten. Dazu steht der gleichzeitige Glaube, dass Gott alles Handeln der Menschen wirkt, nur in scheinbarem Widerspruch. Gemein ist beiden Gruppen auch, dass sie von sunnitischen Muslimen als häretisch angesehen werden.

Im 12. Jahrhundert wandelt sich die Lehre des *Ijtihad* dahingehend, dass sie mehr Wert auf Reformen des Gemeinwesens und auf das Gemeinwohl legt. Die *Mujtahids* orientieren sich nun an dem Prinzip des *maslaha*, das etymologisch auf das Wort „Aufrichtigkeit" zurückgeht und „Nutzen bringen" bedeutet. Nach der Lehre des persischen Sufimeisters Al-Ghazali bedeutet die Anwendung des Prinzips zuallererst einmal, Nutzen zu sichern und Leid vorzubeugen (vgl. Bin Sattam 2015: 3). Die Rechtsgelehrten fokussieren bei ihrer Gesetzgebung also mehr und mehr das öffentliche Interesse und das Wohl der muslimischen Gemeinde. Von dieser Ausrichtung mag das Denken Qaboos' mitgeprägt sein, wenn er bei seinen Reformvorhaben die Gesamtgesellschaft in den Blick nimmt. Für das Gemeinwohl selbst fällt dann nach

Dr. Jürgen Werner das urislamische Zakat – die Almosengabe und dritte Säule des Islams – entscheidend ins Gewicht. In Oman wird dieses Prinzip des wohltätigen Gebens der Reicheren an die Armen gesamtgesellschaftlich umgesetzt, und zwar im Vergleich mit anderen arabischen Staaten in herausragender Weise und in solchem Maße, dass Sozialsysteme fast überflüssig scheinen.

Mit der Ausrichtung auf das allgemeine Wohl geht eine verstärkte politische Aktivität der ibaditischen Gemeinde einher. Von der Gemeinde wurde nach alter Tradition auch der Imam gewählt. Die Ibaditen glaubten, dass nicht nur den Nachfahren Mohammeds das Recht zukommt, Imam zu werden und die Staatsführung zu übernehmen (vgl. van Ess 1991: 190 ff). Der Imam sollte nach seinem Wissen und seiner Religiosität ohne Ansehen der Herkunft von den Ältesten ausgewählt werden und die Staatsgeschäfte nach bestem Wissen und Gewissen leiten, als gerechter Richter und moralisches Vorbild. Er konnte von den Ältesten bei unehrenhafter Amtsführung und ungerechten Richtersprüchen abgesetzt werden. Ende des 18. Jahrhunderts verabschiedeten sich die Sultane von dem offiziellen Anspruch auf geistige Führerschaft, um nur noch die politische auszuüben, bleiben aber weiterhin große Förderer der islamischen Bildung (vgl. Hoffman 2010: 1). Die Trennung von Staat und Glauben, die der Islam andernorts strikt ablehnt, wird Anfang des 20. Jahrhunderts durch britischen Einfluss verstärkt. Der faktische Einfluss einer Kolonialmacht wird zumindest abgemildert durch den Umstand, dass eine Anpassungsfähigkeit an veränderte Gegebenheiten auch im ibaditischen Glauben selbst verankert ist, sodass hier nicht unbedingt ein Identitätsverlust mitgedacht werden muss. Der *Ijtihad* gereicht der omanischen ibaditischen Bevölkerung hier zur Stärke und zur Wahrung ihrer Selbstbestimmung. Mit der Inthronisierung von Sultan Qaboos, dessen Vater sehr religiös war, fand eine stillschweigende Wiedervereinigung von religiöser und weltlicher Autorität statt (vgl. Fähndrich 2005, 22).

Auch die offene Einstellung der Ibaditen gegenüber anderen Menschen, Gläubigen und Nichtgläubigen, ist aus ihrem Glauben und seiner Entwicklung herleitbar. So ist schon die frühe ibaditische Strömung offen für Anhänger aus den unteren Bevölkerungsgruppen, sodass die Gleichstellung unter allen Ibaditen zum Ideal avanciert. Außerdem führen sowohl theologische Betrachtungen als auch rationale Argumentationen zu der universalen Erkenntnis, dass ein friedliches Zusammenleben erstrebenswert und mit gegenseitigem Respekt zu erlangen ist. Der Religionsminister Al Salim äußert sich dazu folgendermaßen:

> Wir sehen die gegenseitige Anerkennung der Menschen als Grundlage der Begegnung. Ein Teil dieser Grundlage ist die Gerechtigkeit, ein Teil die Ethik, ein anderer die Vernunft. Darauf beruft sich der Gläubige wie der Nichtgläubige, der Anhänger einer abrahamitischen wie einer nicht-abrahamitischen Religion. Das predigen wir allen Menschen, das ist unsere Botschaft. (deutsch landradiokultur.de 2015: Religiöse Toleranz)

In den Schriften großer persischer Sufimeister und Vertreter der islamischen Mystik wie Mohammed al-Ghazali und vor allem Dschelaladdin Rumi, die im 12. und 13. Jahrhundert ebenfalls in Basra und Bagdad wirken und den Ibadismus zum Teil mitprägen, ist dieser Ansatz heute noch spürbar, der den einenden Kern der Religionen sucht und in jedem Menschen den göttlichen Funken wahrnimmt, der ihm bei der Unterscheidung des Göttlichen und des Nicht-Göttlichen hilft.

In jedem Menschen etwas Göttliches zu sehen, impliziert schon allein für einen Gläubigen Respekt gegenüber dem Glaubensbruder und dem Andersgläubigen. So kann man im Ibadismus auch eine differenzierte Lehre zum Verhalten gegenüber Sündern und Ungläubigen finden. Sie unterscheiden den sündigen nicht reuigen Muslim kuffar ni'ma von dem sündigen und nicht einsichtigen Ungläubigen kufr shirk, wobei der kuffar ni'ma als jemand angesehen wird, der undankbar gegenüber den Wohltaten Gottes ist und die Dankbarkeit lernen sollte. Er gilt nicht – wie bei anderen islamischen Glaubensrichtungen – als kufr, Ungläubiger, der mit dementsprechenden Maßregelungen zu rechnen hat (vgl. Hoffman 2010: 1). Hierin kommt also ebenfalls eine größere Toleranz und mehr Verständnis für die Fehlbarkeit der Menschen zum Ausdruck. Die Achtung und der Respekt gegenüber Andersgläubigen ist in Oman sogar gesetzlich verankert, insofern die Beleidigung anderer Glaubensrichtungen verboten ist (vgl. deutschlandradiokultur.de 2015: Religiöse Toleranz).

Heute bekennen sich ca. 60 % der Omaner zum Ibadismus. Damit ist Oman weltweit das einzige Land mit ibaditischer Bevölkerungsmehrheit. Die Ibaditen leben mit Schiiten und Sunniten, mit Christen verschiedener Denominationen, Buddhisten und Hinduisten, die vorwiegend durch Arbeitsmigration eingewandert sind, friedlich zusammen. Jede Glaubensrichtung kann ihren Bräuchen und Traditionen frei nachgehen. Der Islam-Unterricht in den Schulen ist überkonfessionell (vgl. deutschlandradiokultur.de 2015: Religiöse Toleranz). Mit den Sunniten beten sie gemeinsam. So haben zu der prächtigen Sultan-Qaboos-Moschee Männer, Frauen und Kinder sämtlicher muslimischer Glaubensrichtungen Zutritt. Der Großmufti Shaykh Ahmad bin Hamad al-Khalili äußerte in einem Interview, dass die Glaubensunterschiede der Sunniten und der Ibaditen eine untergeordnete Rolle spielen würden und kaum einen Einfluss auf den Eingang ins Paradies hätten und vor allem nicht die Gemeinschaft der Muslime behindern würden (vgl. Hoffman 2010: 1).

Die Ibaditen haben sich also jahrhundertelang eingeübt in der Ausrichtung ihres Lebens nach Gott, in persönlicher Weiterentwicklung und Vervollkommnung, wozu die Anerkennung des Glaubensbruders als gleichwertig und die Toleranz gegenüber Andersdenkenden als Geschöpfen Gottes (Gerechtigkeit) ebenso gehören wie Wissensmehrung und rationale Entscheidungen nach bestem Wissen (Vernunft) und Gewissen (Ethik) im religiösen und politischen Leben. Aus ihrer Achtung vor der Schöpfung und ihrer eigenen Geschichte der Ausgrenzung als häretisch geltende islamische Gruppierung haben sie Verständnis für Minderheiten entwickelt. Aus ihrem Verständnis der Veränderlichkeit der göttlichen Gesetze und der Selbstverantwortung der Menschen heraus entwickelte sich die Tradition, in den aktuellen Gegebenheiten eine pragmatische, durchführbare und gute, dem Wohl der Menschen dienende politische Lösung zu finden. So wurden durch die Glaubenspraxis die Entwicklung

Omans zum Mediator sowie das heute politisch wirksame Selbstverständnis gefördert, eine friedliebende Nation zu sein.

4.3 Schlaglichter der Mediation

Die religiöse und politische Entwicklung Omans sowie die kluge Regierungsführung von Qaboos bin Said und die aufgrund seiner einfühlsamen und erfolgreichen Mediationen erworbene Anerkennung in der internationalen Gemeinschaft bilden also den Hintergrund für die Anfrage der UN und die offizielle Zusage Omans Anfang April 2015, auch im Jemen-Konflikt zu vermitteln. Bevor einzelne Schlaglichter der Mediation aufgezeigt werden – auf Vollständigkeit wird keinerlei Anspruch erhoben, vielmehr soll beispielhaft das Vorgehen von Qaboos bin Said und seiner Regierung untersucht werden – wird die seinerzeit aktuelle Konfliktkonstellation näher betrachtet, um die in der Mediation getroffenen Entscheidungen nachvollziehbar zu machen.

4.3.1 Jemen-Konflikt zu Beginn der Mediation

Zuallererst kann man festhalten, dass der Konflikt im Jemen sehr vielschichtig und komplex ist. Politische, religiöse und Stammeskonflikte sind hier eng miteinander verwoben. Außerdem beteiligen sich daran mittlerweile die unterschiedlichsten Akteure aus dem Jemen selbst, aus seinen Nachbarländern, aus dem weiteren arabischen Raum sowie aus westlich und östlich geprägten Ländern. Alle sind sie mit ihren verschiedenen Interessenlagen involviert. Um die einzelnen Konfliktlinien darzustellen, werde ich kurz den Verlauf der Jemen-Krise bis zum Bombardement im Rahmen der saudisch geführten Militäroperation *Decisive Storm* und der offiziellen Zustimmung Omans, als Vermittler zu agieren, skizzieren und dabei die verschiedenen Hauptkonfliktparteien und ihre Interessen herausarbeiten, sodass sich ein Gesamtbild ergibt.

Wie in anderen Regionen der arabischen Welt haben auch im Jemen die reformerischen Bemühungen im Zuge des Arabischen Frühlings nicht den ursprünglich intendierten Effekt gezeigt. Der politische Druck der Bevölkerung mit ihren Forderungen nach Abschaffung der Korruption, nach einer Demokratisierung des Landes und der Stärkung der Exekutive verschärft erst einmal die Differenzen innerhalb der politischen Führungsebene. Der Streit um die oberste Führungsposition im Militär zwischen dem Amtsinhaber General Ali Mohsen Al-Ahmar und dem Präsidenten Ali Abdullah Saleh, der seinen Sohn in das Amt bringen will, eskaliert und führt zur Spaltung des Militärs in zwei Fraktionen und zu einem erbitterten innenpolitischen Machtkampf, der einmal mehr zur Lagerbildung in der Protestbewegung der Bevölkerung führt und zu zunehmend gewaltsamen Aktionen (vgl. Neftchi 2015).

In den Konflikt schaltet sich im Juni 2011 Saudi-Arabien als Vermittler ein, das um Ruhe im Nachbarland bemüht ist. Es erarbeitet mit beiden Fraktionen eine Vereinbarung, die u. a. die Absetzung des schiitischen Saleh beinhaltet, was Saleh vorerst ablehnt. Erneut kommt es zu Protesten und gewaltsamen Ausschreitungen zwischen Saleh-Getreuen und ihren Gegnern, bei denen mehrere 100 Menschen ihr Leben lassen. Aufgrund der angespannten Sicherheitslage und eines drohenden Bürgerkrieges schließen EU-Länder ihre Botschaften in der Hauptstadt Sanaa und ziehen ihr Personal ab. Präsident Saleh stimmt der vom UN-Sicherheitsrat geforderten geregelten Machtübergabe und der mit Saudi-Arabien verhandelten Vereinbarung erst nach einem auf ihn in einer Moschee verübten Attentat zu und tritt dann von seinem Amt zurück. Die Präsidentschaft übernimmt nun Abd Rabbo Mansour Hadi, ehemaliger Vizepräsident und einziger Kandidat bei der Präsidentschaftswahl im Frühjahr 2012. Die Neubildung der Regierung geschieht allerdings ohne die Einbeziehung wichtiger Kräfte aus der Protestbewegung und ohne Beteiligung der zwei wichtigen separatistischen Bewegungen: der Houthis im Norden und der Hirak im Süden (vgl. Popp 2015, 2). Letztere streben die erneute Unabhängigkeit des sozialistisch geprägten und an Bodenschätzen reichen Südens an. Saudi-Arabiens Engagement gilt aber nicht nur der Restabilisierung der politischen Situation im Jemen. Sein Augenmerk liegt auf einer anderen Bewegung, die es aus seiner Sicht einzudämmen gilt.

Die politische und militärische Uneinigkeit im Land ruft nicht nur al-Qaida Gruppen auf den Plan, die in Kooperation mit Stämmen im Süden Gebiete erobern, auch die politisch unterrepräsentierten Houthi-Stämme im Norden machen sich die Uneinigkeit zunutze. Seit der durch die Revolution von 1962 erzwungenen Aufgabe des alten zaiditischen Königreichs ist diese Bevölkerungsgruppe um vermehrtes politisches Mitspracherecht und die Erschließung weiterer finanzieller Ressourcen sowie um größere Anerkennung ihres schiitisch-zaiditischen Glaubens bemüht. Nun, da die politischen und militärischen Kräfte durch die politische Spaltung geschwächt und ihre Kapazitäten durch die Bekämpfung von al-Qaida zum Großteil gebunden sind, kann die al-Houthi-Bewegung, die sich auch Ansar Allah – Helfer Gottes – nennt, erstarken und sich zunehmend nach Süden hin ausbreiten. Militärisch und strategisch wird sie dabei durch Iran unterstützt, der über den Golf von Aden unter dem Vorwand der Bekämpfung von Piraterie entsprechendes militärisches Material und Know-how in begrenztem Umfang liefert (vgl. irantracker.org: Yemen-Iran).

Da das saudische Königshaus selbst zerstritten ist und die Monarchie im eigenen Land verteidigen muss (vgl. Ali 2015), kommen ihm die Protestbewegungen im Nachbarland dieses Mal besonders ungelegen. Vor allem aber schürt die Unterstützung der schiitischen al-Houthi-Bewegung durch Iran erneut das Feuer der langjährigen Auseinandersetzung zwischen den beiden rivalisierenden Ländern Iran und Saudi-Arabien um die Vormachtstellung in der Golfregion. Die großen Golf-Akteure lassen den Jemen zum Austragungsort ihrer Konflikte werden. Während Iran die Houthis mit Waffen ausrüstet, finanziert Saudi-Arabien die al-Qaida-Gruppe AQAP zur Durchsetzung seiner Interessenpolitik. Zudem besteht die Gefahr, dass der Aufruhr der al-Houthi-Bewegung auf die schiitische Bevölkerung im Süden Saudi-Arabiens übergreift und die langjährigen Grenzstreitigkeiten neu anheizt. Mit gezielten Luftangriffen in Grenznähe versucht Saudi-Arabien schon 2011, diese Gefahr abzuwenden. Indes militarisiert sich die al-Houthi-Bewegung weiter und operiert unter der Führung von Abdel Malik Al-Houthi als lokale schiitische Stammesmiliz.

Nachdem Mansour Hadi die Präsidentschaft im Jemen übernommen hat, versucht er, mit der Neubesetzung des obersten Militärpostens und politischen Reformen die verschiedenen Splittergruppen der Bevölkerung und des Militärs zu einen. Es fehlt ihm jedoch an Durchsetzungskraft. Der Reformvorschlag, ein föderales System einzuführen und das Land in sechs Verwaltungseinheiten einzuteilen, um die verschiedenen Kräfte im Land auszubalancieren, stößt vor allem bei den Houthi-Stämmen auf großen Widerstand. Mit der Zuweisung von nur einer Provinz sehen sich die Houthi-Stämme, die gleichsam für die bis zu 40 % ausmachende schiitische Bevölkerung des Landes stehen, in dem neuen System unterrepräsentiert und fordern mehr politisches Mitspracherecht und mehr Zugang zu Macht und Kapital. Da ihre Gespräche mit der Regierung nicht die gewünschten Ergebnisse zeigen, beginnen sie 2014, Gebiete im Norden militärisch zu okkupieren und den Machtanspruch für sich zu reklamieren (vgl. Neftchi 2015). Sie verbünden sich dabei mit Saleh-nahen Militäreinheiten.

Ungehindert ziehen sie nach Süden auf die Hauptstadt zu und nehmen sie im September 2014 ein. Weniger an den Regierungsgeschäften interessiert als an Machtzuwachs und größerer Autonomie, bewegen sie die Regierung unter Mansour Hadi zu Friedensgesprächen mit UN-Vermittlern. Das noch im selben Monat mit der UNO ausgehandelte Strategiepapier räumt den Houthis unter der bestehenden Regierung zwar größere Autonomie ein, lässt aber keinen Spielraum für politische und ökonomische Reformen im Land. Der reformwillige Mansour Hadi wehrt sich gegen die Dominanz einer einzigen Gruppe in seinem neuen föderalen System. Die Houthis wehren sich gegen die Einführung eines Hadi-nahen Premierministers und gegen die neue Verfassung. Mansour Hadi tritt im Januar 2015 mit seinem Kabinett zurück, die Houthis stürmen den Präsidentenpalast und übernehmen de facto die Macht im Jemen. Mansour Hadi flieht nach Aden, später nach Riyadh (vgl. Neftchi 2015). Dort wird der Luftangriff auf den Jemen beschlossen und die militärische Operation *Decisive Storm* vorbereitet, während die al-Houthi-Bewegung weitere Gebiete im Südjemen und Teile der Hafenstadt Aden einnimmt.

Am 20. März 2015 zünden Selbstmordattentäter Bomben in zwei Moscheen der Hauptstadt Sanaa, die hauptsächlich von Houthi-Kämpfern besucht werden. Bei diesen Anschlägen kommen über 130 Menschen ums Leben, über 350 werden verletzt. Zu den Anschlägen bekennt sich eine Gruppe des IS, die sich mit der AQAP inzwischen im Kampf gegen die von ihnen als häretisch angesehenen Houthis verbündet hat (vgl. reuters.com: Suicide bombers). Am 25. März 2015 fliegt die saudische Luftwaffe mit über 100 eigenen Kampfjets und weiteren Kampfflugzeugen ihrer Alliierten (vgl. zeit.de 2015: Der Kampf) die ersten Angriffe im Rahmen der Operation *Decisive Storm* auf Stellungen der Houthis in Sanaa. Der Militärallianz haben sich bis zu diesem Zeitpunkt die USA, die Türkei und die GCC-Staaten mit Ausnahme Omans angeschlossen, in der Folge treten u. a. Frankreich und Großbritannien bei, die wie die USA vor allem logistische Unterstützung bieten (vgl. alarabiya.net 2015: Saudi „Decisive Storm"; reuters.com 2015: Saudi Arabia's coalition).

Der Konflikt im Jemen gestaltet sich also im März 2015 wie folgt: Die Bevölkerung ist in verschiedene Lager gespalten, deren radikalisierte Gruppen sich offen bekämpfen. Zwei große Lager bilden die Befürworter des neuen und des alten Präsidenten. Die traditionalistischer orientierten **Saleh-Anhänger** akzeptieren den neuen von Saudi-Arabien unterstützten Präsidenten Mansour Hadi nicht. Saleh selbst gilt als Finanzier bestimmter Gruppierungen, die gegen den neuen Präsidenten operieren. Unter seinen Anhängern befinden sich große Teile des zu seiner Regierungszeit bestehenden **Militär**s, die sich mit der **Houthi-Bewegung** zusammengeschlossen haben. Die Houthis besetzen mithilfe der Saleh-Anhänger die Hauptstadt Sanaa und erobern nun weitere Gebiete im Süden. Sie haben inzwischen auch unter der nicht zaiditischen Bevölkerung Anhänger gewonnen: für ihre projemenitische Haltung, für ihren entschiedenen Kampf gegen al-Qaida und für die Aufnahme von Elementen aus der Protestbewegung von 2011 wie Dialog, politische Partizipation und Kooperation, die sie u. a. mit ihrem Einsatz für die Vermittlungsgespräche und in der Auseinandersetzung mit Aktivisten unter Beweis stellen. Geschätzt wird außerdem ihr Eintreten gegen einen zu großen Einfluss durch die USA und Saudi-Arabien.[4] Die Houthi-Bewegung hat weite Teile des Nordens und des Südwestens unter ihrem Kommando und steht vor den Toren der Hafenstadt Aden, die Mansour Hadi wenige Tage zuvor zur neuen Hauptstadt erklärt hat. Am 25. März 2015 nehmen sie den Flughafen Adens ein.

Mansour Hadi selbst, der in Aden für sich erneut die Präsidentschaft beansprucht und international weiterhin als Präsident anerkannt wird, flieht nach Riyadh und versucht mithilfe saudischer Unterstützung, seine Macht im Jemen aufzurichten. Er und alle **Hadi-Befürworter**, die vor allem einen demokratischen Wandel anstreben, stehen auf der anderen Seite. Unter ihnen sind viele junge Jemeniten, vornehmlich aus dem Süden, die sich einen neuen Jemen unter der Führung der alten traditionalistischen Eliten nicht vorstellen können. An ihnen wird besonders deutlich, dass hier ein Konflikt zwischen **Traditionalisten** und **Reformer**n vorliegt, den es auszutarieren gilt. Außerdem tritt der **Nord-Süd-Konflikt** zutage, der in der Geschichte des Landes und den resultierenden Prägungen der Bevölkerung, seiner Geografie und den unterschiedlich verteilten Bodenschätzen begründet liegt. Während die Houthis vor allem im Norden, aber auch im westlichen Süden ihre Macht ausweiten, kämpft die separatistische **Hirak-Bewegung** im Süden für einen unabhängigen Südjemen und versucht, den Vormarsch der Houthis und die Einnahme Adens zu stoppen. Außerdem haben sich mittlerweile mehrere Stammesmilizen des Ostens und Südens mit **al-Qaida** und anderen terroristischen Vereinigungen wie dem **IS** verbündet, um

---

[4] Die Houthis verweigerten schon nach dem 11. September 2001 die Kooperation mit dem amerikanischen Geheimdienst und wehrten sich gegen Bestrebungen der USA und des GCC, die bestehenden Machtverhältnisse unter Saleh aufrecht zu erhalten (vgl. qantara.de 2015: Am Abgrund).

gemeinsam ihr Land gegen die Houthis zu verteidigen. Hier kommt ein weiterer Faktor ins Spiel: Der Konflikt ist auch ein Konflikt, der zwischen verschiedenen **Stämme**n ausgetragen wird: zwischen den nördlich angesiedelten Houthi-Stämmen sowie den südlichen und östlichen Stämmen und ihren diversen Interessenlagen.

Die religiöse Konfliktlinie, die ganz offensichtlich zwischen den **Schiiten** der Houthis und ihren Widersachern, den **Sunniten**, verläuft, ist also nur eine unter mehreren verschiedenen Konfliktlinien und -komponenten. Da auf der arabischen Halbinsel wie in anderen arabischen Ländern die Staatsgeschäfte trotz mancher Säkularisierungstendenzen weiter eng mit der Religion verknüpft sind, ist mit der religiösen Konfliktlinie die politische bzw. geopolitische eng verwoben. Strategische Interessen mischen sich in den Glaubenskampf. Dies tritt besonders bei der Betrachtung des internationalen Konfliktumfeldes und der externen Akteure zutage. Für das saudi-arabische Königshaus stellt die Houthi-Bewegung eine regionale Bedrohung dar und gleichzeitig einen neuen Konfliktherd in der arabischen Welt im politisch-religiösen Machtstreit zwischen Sunniten und Schiiten und den großen Akteuren der beiden Lager **Saudi-Arabien** und **Iran**. Für sie wird der Jemen-Konflikt zum Stellvertreterkrieg, in welchem Gruppen für proiranische bzw. prosaudische Interessen agieren. Saudi-Arabien bereitet mit seinen Verbündeten die Militäroperation *Decisive Storm* vor und fliegt die ersten Angriffe, um die Regierung von Präsident Mansour Hadi zu stützen.

Die **GCC-Mitglieder**, die der Militärallianz angehören, verfolgen ihre eigenen wirtschaftlichen und politischen Interessen. So nutzt z. B. Bahrain die Teilnahme an der Intervention im Jemen, um innere Konflikte als Ergebnis iranischer Konspiration darzustellen (vgl. al-monitor.com 2015: Saudi war in Yemen). Ägypten begründet seine Partizipation damit, die Meeresstraße Bab al-Mandab schützen zu wollen (vgl. n-tv. de: Russland will), die als eine der wichtigsten Handelsstraßen für den Erdöltransport angesehen wird und den Zugang zum Roten Meer und dem Suezkanal ermöglicht. Die Vereinten Arabischen Emirate bekämpfen vor allem die Islamisten, um diese an einer Machtübernahme zu hindern, und liegen damit in Opposition zu Saudi-Arabien, das islamistische Gruppen im Interesse der eigenen Machtpolitik unterstützt (vgl. nzz. ch 2015: Politische Lösung). Auch **westeuropäische Regierungen** unterstützen die Operation diplomatisch und später z. T. auch logistisch. Sie halten wie Deutschland die Luftangriffe für völkerrechtskonform, da ein als legitim angesehenes Staatsoberhaupt um internationale Hilfe gebeten hat (vgl. n-tv.de 2015: Berlin hält Angriffe).

Auch die **USA** sind involviert. Sie führen vor allem im Südjemen einen Drohnenkrieg gegen al-Qaida und sind Teil der Militärallianz, für die sie diplomatische und logistische Unterstützung liefern. Dem steht das Bemühen **Russland**s gegenüber, die Luftangriffe auf den Jemen zu beenden. Kaum mehr als eine Woche nach dem Beginn der Offensive legt es dem UN-Sicherheitsrat einen entsprechenden Resolutionsentwurf vor (vgl. n-tv.de 2015: Russland will). Die gegensätzlichen Positionen der großen internationalen Akteure und ihre Bündnispolitik in der Region verweisen auf die Fortführung der Politik des Kalten Krieges unter anderem Vorzeichen auch in dieser geostrategisch bedeutsamen Region. Selbige zeichnet sich nicht nur durch besonders reiche Erdöl- und Erdgasvorkommen aus, in ihr liegen auch wichtige Häfen und Handelsrouten wie der Golf von Aden und die bereits erwähnte Meeresstraße Bab al-Mandab und die Straße von Hormuz im Persischen Golf, denen bei der weltweiten Belieferung mit Erdöl Schlüsselpositionen zukommen und deren Kontrolle Machtvorteile verspricht. Die Dimension eines von externen Akteuren ausgetragenen Wirtschaftskrieges wird hier offenbar.

Die politische Tragweite verhält sich in diesem Fall allerdings diametral zur öffentlichen Berichterstattung. In den Medien wird kaum aus dem Jemen, von der Konfliktlage und ihren Hintergründen berichtet, auch nicht nach den ersten Luftanschlägen und der damit evozierten und akzelerierten humanitären Katastrophe. Dabei ist die Situation für die Menschen vor Ort mit der in Syrien vergleichbar. Einen Grund hierfür bildet neben der politischen Brisanz und der medialen Fokussierung auf den Syrien-Konflikt sicherlich das Faktum, dass die Menschen im Jemen quasi eingekesselt sind und ihr Land nicht als Flüchtlinge verlassen und zu Bezeugern der Krise in anderen Staaten werden können. Dies gilt insbesondere für Nordjemeniten, denen die Fluchtwege im Norden durch Saudi-Arabien, im Westen durch das Rote Meer und im Süden und Osten durch die von al-Qaida und dem IS besetzten Gebiete abgeschnitten sind (vgl. derStandard.at 2016: Jemen: „Es gibt keine Guten). Viele Jemeniten haben sich ins angrenzende Sultanat gerettet, das mit der Aufnahme von Flüchtlingen bereits an seine Belastungsgrenzen stößt. Einige wenige wagen den Seeweg nach Djibouti, das Aufnahmeeinrichtungen für die Geflüchteten schafft. Außerdem bestehen nur wenige Kooperationen mit ausländischen Journalisten, die in ihrer Heimat unabhängig Bericht erstatten könnten.

Bei dieser groben Skizzierung der Konfliktsituation sind bei weitem noch nicht alle involvierten Konfliktparteien und Konfliktlinien aufgelistet. So werden z. B. die diversen parteipolitischen Auseinandersetzungen nicht beschrieben, können aber mitgedacht werden. Nach den ersten Luftangriffen jedenfalls wurde deren zerstörerisches Ausmaß erkennbar. Nicht nur wurden jahrtausendealte Kulturgüter dem Erdboden gleichgemacht, es wurden auch viele Zivilisten getötet. Die UNO übt daran Kritik und wirbt den Oman als Mediator an.

4.3.2 Mediation: Die Abstimmung mit der UN

Am 02. April 2015 stimmt der Sultan offiziell dem Gesuch zu und erklärt seine Bereitschaft, zwischen Saudi-Arabien und dem Jemen zu vermitteln und die UN bei der Herstellung des Friedens zu unterstützen. Yousef bin Alawi, der in Oman den Sultan in außenpolitischen Angelegenheiten vertritt, unterstreicht dabei noch einmal das omanische Plädoyer für Gewaltfreiheit und insistiert auf Verhandlungsgesprächen außerhalb des Mittleren Ostens und auf der Verhandlung der Angelegenheit vor dem UN-Sicherheitsrat (vgl. german.irib.ir 2015: Oman will). Denn, so sagt er, die UN seien eine Organisation, die den Auftrag erhalten habe, den Frieden und die Sicherheit für alle beteiligten Mächte zu wahren (vgl.golfnews.com 2015: Oman 'ready to help mediate'). „[...] although we will not hesitate to play a role in order to help Yemenis, to help the United Nations, to encourage both parties involved in the crisis to come to a roundtable and discuss their own future" (golfnews.com 2015: Oman 'ready to help mediate'). Wie gehaltvoll diese, seine Worte sind, wird im Folgenden ausgeführt.

Ausrichtung der Mediation: Oman als Vermittler, und hiermit sind jetzt und im Folgenden der Sultan und seine Stellvertreter gemeint, verdeutlicht zuallererst seine Haltung zur Art der Konfliktlösung. Es gibt eindeutig zu verstehen, dass es ausschließlich einer diplomatischen Lösung zuarbeitet und eine Unterstützung gewaltsamer Handlungen allen außenpolitischen Leitlinien des Sultanats zuwiderlaufen würde.

Ort und institutionelle Einbettung: Der Vermittler verdeutlicht des Weiteren seine Anliegen zum Ort von Verhandlungsgesprächen und zur institutionellen Einbettung der Mediation im internationalen politischen Gefüge, indem er Verhandlungsgespräche außerhalb des Mittleren Ostens und die Verhandlung des Konflikts vor dem UN-Sicherheitsrat für notwendig erklärt. Indem er die UN auf ihren Ursprungsgedanken hinweist, nämlich den Weltfrieden zu sichern, veranschaulicht Yousef bin Alawi klar, dass er die wichtige Rolle Omans als Vermittler in diesem Friedensprozess sieht, dass er diese Rolle aber auch in das politische Gesamtgeschehen einordnet und sich durchaus bewusst ist, dass es zur Lösung der Jemen-Krise des Willens und des entschiedenen Handelns der internationalen Mächte bedarf. Dieser Hinweis kommt darum einem Appell an die UN gleich, ihrer Aufgabe ihrer Charta gemäß nachzukommen und die Involvierung der internationalen Mächte im Friedensprozess entsprechend zu konzertieren und direktiv Einfluss auf die Mitglieder auszuüben.

Rolle der UN: Bei dem direktiven Einfluss auf die Konfliktparteien sollten die UN sich jedoch in Zurückhaltung üben. Yousef bin Alawi äußert klar, dass er eine Lösung des jemenitischen Konflikts anstrebt, die die Jemeniten selbst maßgeblich bestimmen (vgl. al-monitor.com 2015: Oman breaks). Es soll eine lokale Lösung für einen lokalen Konflikt gefunden werden. Das Prinzip der Subsidiarität hat hier für den Vermittler Priorität. Er ruft damit den Jemen und Saudi-Arabien in die Eigenverantwortung und fordert die internationale Gemeinschaft auf, den beiden Staaten Souveränität im Sinne des Völkerrechts zuzugestehen. Er weist die UN-Mitglieder auf ihre eigenen Werte hin und auf ihre Rolle als externe internationale Akteure in diesem Konfliktlösungsprozess: Sie sollen subsidiäre Lösungsprozesse lediglich unterstützend und friedensfördernd begleiten. Das UN-Konzept der Schutzverantwortung soll nicht zur Legitimierung interessengeleiteter aktiver Einmischung dienen.

Grenzen der Mediatorenrolle: Außerdem macht Yousef bin Alawi deutlich, dass sein Land das Bestmögliche tun wird, um die Konfliktparteien in Verhandlungsgespräche zu führen. Oman wird also seiner Aufgabe als Mediator nachkommen, gleichzeitig sind es aber die Konfliktparteien selbst, die in der Verantwortung stehen, friedensfördernde Entscheidungen herbeizuführen und umzusetzen. Oman weiß um die Möglichkeiten und Begrenzungen der Rolle eines Mediators und ruft diese der UNO in Erinnerung. Damit wird noch einmal die Verantwortung aller Beteiligten deutlich, die der in den Konflikt direkt und indirekt involvierten UN-Mitgliedsstaaten genauso wie die der Hauptkonfliktparteien.

Das Sultanat macht damit gleich zu Beginn erkenntlich, worauf seine Vermittlungen ausgerichtet sind und welche Art von Konfliktmediation es anstrebt, wofür es im Rahmen seiner Vermittlungen zur Verfügung steht und wofür nicht. Es weist auf die Verantwortlichkeiten der UN und der am Konflikt beteiligten Parteien hin. Es gibt die Richtung seiner Mediation, markiert spezifische Eckdaten und dekliniert so für sich einen Handlungsspielraum, den es während seiner Mediation nutzen kann. Für Oman als Mediator und für die internationalen und regionalen Akteure selbst ergeben sich ganz konkrete Handlungserwartungen und -anleitungen und somit die zielfördernde Handlungssicherheit.

4.3.3 Mediation: Der intensive Austausch mit allen Konfliktparteien

Mit dem Vermittlungsauftrag der UN und seiner klaren Positionierung kann Oman nun in den konkreten Vermittlungsprozess treten. Die klare Zielstellung, eine lokale Lösung für einen lokalen Konflikt zu unterstützen, kann es dabei wie ein Gastgeschenk den lokalen Konfliktparteien darbieten. Hier soll eine von der internationalen Gemeinschaft unterstützte lokale Lösung gefunden werden, was den Parteien eine größere Handlungsmacht bedeuten und ihren Willen zur Konfliktlösung stärken soll.

Erst einmal aber werden zahlreiche Gespräche mit Außenministern und anderen Regierungsvertretern von UN-Mitgliedsstaaten geführt, um für die jemenitische Krisensituation zu sensibilisieren, über die humanitäre Notlage der Bevölkerung aufzuklären und für die Notwendigkeit einer Lösung zu werben. Dabei kann Oman als orts- und kulturkundiger Vermittler seine Sachkenntnisse über die ihm bereits bekannten Bedarfe und Interessen der Konfliktparteien genuin einbinden und den Verhandlungsspielraum auf dem internationalen Parkett weiter analysieren und gegebenenfalls erweitern.

Ein Blick auf die Website der staatlichen Nachrichtenagentur des Sultanats zeigt, wie eng die Termine in den Aprilwochen gesetzt sind (vgl. Tabelle 1: Übersicht). Schon einen Tag vor der öffentlichen Zusage an die UN am 2. April wird ein Vertreter des britischen Verteidigungsministeriums in Oman empfangen. Des Weiteren werden die aktuellen regionalen Geschehnisse mit einem russischen Abgeordneten besprochen (vgl. omannews.gov.om 2015). Russland legt der UNO dann schon am 04. April einen Resolutionsentwurf vor, in dem es eine Feuerpause im Jemen zur humanitären Unterstützung der Bevölkerung fordert. Jordanien, das zu der Zeit den Vorsitz des Security Councils der UN als nicht ständiges Mitglied innehat, diskutiert diesen Entwurf zusammen mit dem Resolutionsentwurf der GCC vom 24. März 2015 auf einer Sondersitzung. Präsident Mansour Hadi hatte die UN darüber informiert, den GCC und die

Arabische Liga um die sofortige Unterstützung bei der Zurückdrängung der Houthis, einschließlich der militärischen Intervention ersucht zu haben (vgl. securitycouncil-report.org 2015: Resolution 2216).

Der stellvertretende US-Außenminister ist zwei Tage zu Gast in Oman und disku-tiert mit Yousef bin Alawi die regional und international relevanten Themen. Außer-dem werden Gespräche mit Vertretern der Regierungen von mindestens folgenden Staaten geführt: Türkei, Marokko, Ungarn, Ägypten, Pakistan, Frankreich, Tunesien und Qatar (vgl. omannews.gov.om 2015). Diese Aufzählung führt vor Augen, dass Oman aus seiner relativ neutralen Position heraus zu Ländern aller Lager Kontakt aufnimmt und dabei auf keine Grabenkämpfe der Staaten untereinander Rücksicht nimmt. Es empfängt Vertreter von Staaten der westlichen wie der östlichen Hemi-sphäre, Vertreter europäischer Staaten wie die der Arabischen Liga, Vertreter aus christlich wie aus different islamisch geprägten Staaten. Es empfängt Vertreter von Staaten mit ganz unterschiedlichem Entscheidungsgewicht in der internationalen und regionalen Politik. Die Bewältigung der Jemen-Krise ist oberstes Ziel, welches die Staaten in dieser Situation über die geteilte Mitgliedschaft in der UNO hinaus einen soll. Oman ist dabei allen ein Ansprechpartner, der die Interessenlagen aufnehmen und vermitteln kann.

Dabei fügt Oman sich und sein Anliegen gekonnt in die Ordnungen der interna-tionalen Politik ein, indem es sich zuerst mit den entscheidungsmächtigen Staaten abstimmt. So kann es Möglichkeiten für seine Vermittlungen ausloten und den Rahmen für eine anerkannte Konfliktlösung wahren bzw. die Chance auf Anerken-nung der Lösung durch die internationale Gemeinschaft erhöhen. Oman hat sich also von der Meinung der Supermächte und seines engsten westlichen Unterstüt-zers, Großbritannien, ein Bild machen und bereits über Gespräche mit einigen UN-Mitgliedsstaaten die Interessenlage der internationalen Gemeinschaft erfassen sowie für die jemenitische Situation sensibilisieren können, bevor am 8. April 2015 das Gespräch zwischen dem iranischen Außenminister und dem omanischen Stellvertre-ter des Sultans in außenpolitischen Angelegenheiten stattfindet.

Über dieses in Muscat stattfindende Gespräch ist ein vergleichsweise ausführli-cher Ablauf- und Ergebnisbericht auf der Seite der staatlichen Nachrichtenagentur des Sultanats von Oman zu finden (vgl. omannews.gov.om 2015), der einen Einblick in die omanische Vorgehensweise und Schwerpunktsetzung erlaubt, weshalb eine genauere Betrachtung aufschlussreich ist.

Inhalt: Hauptgegenstand der Unterredung sind zum einen die bilaterale Koope-ration, zum anderen die aktuellen regionalen und internationalen Themen. So wird ausführlich über die neuesten Entwicklungen im Verhandlungsprozess mit den P5+1 Staaten über das Nuklearabkommen gesprochen. (Dieses soll drei Monate später im Juli 2015 zum Abschluss kommen und die Aufhebung des Embargos einleiten. Auch in diesem Prozess wirkt Oman als Vermittler und wird sowohl von Iran als auch von Seiten der US-Regierung gebrieft.) Seinerzeit aber gibt es Schwierigkeiten bei der Eini-gung über vertragliche Bindungen Irans an die Supermächte. Nach der Unterzeichnung der Rahmenvereinbarung unterrichtet der iranische Außenminister Mohammed Javad Zarif seinen omanischen Kollegen Yousef bin Alawi über diese Schwierigkeiten, und beide besprechen sie miteinander. Yousef bin Alawi erhofft sich durch das große Engagement der Vertragsparteien und ihre Einsatzbereitschaft eine Überwindung der Differenzen und sieht einer Einigung entgegen.

Die Jemen-Krise wird als besonderer Gesprächsinhalt herausgehoben. Im Bericht werden die Ergebnisse der bereits geführten Gespräche wie folgt zusammengefasst:

> [...] all parties are interested to reach a mechanism and a platform that will lead to developing an initiative to be promoted by the UN and supported by all parties, Yemen neighboring countries and all those interested in the Yemeni affairs.[...] all parties including the Sultanate maintain continuous communication with the UN Secretariat General and strive, through the GCC ambassadors and other parties, to understanding the great suffering and circumstances being experienced by our brothers in Yemen. (omannews.gov.om 2015)

Gerade das Leid ihrer „Brüder im Jemen" zu mildern, wird als ein Hauptanliegen der omanischen Regierung dargestellt. Es wird Wert auf humanitäre Soforthilfe gelegt und der internationalen Gemeinschaft die Dringlichkeit kommuniziert, durch gemeinsame Anstrengung einen zeitweiligen Waffenstillstand zu erreichen, um die notleidende Bevölkerung mit Nahrung und Medikamenten beliefern zu können. Gespräche mit internationalen Hilfsorganisationen dazu führe Oman bereits, wird berichtet, um abzustimmen, wie die Hilfe zu den Bedürftigen auch über die omanisch-jemenitische Grenze gelangen kann. Des Weiteren wird berichtet, dass der iranische Außenminister die Rolle des Sultans in der Region und seine Bemühungen zur Ermöglichung und Fortsetzung der Verhandlungen zum Nuklearabkommen begrüßt und die enge Zusammenarbeit von Oman und Iran lobt.

Formale Struktur: Betrachtet man den formalen Aufbau des Berichts, wird eine Struktur erkennbar, die auffällig klar und psychologisch sensibel ist, dergestalt, dass sie komponiert und formvollendet scheint. Es ist zum einen eine A-B-C-B-A-Struktur auszumachen, bei der die Hauptbotschaft (C) die Minderung des Leids der jemenitischen Bevölkerung darstellt. Sie wird gerahmt durch konkrete Handlungen im Verhandlungsprozess mit den P5+1Staaten bzw. in der Jemen-Krise (B). Eingang und Ausgang finden jeweils in der Bekundung der gegenseitigen Wertschätzung und der Nennung der Hauptgesprächsthemen (A) eine Entsprechung. Gleichzeitig interferieren die Gesprächsthemen positiv, bauen aufeinander auf und steigern sich kumulativ z. B. in der zunehmenden Adressierung der internationalen Gemeinschaft, in der Darstellung von Not und Dringlichkeit, in dem Umfang der Handlungen. Die Gesprächsanteile der beiden Gesprächsparteien sind ausgewogen dargestellt. Es ist davon auszugehen, dass bei der hohen Wertschätzung angemessene tradierte Umgangsformen im politischen Alltag der arabischen Staaten auch das Gespräch so geordnet und strukturiert verlief und die Form sowohl auf den Inhalt als auch auf das Ziel und die Beziehung zum Gesprächspartner begünstigend wirkte.

Psychologischer Aufbau: Im Bericht werden jedenfalls zusammenfassend die zwei Hauptgesprächsthemen zuerst benannt und dergestalt dargeboten, dass der gemeinsame Wille der Vertiefung der bilateralen Beziehungen kommuniziert wird, bevor der Form und Wertschätzung halber alle Anwesenden aufgeführt werden. Es wird dann dem Gast Raum gegeben. Der iranische Außenminister erstattet Yousef bin Alawi Bericht über die kürzlich geführten Verhandlungen und aktuelle Schwierigkeiten, woraufhin die Schwierigkeiten im Besonderen besprochen werden. Der omanische Vermittler lässt sich also über relevante Veränderungen und Neuigkeiten im Verhandlungsprozess informieren und bespricht die für den Partner drängendsten Fragen. So generiert er für sich und den Vermittlungsprozess die wichtigen Informationen und beseitigt Blockaden für die flüssige und konstruktive Fortsetzung der Verhandlungsgespräche. Das Thema wird mit dem Ausblick des Vermittlers auf die letztendliche Einigung und die ausgesprochene Zuversicht in die Bewältigung der derzeitigen Schwierigkeiten und somit mit Motivation und Zuspruch abgeschlossen.

Nach dieser lösungsorientierten Absprache zum Verhandlungsprozess mit den P5+1 Staaten, in dem Oman sich gegenüber seinem Gesprächspartner über einen längeren Zeitraum bereits als vertrauenswürdiger und erfolgreicher Vermittler erkenntlich zeigen konnte, wenden sich die beiden Gesprächspartner nun dem neuen Vermittlungsauftrag Omans und der Jemen-Krise zu. Auch hier wird zuerst über den Stand der Dinge berichtet. Bin Alawi fasst die Ergebnisse aus den Gesprächen mit allen Konfliktparteien zusammen und erklärt ihre Bereitschaft zur Ausarbeitung und Durchführung eines Aktionsplans, der von der UNO gefördert wird. Hier ist davon auszugehen, dass der iranische Außenminister im tatsächlichen Gespräch über die Ergebnisse aus den vorangegangenen Gesprächen informiert und für die Unterstützung der UN-geführten Initiative geworben wurde – mit Erfolg.

Im Folgenden wird ausdrücklich betont, dass alle Konfliktparteien und der Vermittler sich an die für den Vermittlungs- und Friedensprozess ausgehandelten Spielregeln halten und sich eng mit der UNO abstimmen wollen. Gleichzeitig, und zwar im selben Satz, werden alle Beteiligten zu mehr Verständnis für die Notlage des jemenitischen Volks aufgerufen, wobei die GCC-Botschafter im Speziellen gleichsam als besondere Adressaten des indirekten Appells benannt werden. Oman macht sich also für das Nachbarland stark, dem es gerade, auch in dem internationalen Politikgeschehen, so sehr an Stärke mangelt, und sendet diskret aber gezielt Botschaften an Konfliktparteien, die zu wenig Verhandlungsbereitschaft und Verständnis in einer Sache zeigen. Es spricht sich für eine Waffenpause als oberstes Ziel aus, die Hilfslieferungen ermöglicht. Der Mensch steht dezidiert im Mittelpunkt seiner Bemühungen, insbesondere – dem ibaditischen Prinzip des *maslaha* entsprechend – die Minderung seines Leids.

Nach der allgemeinen Erklärung der Bereitschaft der Konfliktparteien zu einer Zusammenarbeit in der Frage der Konfliktlösung werden also Aussagen zum Prozedere gemacht, gleichzeitig wird auf eine aktuelle Handlungsdringlichkeit hingewiesen. Dazu werden dann konkrete durchzuführende Maßnahmen benannt und anvisierte und bereits eingeleitete Maßnahmen Omans als Eigenbeitrag beschrieben, was Vorbildwirkung erzielen kann. Zum Schluss lässt der Gastgeber und Vermittler den iranischen Außenminister wieder zu Wort kommen. Dieser äußert sich lobend über die Rolle Omans in den Verhandlungen zur Jemen-Krise. Mit dem sofortigen Umschwenken zu den Verhandlungen zum Nuklearabkommen wird aber seine Zurückhaltung offenbar. Scheinbar liegt eine Skepsis gegenüber der UN-geführten Initiative und/ oder gegenüber der Kooperationsbereitschaft der arabischen Nachbarn vor. Welche Kraft die Initiative entwickelt, soll sich erst zeigen. Ausführlich aber werden die Weisheit des omanischen Sultans und die bilateralen Beziehungen gelobt und abschließend noch einmal wesentliche Gesprächsthemen auch von seiner Seite aufgeführt, analog zu den Worten des Gastgebers zu Anfang des Berichts.

In dem Bericht drückt sich der respektvolle, trotz unterschiedlicher Rollen auf Augenhöhe stattfindende und sehr kultivierte Umgang des Vermittlers mit seinen Gesprächspartnern aus. Er gibt dem Gast Raum, empfängt die Informationen, die er für eine erfolgreiche Mission braucht, und gibt gleichermaßen Rat. Dabei sorgt er für den kulturell tradierten rituellen ehrenvollen Rahmen auf Regierungsebene. Transparent berichtet er in öffentlichen Medien und auf der staatlichen, allen zugänglichen Website von Inhalt, Zielvorstellung und Gesprächsverlauf sowie von konkreten Ergebnissen. In der Berichterstattung werden Erwartungshaltungen und Appelle klar kommuniziert, sodass der Standpunkt des Vermittlers deutlich wird. Dennoch wahrt er die Vermittlerrolle. Aber er nutzt sie eben auch – zur konstruktiven Einflussnahme. Diese Praxis führt er in den nachfolgenden Gesprächen und Verhandlungen fort.

Noch am selben Tag finden Gespräche mit dem Außenminister von Pakistan statt. An den darauffolgenden zwei Tagen ist der stellvertretende US-Außenminister zu Gast in Oman. Mit ihm können vor dem Hintergrund des Iran-Oman-Gesprächs und weiterer geführter Gespräche die Herausforderungen in den Verhandlungen zum Nuklearabkommen und zur Jemen-Krise besprochen werden. Nur wenige Tage später richtet sich das Sultanat auf dem 13. Kongress zur Kriminalitätsprävention in Doha mit einem deutlichen Appell an die UN-Mitglieder, der seine Wirkung auch in der Beilegung der Jemen-Krise entfalten kann. Der Stellvertreter aus dem Justizministerium, der die omanische Delegation anführt, führt in seiner Rede auf, wie Oman Kriminalität vorbeugt, indem es Prinzipien von Gerechtigkeit, Gleichheit, Demokratie, Partizipation und Menschenrechten rechtsstaatlich etabliert. Er ruft die UN-Mitglieder auf, im Kampf gegen die Kriminalität zu kooperieren, um positive Wirkungen auf die internationale Sicherheit und den Frieden erzielen zu können (vgl. omannews.gov.om 2015).

Auf der Versammlung des UN-Sicherheitsrates in Doha machen Saudi-Arabien und Vertreter der jemenitischen Exilregierung ihre Sicht deutlich. Sie fordern ein Entgegenkommen der Houthis, ohne das es keine Feuerpause geben würde, und dulden Irans Einmischung in den Konflikt nicht (vgl. webtv.un.org 2015: Qatar). Zwei Tage später, und zwar am 14. April, wird die UN-Resolution 2216 verabschiedet. Sie ruft zur quasi uneingeschränkten Unterstützung des legitimierten Präsidenten Mansour Hadi auf und zur Fügung der Houthis in die politische Ordnung der legitimierten jemenitischen Regierung. Von den Houthis wird außerdem der Abzug aus den bisher eroberten Gebieten, die Unterlassung von Alleingängen, die den „Transitionsprozess untergraben" würden, und die Freilassung der politischen Gefangenen gefordert. Der Nationale Dialogprozess, der als Initiative des GCC gestartet worden war, soll für die erfolgreiche Fortführung des Transitionsprozesses wieder aufgenommen werden. Alle UN-Mitglieder sind zu einem Waffenembargo gegen die Houthis aufgerufen (vgl. securitycouncilsupport.org 2015: Resolution 2216).

Die Beschlüsse des UN-Sicherheitsrates kann der Vermittler in die weiteren Gespräche mitnehmen, z. B. nach Weißrussland, wo er am 22. April 2015 mit dem stellvertretenden Außenminister neben den bilateralen Beziehungen auch die aktuellen Herausforderungen Weißrusslands und der Region, internationale Krisen inklusive der Jemen-Krise sowie Wege zu ihrer friedlichen Lösung bespricht (vgl. omannews. gov.om 2015). Schon am 24. April wird in der Presse von einem 7-Punkte-Plan berichtet, den Oman für die Konfliktparteien als richtungsgebend ausgearbeitet hat und der im Folgenden noch näher beschrieben wird (vgl. al-monitor.com 2015: Oman breaks from GCC). Die hier verbreitete Information, Oman habe den Plan in Kooperation mit Riyadh und Teheran ausgearbeitet, kann dahingehend erweitert werden, dass Oman Vorgaben der UNO einbezieht und mit sämtlichen Konfliktparteien Gespräche führt und ihre Standpunkte genauestens eruiert und auf das Ausmaß an Flexibilität prüft, als es den Plan ausarbeitet. So kann es bei seiner Vermittlungsarbeit auf maximalen Konsens zielen.

Bei dem nur zwei Tage später stattfindenden Treffen des Arabischen Parlaments in Djibouti wird der Plan sicherlich vorgestellt. Dort werden die aktuellen Herausforderungen in der arabischen Welt besprochen, zu denen die Mitglieder der einzelnen Staaten Berichte verfasst haben. Außerdem werden die Beiträge ausländischer Staaten zu Politik und Wirtschaft diskutiert. Die Entwicklungen in Palästina, Syrien und im Jemen und mögliche friedensstiftende Maßnahmen werden verhandelt. Zudem werden die Themen unter menschenrechtlichen Gesichtspunkten beleuchtet (vgl. omannews.gov 2015). Schon auf der vorangehenden Versammlung des Komitees im Februar war die Situation im Jemen besprochen und eine Einigung angestrebt worden (vgl. statecouncil.om 2015: State Council). Nun kann ein konkreter Plan vorgelegt werden, der die abgestimmten Forderungen der Konfliktparteien als Verhandlungsbasis für eine Lösung enthält, was gewiss breite Zustimmung findet.

Die omanische Delegation, die vorwiegend aus Mitgliedern des Majlis al-Shura Rates besteht – den gewählten Beratern des Sultans – besucht bei dieser Gelegenheit die Camps im Norden Djiboutis, um sich mit der Situation der jemenitischen Flüchtlinge vertraut zu machen, die dort Aufnahme gefunden haben (vgl. omannews.gov. om 2015). In den ersten zwei Wochen nach Beginn der Militäroffensive nimmt Oman selbst 2.695 Flüchtlinge von 48 verschiedenen Nationalitäten auf, die aus dem Jemen fliehen, und organisiert deren Versorgung. Auch der ehemalige Präsident Ali Abdullah Saleh und seine Familie sollen mittels omanischer Hilfe aus dem Jemen geflogen werden (vgl. gulfnews.com 2015: Oman pushing).

Nun, nachdem der Vermittler also vertraut mit den Positionen der Konfliktparteien ist und die Entscheidungträger der internationalen und regionalen Ebene in verschiedenen Kontexten gesprochen und ihnen mit seinem Plan einen Weg aus der Krise vorgestellt hat, wendet er sich noch einmal ausführlich der lokalen Ebene zu und empfängt Anfang Mai für drei Tage den jemenitischen Premierminister und Vizepräsidenten Khalid Mafouz Bahah, der mit Mansour Hadi zurückgetreten, ins Exil nach Saudi-Arabien gegangen war und den Regierungsauftrag erneut angenommen hatte. Der Gast und seine Delegation, bestehend aus hochrangigen jemenitischen Regierungsvertretern, sprechen mit dem engsten Berater des Sultans, Sayyid Shihab bin Tariq, übermitteln die allerbesten Wünsche und Grüße von Mansour Hadi, die der Gastgeber seinerseits mit besten Wünschen und Grüßen an den Präsidenten erwidert, bevor Gespräche zur Stärkung der „brüderlichen Verbindung" der beiden Nachbarländer und zur aktuellen Lage geführt werden. Dem Gast und seiner Delegation wird ein vorzüglicher Aufenthalt gestaltet, was sich auch in der Begleitung durch hochrangige omanische Politiker ausdrückt.

Noch während der jemenitische Premierminister und Vizepräsident in Oman weilt, fliegen Bin Tariq und Bin Alawi nach Riyadh, wo sie und andere Vertreter der GCC-Mitgliedsstaaten mit einer Willkommenszeremonie vom Prinzen empfangen werden. Auf der Agenda stehen hier Vorbereitungen zum Treffen von Vertretern des GCC mit Barack Obama im Weißen Haus, die Kooperation des GCC mit den USA, die Verhandlungen zum Nuklearabkommen mit Iran und auch die Jemen-Krise mit ihren aktuellen Entwicklungen sowie Soforthilfemaßnahmen für die jemenitische Regierung zur Bewältigung der humanitären Lage (vgl. omannews.gov.om 2015).

Mit den Houthis steht Oman ebenfalls in engem Kontakt. So ist bekannt, dass Oman vor Beginn der Militäroffensive *Decisive Storm* Nachrichten zwischen Riyadh und den Houthis weitergeleitet hat (vgl. gulfnews.com 2015: Oman ‚ready to help mediate'), während die beiden jemenitischen Konfliktparteien danach keinen Kontakt zueinander suchen. Sie zeigen sich Anfang April dem Vermittler gegenüber aber bereit, an den Verhandlungstisch zu gehen, sobald die gegnerische Seite Entgegenkommen zeigt. Die Houthis fordern, wie sie sagen, einen nicht aggressiven Moderator der Gespräche und das Ende der Militäroffensive, die bereits in den ersten zwei Wochen 500 Tote kostete. Das saudische Königreich will die Verhandlungen im Rahmen des GCC stattfinden lassen, deren Mitglieder mehrheitlich an der Offensive beteiligt sind (vgl. omanobserver.om 2015: Yemen's Houthis). Oman bleibt für beide ein Ansprechpartner und vertrauensvoller Berater. Auch aus dem Weißen Haus in Washington, wo man gleichfalls der Auffassung ist, dass die Houthis für eine politische Einigung an Verhandlungen um eine politische Lösung beteiligt werden müssen, übermittelt Oman Botschaften an Houthi-Vertreter (atlanticcouncil.org 2015: Oman's Diplomatic Bridge).

Zusammenfassend lässt sich sagen, dass der Vermittler keine Mühen scheut, um sich eingehend über die Konfliktsituation sowie die einzelnen Konfliktparteien, ihre Positionen und ihre Verhandlungsbereitschaft zu informieren. Der Kontakt mit den verschiedenen Parteien auf der lokalen, regionalen und internationalen Ebene ist vor allem in den ersten Aprilwochen nicht nur äußerst intensiv. Er ist auch zutiefst menschlich, was sich am eindrücklichsten in dem Besuch direkt Betroffener aus der jemenitischen Bevölkerung und in dem Einsatz für einen humanitären Soforthilfe- plan zeigt. In der intensiven und wiederholten Auseinandersetzung mit Situation, Parteien und Positionen und der konsequenten Ausrichtung auf Lösungswege gelingt ihm bei allen politischen Zwängen die Entwicklung eines Plans, der breite Zustim- mung findet und der einen Weg aus der Krise weist.

Der Umgang mit den Konfliktparteien zeichnet sich außerdem durch Transpa- renz, politische Korrektheit, inhaltliche Stärke, psychologische Sensibilität sowie formale und kulturelle Angemessenheit aus. Trotz Terminfülle, Tragweite und stark konfligierender Positionen bleibt der Vermittler ruhig, ausdauernd und stringent. Seine Vorgehensweise und inhaltliche Einwirkung auf den Vermittlungsprozess decken sich mit mehreren UN-Richtlinien, die von Kofi Annan zur Präventiven Diplo- matie verfasst worden sind (vgl. United Nations, General Assembly/Security Council 2001: Prevention). So stößt er z. B. zeitgleich kurz- und langfristige Prozesse im poli- tischen, diplomatischen und humanitären Bereich an, entwickelt einen praktischen Fahrplan zur Lösung der Krise und motiviert in Schriften und Reden immer wieder die UN-Mitglieder, ihr Potenzial zu nutzen und gemeinsame Anstrengungen zu unter- nehmen, um den Frieden zu bewirken. So ko-kreiert er politischen Willen und wirkt konstruktiv auf die Kultur der Konflikttransformation in der internationalen Politik. Damit offenbaren sich der hohe Standard der omanischen Diplomatie und ihr univer- seller Charakter.

Die Motivation des Vermittlers für die Intensität des Austauschs wird in den ein- zelnen Gesprächen mit den Konfliktparteien ebenfalls wiederholt deutlich. Es soll der Humanität, dem Frieden, der Sicherheit und Stabilität in der Region zugearbeitet werden. Das drückt der stellvertretende Premierminister Sayyid Fahd bin Mahmoud al-Said bei einem Treffen mit dem saudischen Außenminister konkret aus: „Conver- sation during the meeting dealt with [...] the importance of intensifying consultations among brothers to serve the security and stability" (omannews.gov.om 2015: Minister Responsible). Dialog wird dabei als das Gebot nicht nur dieser Stunde angesehen und entschieden der militärischen Konfrontation vorgezogen. Der Kontakt des Vermitt- lers zu den Konfliktparteien weist also eine innere Schönheit in Motivation, Inhalt, Schwerpunktsetzung und Respekt gegenüber allen Gesprächspartnern auf sowie eine äußere Schönheit in der rituellen Form und der Art der Darbringung der Gastfreund- schaft. Oman als Vermittler zeigt im Umgang mit den Konfliktparteien sehr deutlich sein diplomatisches Geschick, welches ein Vorbild gibt für andere Staaten in der hohen Kunst der Diplomatie in nahezu höchster Vollendung.

4.3.4 Mediation: Der 7-Punkte-Plan

Mit ihrer elaborierten Haltung und Arbeitsweise entwickelt die omanische Führung in der ersten Aprilhälfte wie erwähnt auf der Basis der bis dato geführten Gespräche und der UN-Resolution 2216 den 7-Punkte Plan, der als ein Hauptstück der Omani-Initiative bekannt wird. Ziel ist es, das Nachbarland möglichst zügig zu Frieden und Stabilität mit Aussicht auf Nachhaltigkeit zurückzuführen. Dazu sollen die Kämpfe gestoppt und die einzelnen Konfliktparteien zu Verhandlungsgesprächen zusammengebracht werden. In dem Plan nun sind die wichtigsten Forderungen der Konfliktparteien enthalten. Gleichzeitig bildet er eine Schrittfolge ab, die einen möglichen Weg aus der Krise beschreibt. Daher kann der Plan als Grundlage für weitere Gespräche und Handlungspläne dienen.

Erst einmal werden Einzelgespräche mit den lokalen und regionalen Konfliktparteien geführt, um für gemeinsame Verhandlungen zu werben. Dabei wird der Plan vorgestellt. Er enthält im Einzelnen folgende Punkte (vgl. gulfnews.com: Oman pushing; alaraby.co.uk 2015: Oman offers):

– Die Houthis und Saleh-Anhänger sind aufgefordert, sich aus allen eroberten Städten zurückzuziehen und die militärische Ausrüstung und Munition des jemenitischen Militärs abzutreten.
– Abd Rabbo Mansour Hadi wird als Präsident wieder eingesetzt, ebenso die Regierung von Khalid Mafouz Bahah.
– Es finden vorgezogene Parlaments- und Präsidentschaftswahlen statt.
– Es wird eine Konsensregierung gebildet, an der alle jemenitischen Parteien beteiligt werden. Dazu wird eine Vereinbarung mit allen Parteien unterzeichnet.
– Die Houthi-Bewegung Ansar Allah wird in eine politische Partei überführt.
– Es wird eine internationale Geberkonferenz abgehalten, um über Investitionsprojekte die jemenitische Wirtschaft wiederzubeleben.
– Die Aufnahme des Jemen in den Gulf Cooperation Council wird vorbereitet.

Eine Betrachtung unter realistischen Gesichtspunkten macht schnell deutlich, wie sich die Forderungen der Konfliktparteien in dem Plan widerspiegeln, wie die Kräfteverhältnisse verteilt sind und welche politischen Optionen sich für die Beteiligten ergeben. Die größten Zugeständnisse werden von der Konfliktpartei der Houthis und ihren Verbündeten, den Saleh-Anhängern, erwartet, die trotz ihres bisher erworbenen Rückhalts in der Bevölkerung sämtliche politische Macht erst einmal abgeben sollen. Man stellt den Houthis allerdings in Aussicht, als eine anerkannte politische Partei in einem neuen Regierungssystem agieren zu können. Der international weiterhin anerkannten Hadi-Regierung wird die Wiedereinsetzung zugesagt. Sie müssen aber um Machtverlust bei erneuten Wahlen fürchten. Zu sehr und zu offensichtlich hat sich die Lage in ihrem Land verändert und der politische Rückhalt verringert. Saudi-Arabien würde mit einem neuen GCC-Mitglied von der arabischen Halbinsel und einer vorerst von ihnen unterstützten Regierung seine politischen Interessen im Jemen leichter durchsetzen können und seine Macht damit erweitern. Auch die internationalen Geber würden profitieren. Die wirtschaftlichen Investitionsprojekte zum Wiederaufbau des Jemen und die damit verbundenen Verträge versprechen auf lange Sicht Zugang zu den nationalen Ressourcen. Hier würden neben internationaler Zusammenarbeit und ihren positiven Effekten auch neue Abhängigkeiten strategisch aufgebaut. Damit ist das Kräfteverhältnis klar umrissen, das wenig Spielraum für die Houthis lässt, und die Stärke des Drucks auf die Houthi-Bewegung und ihre Verbündeten wird offensichtlich.

Entsprechend verhalten sind die Reaktionen. Die Partei General People's Congress, der Saleh und seine Anhänger angehören, bezeugen, dass sie positiv mit dem Angebot umgehen werden (vgl. alaraby.co.uk 2015: Oman offers). Das lässt bei aller Deutungsfreiheit eine Bereitschaft erkennen, sich auf den Mediationsprozess einzulassen. Die iranische Außenamtssprecherin Marzieh Afkham meldet, dass Iran willens sei, über die Initiative nachzudenken. Bei Unterstützung des Vorhabens durch offizielle Institutionen sieht man die Möglichkeit, Verhandlungsgespräche zu führen, als gegeben (vgl. alaraby.co.uk 2015: Oman offers). Hier sind die monetäre Fazilitation durch politische Institutionen und ein erkennbarer öffentlich bezeugter politischer Wille gefordert.

Die al-Houthi Bewegung Ansar Allah reagiert ablehnend auf die großen Konzessionen, die von ihr gefordert werden. Ihr Sprecher Mohammed Abdul Salam macht aber deutlich, dass durchaus Gesprächsbereitschaft besteht und die Gespräche wieder aufgenommen werden könnten, sobald die Militäroffensive gestoppt sei. Er befürwortet die Beaufsichtigung der Gespräche durch die UN. Außerdem verweist er auf das Peace and National Partnership Agreement, das für die Houthis weiterhin Bedeutung habe (vgl. alaraby.co.uk 2015: Oman offers). Um die Position der Houthis besser zu verstehen, ist es wichtig, einen genaueren Blick auf diese Vereinbarung zu werfen.

Sie trägt den Charakter eines Friedensvertrages und wurde am 21. September 2014 in Sanaa von Präsident Abd Rabbo Mansour Hadi, sämtlichen jemenitischen Parteien, politischen Gruppen und Bewegungen inklusive der Houthis zusammen mit dem UN-Sonderbeauftragten für den Jemen, Jamal Benomar, unterschrieben. Lange wurde im Rahmen des Nationalen Dialogprozesses, der von der UNO quasi supervidiert und u. a. von der deutschen Berghof Foundation beratend unterstützt wurde, auf eine Annäherung in den Positionen und eine einvernehmliche Lösung hingearbeitet. Nachdem die Houthis Sanaa erobert und Teile der Regierungsgebäude besetzt hatten, forderten sie die Regierung Hadi auf, diese Gespräche mit allen Parteien und Gruppen fortzusetzen. Geeinigt hat man sich auf einen Strategieplan zur Bildung einer neuen Regierung innerhalb eines Monats, in dem die Regierung Hadi als Interimsregierung fungieren und die Prozesse zu Neuwahlen organisieren sollte. Die Hirak-Bewegung sollte zusammen mit den Houthis einen neuen und neutralen Premierminister ernennen, um den Hadi-treuen Mohammed Basindwa zu ersetzen. Außerdem wurde die neue Regierung dazu verpflichtet, in den ersten Regierungstagen Reformvorschläge für die finanzielle und wirtschaftliche Lage zu entwickeln und die Absenkung des Gas- und Ölpreises auf ein festgesetztes Niveau sicherzustellen (vgl. yementimes.com 2014: Peace; ag-friedensforschung.de 2014: Einigung in Sanaa).

Hier war also bereits eine Lösung verhandelt worden, bei der den Gruppen der Südjemeniten und der Houthis mehr politischer Einfluss gegenüber der Hadi-Regierung zugestanden werden sollte. Letztere hatte zugestimmt, und so wurde diese Lösung auch von den Vermittlern als Erfolg ihres Einsatzes in dem Nationalen Dialogprozess und als Durchbruch zu Frieden und Stabilität gefeiert. Die Lösung war zudem eine jemenitische, bei der zusätzlich internationale Interessen gesichert wurden. Dennoch konnte sie sich nicht durchsetzen bzw. wurde sie nicht durchgesetzt, wodurch ein Machtstreit mit den bekannten Folgen seine Fortsetzung fand.

Innerhalb der erneuten Auseinandersetzungen nominierte Mansour Hadi z. B. den ihm nahestehenden Ahmad Awad bin Mubarak für das Amt des Premierministers, woraufhin die Houthis und die Hirak-Bewegung Widerstand leisteten. Sie bestanden darauf, einen eigenen Kandidaten aufzustellen und entführten schließlich Mubarak. Nach sieben Monaten, in denen die Abmachungen aus dem Peace and National Partnership Agreement nicht zur Umsetzung kamen, wurde die Resolution 2216 verabschiedet. Noch bevor Oman mit seinem 7-Punkte-Plan an die Öffentlichkeit trat, trat der für den Jemen so engagierte marokkanische UN-Sonderbeauftragte Jamal Benomar von seinem Amt zurück. In seiner letzten Ansprache vor dem UN-Sicherheitsrat warnte er vor zu vielen Eingriffen in die Krise durch externe Akteure sowie vor weiterer systematischer Verzögerung und plädierte für einen Weg, den die Jemeniten selbst bestimmen sollten (vgl. webtv.un.org 2015: Jamal Benomar).

Vor diesem Hintergrund wird verständlich, dass die Houthis nicht ohne Weiteres bereit sind, die scharfen Forderungen zu erfüllen. In der auf den Ergebnissen der National Dialogue Conference (NDC) aufbauenden Vereinbarung von September 2014 war ihnen mehr politische Partizipation zugebilligt worden. Den vertraglichen Bestimmungen hatten sie sich selbst verpflichtet. Nun stehen die Streiter für eine jemenitische und weniger von den USA und Saudi-Arabien beeinflusste Politik vor der Situation, in der die externen Akteure alle Mittel zur Gewährung einer Feuerpause in der Hand halten, die Hadi-Regierung stärken, ihre eigenen erkämpften Machtbefugnisse jedoch beschneiden. Außerdem war bereits ein langer und erfolgversprechender Einigungsprozess, in dem die UNO vermittelte, nicht zur Umsetzung gekommen. Das löst Enttäuschung aus.

Mit der enttäuschten Hoffnung auf mehr politische Partizipation, der enttäuschten Hoffnung auf eine schnelle Regierungsneubildung und der enttäuschten Hoffnung in die UN als Vermittler, mit dieser mehrfachen Frustration also muss Oman als Vermittler umgehen. Sie belastet den Vermittlungsprozess insofern, als sich durch sie die Fronten neu verhärten und Vertrauen in die eigene Selbstwirksamkeit, in eine gemeinsame Lösungsfindung sowie in die internationale Vermittlung verloren geht. Diese Enttäuschungen müssen adressiert und besprochen, neue Motivation für ein gemeinsames Engagement und neues Vertrauen mühsam aufgebaut werden. Dieser herausfordernden Aufgabe stellt sich Oman. Der Erfolg seiner Bemühungen zeigt sich nur zwei Monate später, als es ihm gelingt, die Konfliktparteien tatsächlich am Verhandlungstisch in Genf zu versammeln.

Allerdings treten in Genf auch die Frustration der Parteien und die Schärfe der Auseinandersetzung zu Tage. Für den 14. Juni 2015 sind die Gespräche in der Schweiz angesetzt. Sie beginnen mit Verzögerung und ohne die Houthis, da es Komplikationen mit dem Weiterflug der UN-Maschine in Djibouti gibt. Im Vorfeld war unklar, ob die Houthis überhaupt zu den Gesprächen kommen, da sie an ihrer Bedingung festhielten, die Friedensgespräche erst bei einer Feuerpause weiterzuführen. Letztendlich kommen sie mit zwei Tagen Verspätung und mit 25 Vertretern anstelle der abgesprochenen Anzahl von sieben Vertretern. Das fassen ihre Kontrahenten als Provokation auf und als Beweis dafür, dass die Houthis sich nicht an Absprachen halten. So wird das Treffen zur Plattform für gegenseitige Schuldzuweisungen und Machtdemonstrationen, die sogar in Handgreiflichkeiten ausarten. Am Abschluss des Treffens steht keine wie von Ban Ki-moon erbetene Einigung über eine Feuerpause (vgl. middleeastmonitor.com 2015: The illusion). Dennoch ist der gemeinsame Wille zu Gesprächen in der aktuellen Konfliktlage zu honorieren.

Während der Gespräche wird im Jemen weiter gekämpft. Seit Beginn der Kämpfe sind über 6.000 Menschen im Land umgekommen. Die Bomben haben die über 2.000 Jahre alten Kulturschätze einstiger Königreiche wie des himyaritischen und sabäischen Königreichs und damit ein Stück Menschheitsgeschichte zerstört. Sie haben weite Teile der Basisinfrastruktur lahmgelegt. Durch Bodentruppen, terroristische Verbände und die sich ausbreitende Anarchie ist das Leben unsicher geworden. Vor allem aber leidet die Bevölkerung unter extremer Armut, Unterernährung, unter extremem Hunger und Mangel an medizinischer Versorgung. Eine Million Menschen sind innerhalb des Jemen auf der Flucht (vgl. middleeastmonitor.com 2015: The illusion). In der Vermittlung Omans ist es, wie oben bereits dargelegt, mit Sicherheit ein starkes Argument, das mit dem Anliegen der jemenitischen Konfliktparteien korrespondiert, diesem Leid endlich durch eine diplomatische Lösung ein Ende zu bereiten.

Mit dem 7-Punkte Plan gelingt es also Oman, ein übersichtliches Papier zu erstellen, das zum einen die wichtigsten Forderungen der Konfliktparteien mit einer Orientierung an der Resolution 2216 darlegt und zum anderen einen Strategieplan für eine friedliche politische Neustrukturierung des Jemen anbietet. Diese Gleichzeitigkeit von Strategieplan und Zusammenfassung der Forderungen ist bereits eine Leistung, in der sich die für das arabische Denken charakteristische Kunstfertigkeit widerspiegelt, Dinge simultan und zusammen zu denken und wiederzugeben.

Des Weiteren sind die Forderungen ganz pragmatisch und eindeutig formuliert, sodass der Inhalt leicht und klar den verschiedenen Konfliktparteien der verschiedenen Länder kommuniziert werden kann. Das ist wichtig, um Unterstützung für Plan und Mission zu gewinnen in einem kulturellen Kontext, in dem die zu gewährende Unterstützung oftmals von schon erhaltener Unterstützung abhängig gemacht wird. Klare Forderungen also und ein Umriss ihrer Umsetzung weisen auf eine hohe Praktikabilität und Durchführbarkeit hin. Das macht den Plan zu einer soliden Grundlage für weitere Verhandlungsgespräche und weist darüber hinaus auf sein eigentliches Ziel: Am Ende der Verhandlungen sollen tatsächlich Umsetzungen stehen. So erweist sich der Plan schon in seiner Anlage als sowohl prozess- wie auch zielorientiert und letztendlich als zielführend.

Besonders die jemenitischen Konfliktparteien können diese Zielgerichtetheit als motivierend aufnehmen, während sie für die regionalen und internationalen Akteure gleichsam als Appell verstanden werden kann, ebenfalls Entschlossenheit zur Beendigung der Krise zu demonstrieren und den erwünschten Verhandlungen Taten folgen zu lassen. Große Gräben zwischen den Konfliktparteien und verhärtete Fronten hat Oman zunächst zu adressieren, aufzuweichen und zu überbrücken. Das Scheitern vorheriger Verhandlungen in der Umsetzung hat das Vertrauen in die international angeleiteten Vermittlungen stark erschüttert. Über den Plan und die zu ihm geführten Gespräche geht der Vermittler die Aufgabe an und leistet die wichtige Überzeugungsarbeit. Es gelingt ihm, die Parteien in Genf zumindest an einen Verhandlungstisch und ins Gespräch zu bringen, angesichts der Ausgangslage eine enorme und nicht zu unterschätzende Leistung. Somit kann sich der Plan als ein auf die politisch komplexe Lage und die Bedarfe der diversen Konfliktparteien abgestimmtes, angemessenes und ideales Instrument für die Vermittlungen erweisen.

4.3.5 Mediation: Des Sultans Rede an die UN

In den folgenden drei Monaten liefern sich die widerstreitenden Parteien weitere Kämpfe. Die saudisch geführte Militäroffensive wird weitergeführt. Sie ist mittlerweile in die zweite Phase übergegangen, heißt nun *Restoring Hope* und soll mit mehr Bodentruppen die Houthis effektiver zurückdrängen und weitere Vorstöße verhindern. Die Hafenstadt Aden ist schwer umkämpft, bis es den Truppen der Koalition inklusive der regierungstreuen Truppen gelingt, erst den Hafen und dann weite Teile der Stadt einzunehmen. Auf Sanaa werden massive Luftangriffe geflogen. Auch im Süden Saudi-Arabiens an der Grenze zum Jemen, z. B. in der ehemals jemenitischen Stadt Najran, flammen immer wieder Kämpfe auf. Die Houthis müssen Teile ihrer eroberten Gebiete an Hadi-Verbündete abgeben, verlieren Militärstützpunkte und Waffendepots. Die AQAP verübt mehrere Anschläge. Es sind Tote auf allen Seiten zu betrauern. Die ohnehin wenig ausgebaute Infrastruktur im Jemen wird weiter zerstört. Die humanitäre Situation wird immer dramatischer. 6 Millionen Menschen sind nach UN-Angaben vom Hungertod bedroht (vgl. reuters.com 2015: Regierungstruppen; reuters.com 2015: coalition attacks).

Die für den September geplanten Friedensverhandlungen können nicht stattfinden, da die Exilregierung mit Verweis auf die UN-Resolution 2216 den Abzug der Houthis aus den eroberten Gebieten zur Vorbedingung macht (vgl.welt.de 2015: Neue Friedensverhandlungen). Die Houthis zeigen sich indes bereit für Gespräche mit neutralen Vermittlern. Für sie ist nach Aussagen des Houthi-Anführers Abdel Malik Al-Houthi Saudi-Arabien der Aggressor, der die Prinzipien guter Nachbarschaft nicht einhalten und eine Gefahr für den Jemen darstellen würde (vgl. n-tv.de 2015: Huthi-Anführer). Ende September lassen sie saudi-arabische und westliche Geiseln frei, die über Oman ausgeflogen werden. Diese Freilassungen sind weitestgehend auf Vermittlungen Omans zurückzuführen (vgl. zeit.de 2015: Huthi-Rebellen), das weiter für kooperatives Verhalten hinsichtlich der Friedensverhandlungen wirbt, um einer zügigen und gleichzeitig nachhaltigen Lösungsfindung im Jemen-Konflikt zuzuarbeiten.

Dieses Ziel lässt sich auch aus der Rede des Sultanats an die UN ableiten, die der Stellvertreter des Sultans, Yousef bin Alawi, am 03. Oktober 2015 auf der 70. Tagung der UN-Generalversammlung in New York hält (s. a. Anhang: Die Rede). In ihr beschreibt Alawi nicht nur die Grundüberzeugungen des Sultanats hinsichtlich erfolgreicher Konfliktlösungen, er richtet sich außerdem direkt an die UN mit dem Appell, sich mit einem veränderten und an den Grundsätzen der UN und an internationalem Recht orientierten Verhalten sowie mit einer effektiveren Arbeitsweise zur Lösung der Jemen-Krise beizutragen. So wird am Beispiel dieser Rede die Reichweite der omanischen Vermittlungen erkennbar, welche neben lokalen, regionalen und internationalen Akteuren auch den eigenen „Auftraggeber" adressieren und den gesamten politischen Konfliktlösungsprozess konstruktiv zu beeinflussen suchen. Daher lohnt auch hier eine genauere Betrachtung. Sie wird abschnittsweise vorgenommen.

Rede: Eingeleitet wird die Rede mit Grußworten und Gratulationen zum 70-jährigen Bestehen der UN. Nach der Würdigung des vorangegangenen Präsidenten und des Generalsekretärs Ban Ki-moon wird dem neuen Präsidenten der Generalversammlung, Herrn Mogens Lykketoft und der UNO volle Unterstützung des Sultanats zugesichert, besonders in Fragen des internationalen Friedens, der Sicherheit und der nachhaltigen Entwicklung. Der Gratulation zum Jubiläum wird angefügt:

> This occasion represents an opportunity to renew our confidence in the joint international action, through the adoption of positive initiatives by Member States, which would contribute to the establishment of an International Economic Order, based on justice for all States and nations. (omannews.gov.om: Yousef bin Alawi)

Betrachtung: Schon im Begrüßungsteil nutzt die omanische Führung die Gelegenheit, die ihr wichtigen Ziele herauszustellen und benennt konkret Frieden, Sicherheit und nachhaltige Entwicklung. Außerdem gibt sie Hinweise für eine neue Ausrichtung der UN, die der derzeitigen Situation als Möglichkeit innewohnt. Sie weist angesichts des bestehenden Vertrauensverlustes in die UN und in die Wirksamkeit ihrer Prozesse auf die zur Stunde gegebene Gelegenheit hin, das Vertrauen neu aufzubauen. Sie gibt dazu gleich selbst ganz anwendungsorientiert eine Anleitung: Es sollten erfolgreiche Initiativen von Mitgliedsstaaten herausgestellt und gewürdigt werden. Dabei lässt sie gleichsam eine Zielvision einfließen, an der sich Aktionen der UN orientieren könnten: eine auf Gerechtigkeit für alle Staaten basierende internationale ökonomische Ordnung.

Rede: Der gehaltvollen Einleitung schließt sich eine Ausführung über die omanischen Grundprinzipien in der Regierungsführung an:

> Since the dawn of the Omani Renaissance, on 23 July 1970, we in the Sultanate of Oman have embraced peace and dialogue as basic principles. We are convinced that dialogue is the natural foundation upon which all forms of conflict can be resolved. Throughout history, mankind has aspired to enhance confidence on the basis of agreed and conciliatory ideas, and that principles of the United Nations Charter deepen and widen common interests and mutual benefits. We also believe that dialogue is the best way to settle disputes by peaceful means, instead of, resorting to confrontations and conflicts. (omannews.gov.om 2015: Yousef bin Alawi)

Nachfolgend wird das erfolgreich abgeschlossene Nuklearabkommen mit den P5+1 Staaten als Beispiel dafür angeführt, wie Ausdauer und die Verpflichtung auf das Prinzip des Dialogs kontroverse und diffizile Sachverhalte bewältigen und mehrere Staaten in einen Interessenausgleich bringen können. Folgender Wunsch wird geäußert:

> We hope that this historic agreement would reflect positively on regional and international peace and security, and pave the way for a new area of relations, based on cooperation, respect, and mutual trust. (omannews.gov.om 2015: Yousef bin Alawi)

Betrachtung: Das Sultanat stellt selbst zwei Grundprinzipien seiner erfolgreichen Regierungsführung vor, mithilfe derer Oman seit Qaboos' Machtübernahme in erstaunlicher Art und Weise erblühte und prosperierte: Frieden und Dialog. Frieden wird hier als der zu erstrebende und aufrechtzuerhaltende Grundzustand vorangestellt, in dem Weiterentwicklung und umfassendes Wohl überhaupt erst möglich sind. Der Dialog wird als Mittel zur Schaffung und Aufrechterhaltung dieses Zustandes danebengestellt. Er kommt ganz natürlich zur Anwendung, wenn Konflikte auftreten. Dabei wird die Auseinandersetzung nicht gescheut. Das Gespräch wird, wie zum theologischen Streitgespräch im Kapitel über den Ibadismus bereits angeführt, als Möglichkeit zur Erweiterung des Bewusstseins gesehen. Gemeinsam wird um eine Lösung gerungen und zu einer Lösung gefunden, in der gemeinschaftliches Wohl weiter und eventuell sogar besser möglich ist. Dies wird durch die Orientierung auf den Nutzen für das Gemeinwohl (das *maslaha*-Prinzip) erreicht.

Hier wird allerdings nicht nur von einem omanischen im Ibadismus wurzelnden Prinzip gesprochen. In der Rede kommt zum Ausdruck, dass die gesamte Menschheit Erfahrungen mit dem Gespräch als wirksamem Konfliktlösungsmittel gesammelt hat und es auch der Grundidee der UN inhärent ist. Friedenssicherung und -schaffung waren die Grundmotivation bei der Bildung der UN und sind ihre obersten Ziele, die zuallererst auf diplomatischem Wege aufrechterhalten bzw. herbeigeführt werden sollen (vgl. UN-Charta: Art. 2, § 3; Art. 33, § 1). Dabei wird auf den gemeinsamen Nutzen für die Staatengemeinschaft durch die gemeinsame Orientierung auf diese Ziele verwiesen, die in der Entwicklung und Verfolgung gemeinsamer Interessen und gegenseitiger Bereicherung liegen. So wird auf das höchste Ziel der UN hingewiesen und gleichsam an die Verpflichtung jedes Mitglieds auf diese Ziele erinnert, die eigener Interessenverfolgung im Staatensystem vorangestellt werden sollten.

Mit den Verhandlungen zum Nuklearabkommen zwischen Iran und den P5+1 Staaten wird veranschaulichend ein Beispiel für einen erfolgreichen Prozess der friedlichen Konfliktbeilegung und der Ausbalancierung von Interessen gegeben. Trotz der immensen Interessenunterschiede um das sensible Thema, die zu massiven Verzögerungen und Auseinandersetzungen im Verhandlungsprozess führten, konnten Kompromisse gefunden und das Abkommen zum Abschluss gebracht werden. Es wird damit der Preis benannt, der für manche friedliche Konfliktlösung gezahlt werden muss: die Investition von Zeit und Kraft. Auch in der UN-Charta ist von Duldsamkeit die Rede, die es einzuüben gilt, und von Kräften, die geeint werden wollen zur Wahrung und Sicherung des Friedens (vgl. UN-Charta: Präambel).

Oman hat sich, und dies ganz offensichtlich in den genannten Verhandlungen, als besonders geduldiger Vermittler erwiesen, der immer wieder selbst Anstrengungen unternommen und die Kräfte der Parteien mobilisiert hat, um die Verhandlungen durch alle Schwierigkeiten hindurch zur Einigung zu führen. Es gibt somit selbst ein Beispiel für die Friedfertigkeit, die jederzeit zum Frieden bereit auf das große Ziel hin orientiert ist und keine Mühen scheut. Für solche Einstellung und persistente Einsatzbereitschaft wirbt die Rede unaufdringlich, aber entschieden. Sie macht den Gegensatz bewusst zwischen der Anwendung von Gewalt und Konfrontation in den internationalen Beziehungen einerseits und solchen Beziehungen, die auf gegenseitiger Wertschätzung und kooperativem Verhalten beruhen andererseits. Sie zeichnet die Vision von einer Weltgemeinschaft, in der die Staaten Beziehungen der zuletzt genannten Art pflegen. Der Realisierung der Vision kann mit der Verbreitung friedlicher Konfliktlösungen nach dem Vorbild der Verhandlungen zum Nuklearabkommen konkret zugearbeitet werden. Es wird von einem neuen Raum für friedliche Beziehungen gesprochen, der bei entsprechender willentlicher Einigung erweitert werden kann.

Rede: Es wird nun auf die Problematik der Staaten Palästina und Israel eingegangen. Dabei werden das Leid der Palästinenser und ihr Kampf um Anerkennung und Rechte aufgeführt. Das Sultanat ruft die beiden Konfliktparteien auf, die Verhandlungen um die Zwei-Staaten-Lösung wieder aufzunehmen und voranzutreiben, indem schrittweise die Interessen beider Seiten verhandelt und gewahrt werden, wobei die Arabische Friedensinitiative Erwähnung findet. Das Sultanat wendet sich ebenfalls mit einem Aufruf an die UN. Diese solle mehr Anstrengungen zur Beilegung des Konfliktes unternehmen, statt ihn nur zu managen.

Die nachfolgenden Ausführungen zum Jemen-Konflikt werden mit der Beschreibung der verheerenden Konsequenzen für das jemenitische Volk eingeleitet, die als

„desastrous humanitarian tragedies" (omannews.gov.om 2015: Yousef bin Alawi) bezeichnet werden. Das Sultanat äußert seine Überzeugung, dass die Konfliktparteien im Stande seien, das Land zu Frieden und Stabilität zurückzuführen. Sorge mache ihm allerdings die Zunahme der Aktivitäten terroristischer Organisationen, die das Land als Basislager nutzen und die Region destabilisieren. Alle politischen Kräfte im Jemen werden aufgerufen:

> [...] to support the efforts of UN Secretary-General's Special Envoy, Ismail Ould Alsheikh Ahmed to contribute in restoring peace and stability in the Republic of Yemen, and to achieve the aspirations of the Yemeni people in a safe and dignified life. (omannews.gov.om 2015: Yousef bin Alawi)

Außerdem verurteilt das Sultanat die militärischen Angriffe auf die Gebäude der diplomatischen und konsularischen Vertretungen in Sanaa. An alle Konfliktparteien ergeht der Aufruf:

> We call on all parties to respect the rules of international law and refrain from any act that violates their international obligations, particularly, those set forth in the Vienna Convention on Diplomatic Relations of year 1961 and the Vienna Convention on Consular Relations of year 1963. (omannews.gov.om 2015: Yousef bin Alawi)

Betrachtung: Im Hauptteil der Rede wird nun auf die Konflikte in der arabischen Welt eingegangen, und es werden nach omanischer Sichtweise erforderliche Schritte zu ihrer Beruhigung dargelegt. Zuerst geht das Sultanat auf den zentralen Konflikt zwischen Israel und Palästina ein, der in besonderer Weise die internationale Staatengemeinschaft in differente Lager spaltet und erheblich die Beziehungen zwischen arabischen Staaten und Staaten der westlichen Hemisphäre belastet. Die Lösung dieses Schlüsselkonflikts würde das gesamte zwischenstaatliche Klima aufhellen und für deutliche Aussöhnung mit der arabischen Welt sorgen und sich somit auf andere Konflikttransformationsprozesse in diesem Raum positiv auswirken, was die Vorrangstellung in der Rede begründen kann.

Nachdem der Konflikt aus der Perspektive der Palästinenser erläutert ist und dadurch westlichen Partnern die arabische Sichtweise zum besseren Verständnis kommuniziert wird, liefert das Sultanat in gewohnter Art gleich konkrete Vorschläge zur Konfliktlösung, die es ohne Umschweife als Aufruf formuliert. Zum einen werden Palästinenser wie Israelis aufgefordert, die zielführende Zwei-Staaten-Lösung weiter zu verhandeln und sich Schritt für Schritt in gegenseitiger Achtung – denn auch dies beinhaltet die Wahrung gegenseitiger Interessen – aufeinander zuzubewegen.

Als Basis für die Verhandlungen ist die Arabische Friedensinitiative benannt, die, vom saudischen Königshaus initiiert, 2002 von der Arabischen Liga verabschiedet wurde und friedliche Beziehungen zu Israel bei dem Rückzug Israels auf die Grenzen von 1967 und der Freigabe Ost-Jerusalems als palästinensischer Hauptstadt verspricht (vgl. auswaertiges-amt.de 2016: Der Nahostkonflikt). Sie kann als Entgegenkommen auf arabischer Seite verstanden werden, die sich von der Nichtanerkennung Israels abgewandt, den Ansprüchen Israels auf ehemals palästinensisches Gebiet zugestimmt und sich einer friedlichen Konfliktlösung zugewandt hat. Damit haben sich die Positionen westlicher und arabischer Akteure über die vergangenen Jahrzehnte bereits deutlich angenähert. Es ist anerkennend anzumerken, dass auch Deutschland sich außenpolitisch für die Zwei-Staaten-Lösung einsetzt und der Versöhnung mit den arabischen Staaten zuarbeitet.

Des Weiteren ergeht ein Aufruf an die UN und die den Friedensprozess unterstützenden Staaten. Sie werden dazu angehalten, sich in ihren Friedensbemühungen engagierter zu zeigen, Ressourcen zu aktivieren und Schritte zu unternehmen, die den Prozess voranbringen. Hier wird von der üblichen Beschränkung auf eine positive Formulierung abgewichen und zusätzlich Kritik am Verhalten der Adressaten geäußert, die dadurch noch mehr Gewicht bekommt. So ist es nicht übertrieben, von einer scharfen bzw. eindringlichen Kritik zu sprechen. Beanstandet wird, dass der Konflikt über Jahre eher von den angesprochenen Parteien gemanagt wird, statt ihn konstruktiv einer Lösung zuzuführen. Der Aufruf kommt darum einer Aufforderung gleich, das eigene bislang praktizierte Verhalten auf Unterlassungshandeln und vernachlässigte Verantwortung zu überprüfen, gleichfalls sollte eine deutliche Verhaltenskorrektur hin zu aktivem und effektiverem Lösungshandeln erfolgen, das den politischen Willen erkennbar werden lässt. Von conflict management soll zu conflict transformation übergegangen werden. Das geforderte Engagement praktiziert derweil das Sultanat gleich selbst, indem es die Vereinten Nationen couragiert kritisch anspricht und auf Diskrepanzen zwischen ihrem Auftrag und ihrem Handeln sowie auf Handlungsdringlichkeiten und -möglichkeiten hinweist.

Engagiert setzt es sich nachfolgend auch für den Jemen ein. Es führt das unsagbare Leid der Menschen vor Augen, die unter dem militärisch ausgetragenen politischen Machtkampf leiden, und drückt in der Bezeichnung des Jemen als „brotherly republic" (omannews.gov.om 2015: Yousef bin Alawi) seine Anteilnahme und Fürsorgehaltung aus. Es appelliert damit an mitmenschliches Denken und Handeln, das bei der Verhandlung politischer Lösungen nicht vernachlässigt werden darf. Es weist auf seine Sachkenntnis bezüglich der Entstehung des Konflikts hin und bekräftigt so die Überzeugung, dass es nach wie vor die jemenitischen Parteien für fähig hält, Entscheidungen für Stabilität und Sicherheit im Land zu treffen und umzusetzen. Es spricht sich damit erneut – wie bei der Aufnahme seiner Vermittlungstätigkeit im Auftrag der UN – für eine jemenitische Lösung aus.

Außerdem äußert das Sultanat zweimal seine Besorgnis: zum einen über die humanitäre Situation und zum zweiten über die terroristischen Organisationen, die die innerstaatliche Anarchie ausnutzen und ihre Basislager im Jemen errichten bzw. ausbauen und mit terroristischen Aktivitäten das Land und die Region weiter destabilisieren. Hierzu sei angemerkt, dass gerade die jemenitische AQAP als starker Zweig der al-Qaida gilt, der vom Jemen aus Anschläge in den USA und in Europa plant. Der Anschlag auf das Satiremagazin Charlie Hebdo ist ihm zuzuschreiben (vgl. Steinberg

2015, 1 ff). Mit dem Erstarken der AQAP im Jemen geht also eine verstärkte Terrorgefahr für die USA und Europa einher, was bereits Auswirkungen zeigt. Darum muss die Wiederherstellung von Frieden und Sicherheit im Jemen auch im Interesse der westlichen Parteien liegen. Das Sultanat beschränkt sich in der Rede auf die vornehmlich von AQAP und IS ausgehende Gefahr für die Region, in der die al-Qaida schon ein Emirat begründet hat und zu dessen Verteidigung es vor allem die politische Elite und Sicherheitskräfte im Jemen und in Saudi-Arabien mit gezielten Anschlägen bekämpft (vgl. Steinberg 2015, 2 ff).

In der Fortsetzung der Gewalt sieht das Sultanat den Hauptgrund für die diffizile humanitäre Situation, die schwierige politische Lage und die Zunahme von Terrorismus. Darum ergehen zwei Aufrufe, von denen der erste sich an die jemenitischen Konfliktparteien wendet. Sie alle werden aufgefordert, die Initiativen des neuen Sonderbeauftragten der UN für den Jemen Ismail Ould Alsheikh Ahmed zu unterstützen. Es wird vor Augen geführt, was bei Widersetzung auf dem Spiel steht und was bei kooperativem Verhalten erreicht werden kann: der Frieden und die Stabilität im Jemen und ein sicheres und würdevolles Leben für alle Einwohner.

Alle Konfliktparteien, und hier sind nun vornehmlich die regionalen und internationalen Konfliktparteien angesprochen, werden für die militärischen Angriffe auf diplomatische und konsularische Vertretungen in der Hauptstadt kritisiert, da sie in Kontradiktion zum Ziel der Wiederherstellung einer stabilen politischen Ordnung im Jemen stehen, dem sich auch die saudisch geführte Militäroperation *Restoring Hope* offiziell verschrieben hat, und da sie gegen Völkerrecht verstoßen. Bei der Verurteilung der Angriffe können folgende Sachverhalte mitgedacht werden: Die militärischen Angriffe wurden nach der Erklärung Saudi-Arabiens am 21. April 2015 mit dem Ende der Operation *Decisive Storm* für beendet erklärt, dennoch wurden sie fortgeführt. Die Anfang September 2015 erfolgten besonders schweren Anschläge auf Sanaa wurden mit hoher Wahrscheinlichkeit aus Rache für gefallene emiratische Soldaten von den Vereinten Arabischen Emiraten verübt und von der Koalition nicht verhindert (vgl. reuters.com 2015: coalition attacks).

Darum werden alle Beteiligten aufgefordert, internationales Recht zu akzeptieren und die internationalen Verpflichtungen und Zusagen einzuhalten. Im Speziellen wird auf die völkerrechtlichen Verträge rekurriert, die als Wiener Übereinkommen über diplomatische Beziehungen 1961 und als Wiener Übereinkommen über konsularische Beziehungen 1963 in Kraft traten und welche den Schutz diplomatischer und konsularischer Räumlichkeiten auch im Falle eines bewaffneten Konflikts festschreiben (bmi.bund.de: Wiener Übereinkommen über diplomatische Beziehungen Art. 22; Wiener Übereinkommen über konsularische Beziehungen Art. 27). Größere Machtfülle sollte im internationalen Staatensystem kein Freibrief dafür sein, sich nicht an internationales Recht zu halten bzw. es nur einseitig von den Vertragspartnern einzufordern.

Rede: Als dritter Konflikt wird der Syrien-Konflikt angesprochen. Das Leid der Bevölkerung wird beschrieben, die zu großen Teilen ihre Heimat aufgeben musste und auf der Flucht mit Ungewissheit und Unterversorgung konfrontiert ist. Alle syrischen Konfliktparteien und die der Nachbarländer werden aufgerufen, die Vermittlungsanstrengungen der UN zu unterstützen, um Sicherheit und Stabilität wieder herzustellen und den Terrorismus auszumerzen. Die Ausbreitung des Terrorismus in Syrien, in der Region und weltweit und die durch ihn verursachte Destabilisierung werden angesprochen. In diesem Zusammenhang bekräftigt das Sultanat seine Haltung zum Terrorismus:

> My country reiterates its uncompromising stance in condemning all forms of terrorisms, irrespective of their causes and motivation. (omannews.gov.om 2015: Yousef bin Alawi)

Das Sultanat würdigt die Initiativen von Ländern, regionalen und internationalen Organisationen zur Verbesserung der humanitären Lage der Menschen, fordert aber mehr Engagement, um die geflüchteten und in der syrischen Heimat verbliebenen Menschen zu schützen. Es verweist auf die Fortsetzung des eigenen Hilfsprogramms für syrische Flüchtlinge.

Betrachtung: Der dritte Konflikt im arabischen Raum, auf den das Sultanat eingeht, ist der Syrien-Konflikt. Er wird zwar an letzter Stelle genannt, bekommt aber einen eigenen Abschnitt und mit dieser formalen Aufwertung eine größere Bedeutung. Erneut wird zuerst das Leid der betroffenen Bevölkerung beschrieben, das im Syrien-Konflikt ein beispielloses Ausmaß annimmt. Es werden die große Anzahl an heimatlos gewordenen Menschen vor Augen geführt und die prekären Bedingungen, mit denen die Menschen auf der Flucht konfrontiert sind. Die nicht erwähnte, aber ebenfalls verheerende Zerstörung materieller und kultureller Güter wird dem menschlichen Leid damit erkennbar nachgeordnet, Gleiches gilt für den politischen Wettbewerb um Einfluss und Macht.

Ausnahmslos alle syrischen Konfliktparteien und ihre Partner in den angrenzenden Ländern werden dazu aufgerufen, die Bemühungen des Sonderbeauftragten der UN für Syrien zu unterstützen, damit sich die Lage beruhigen und dem Volk Sicherheit und Stabilität gewährt werden kann. Dem Schutz der Bevölkerung sollen Eigeninteressen nachgeordnet werden, die Kompromissbereitschaft soll erhöht, die Autorität der UN als Konfliktvermittler anerkannt werden. Als Referenzperson wird der Sonderbeauftragte der UN für Syrien, Staffan de Mistura, mit Namen genannt. Seine Ziele und Maßnahmen können in den Kriegswirren Orientierung geben. Das Sultanat spricht somit seine Empfehlung den arabischen Glaubensbrüdern in Syrien und der Umgebung aus und bekräftigt gleichzeitig seine Überzeugung von der möglichen Wirkmacht der UN als Vermittler in internationalen Konflikten.

Verhältnismäßig ausführlich wird dabei auf den Terrorismus eingegangen, der den Konflikt prägt und für den das Land eine Hochburg geworden ist. Das Sultanat macht unmissverständlich deutlich, dass es jede Form von Terrorismus verurteilt, ungeachtet der Gründe und Motive. Damit gibt es zu verstehen, dass es wohl das Dilemma mancher Konfliktparteien kennt, die im Kampf um Anerkennung und

Rechte aus der Position des Unterlegenen zum Terrorismus als Mittel der Wahl greifen. Das kleine Volk der Ibaditen ist durch seine eigene Geschichte bestens vertraut mit der Position des Underdogs. Dennoch lässt es keinen Grund gelten. Es weist mit aller Eindringlichkeit darauf hin, dass Alternativen zu terroristischen Aktivitäten gesucht und gefunden werden müssen.

Trotz des bereits bestehenden Engagements ruft das Sultanat Länder und Organisationen zur Verstärkung ihrer Bemühungen bei der Verbesserung der humanitären Situation in Syrien und den Aufnahmeländern auf. Hier sieht das Sultanat gleichermaßen Handlungsbedarf wie auch Handlungskapazitäten. Zum einen sind viele Konfliktparteien an dem Konflikt beteiligt und haben das Leid mitverursacht. Zum anderen sollte unabhängig davon – und darauf verweist das Sultanat hauptsächlich – mitmenschliches Verhalten geübt werden, das als menschliche Aufgabe angesehen wird, zumal gegenüber verarmten, verwitweten und verwaisten Menschen. Die Syrer sollen auch in den Aufnahmeländern nicht nach Herkunft und Status klassifiziert werden. Ihnen sollte als Kriegsopfern Schutz gewährt werden, und ihnen sollten neue Lebensmöglichkeiten eröffnet werden. Mit seinem Hilfsprogramm für Flüchtlinge gibt das Sultanat selbst ein Beispiel. Außerdem engagiert es sich in der Syrien-Unterstützergruppe, in der sich an die 20 Staaten für die Förderung des Friedensprozesses einsetzen.

Gesamtbetrachtung der Konflikte: Bei den Ausführungen zu den drei Konflikten, dem Palästina-Konflikt, dem Jemen-Konflikt und dem Syrien-Konflikt wird folgendes Muster erkennbar: Zuerst wird der Konflikt benannt, und es werden seine verheerenden Konsequenzen für die Bevölkerung des Landes beschrieben. Dann wird das „Gebot der Stunde" als Aufruf formuliert. Dabei werden ausgewogen nationale wie internationale Konfliktparteien zu einem konkreten Verhalten aufgefordert, ohne dass eine besondere Bevorzugung einer Konfliktpartei erfolgt. Erst nach dem Aufruf an die lokalen Konfliktparteien, die nach dem Subsidiaritätsprinzip zuerst in der Verantwortung für ihr Land und ihre Region stehen, ergeht der Aufruf an die internationalen Parteien. Am Schluss wird auf Abkommen und völkerrechtliche Verträge hingewiesen, die die Appelle rechtlich stützen bzw. eine Verhandlungsgrundlage im weiteren Konfliktlösungsprozess bilden.

Einen Aspekt dieser Ordnung möchte ich hervorheben: Dreimal geht das Sultanat zuerst auf die Situation der vor Ort lebenden Menschen ein und hebt ihr Leid hervor. Damit lenkt es das Augenmerk auf den Sachverhalt, dass von den politisch getroffenen Entscheidungen zu Militäraktionen zuallererst die Bevölkerung in den korrespondierenden Gebieten betroffen ist. Es weist damit nicht nur auf die Folgen der Krisen in den genannten Krisenregionen hin, sondern auch auf die verheerenden Folgen von Krieg allgemein. Aus seiner erneut herausgestellten Position als Kriegsgegner und als Gegner jeglicher Gewaltausübung kommt das dem Aufruf zu mehr Empathie und Mitmenschlichkeit, zu einem bewussteren politischen Entscheidungshandeln und letztendlich zu einer Abkehr von militärischer und anderer Gewalt gleich. Es ist eine Erinnerung daran, dass der Mensch wichtiger ist als die politische Maßnahme.

Zum Jemen-Konflikt werden zusätzliche Angaben gemacht. Hier fließt die omanische Beziehung zum Jemen als Bruderland ein. Es werden genauere Erläuterungen zur politischen Situation und dem Konfliktlösungsprozess gegeben. Hier wird die schärfste Kritik am Verhalten der regionalen und internationalen Akteure geübt. Der Jemen liegt dem Vermittler als seinem Nachbarland besonders am Herzen, er ist mit der politischen Situation dank der örtlichen Nähe und der vielfältigen guten Beziehungen bestens vertraut. Außerdem wird die Verletzung von Völkerrecht in diesem Fall als schwerwiegend eingeschätzt. Das Voranbringen der Lösung dieses Konfliktes wird für besonders dringlich erachtet. Mit den zusätzlichen Ausführungen werden Richtungsweisungen für die Konfliktlösung gegeben. In diesem Fall wird für eine spezifisch jemenitische Lösung geworben und auf Terrorismusbekämpfung gedrungen, die eine politische Lösung und deren Umsetzung erleichtern soll.

Dennoch, und obwohl der Jemen-Konflikt die Mitte in der Reihe der Konflikte bildet, was auf eine besondere Bedeutungszuschreibung schließen lassen könnte, wird der Konflikt nicht weiter in besonderer Weise hervorgehoben. Er steht neben den anderen Konflikten und Anliegen des Sultanats. Der Palästina-Konflikt steht an der renommierten ersten Stelle, der Syrien-Konflikt erhält einen eigenen Abschnitt. Die Lösung aller drei Konflikte ist von Bedeutung. Der Gewinn für die einheimische sowie die Weltbevölkerung wird direkt und indirekt aufgezeigt:

1) Die Konfliktlösung im Palästina-Konflikt, dem Brennpunkt im Nahen Osten, verspricht den Palästinensern „to attain their legitimate rights" (omannews.gov.om 2015: Yousef bin Alawi) und die Entspannung der arabisch-westlichen Beziehungen mit Wirkung auf andere Konflikte in der arabischen und der ganzen Welt.

2) Die Konfliktlösung im Jemen-Konflikt, einem lokalen Konflikt mit involvierten internationalen Konfliktparteien und ihren Interessen mit weltweiter Auswirkung im Bereich Terrorismus verspricht den Jemeniten „a safe and dignified life" (omannews.gov.om 2015: Yousef bin Alawi), mehr Sicherheit und Stabilität in der Region und weniger Terrorismus weltweit.

3) Die Konfliktlösung im Syrien-Konflikt, einem lokalen Konflikt mit involvierten internationalen Konfliktparteien und ihren Interessen mit weltweiter Auswirkung in den Bereichen Terrorismus und Flucht und Migration verspricht „security and stability" in Syrien (omannews.gov.om 2015: Yousef bin Alawi), die Verbesserung der humanitären Situation und eine reale Aussicht auf ein würdevolles Leben vor Ort, weniger Flüchtlinge und weniger Terrorismus in Syrien, den Nachbarländern und weltweit.

So weist Oman in allen Fällen von der Ausgangssituation auf das Ziel eines friedlichen und stabilen Staates, der seiner Bevölkerung Schutz und Stabilität bietet und damit Region und Welt weiter befriedet. Es zeigt auf, welche Maßnahmen zur Erreichung des Ziels erforderlich sind und führt damit die Erreichbarkeit des Ziels vor Augen.

Rede: Das Sultanat geht im Folgenden auf die Wichtigkeit des Festhaltens an der Nichtverbreitung von atomaren Kernwaffen ein, das durch die Stärkung der drei

Säulen des entsprechenden internationalen Vertrags, des Atomwaffensperrvertrags (NVV) erreicht werden könne: nukleare Abrüstung, Nichtverbreitung von Kernwaffen und friedliche Nutzung der Kernenergie (vgl. omannews.gov.om 2015: Yousef bin Alawi). Alle Vertragsparteien werden aufgerufen, die Resolution der Überprüfungskonferenz zum Atomwaffensperrvertrag von 1995 umzusetzen, welche die Einrichtung einer atom- und massenvernichtungswaffenfreien Zone im Mittleren Osten vorsieht. Das würde auch die Glaubwürdigkeit des Vertrags stärken.

Betrachtung: Von den schärfsten militärischen Konflikten in der arabischen Welt geht das Sultanat nun zu den Massenvernichtungswaffen mit ihrer großen Explosivkraft und den verheerendsten Auswirkungen über. Es stellt die Notwendigkeit heraus, im Bemühen um eine atomwaffenfreie Welt nicht nachzulassen. Damit wird gleichsam ausgedrückt, dass das Sultanat das bisherige Engagement zur Erreichung dieses international vertraglich bestimmten Ziels als deutlich unzureichend einschätzt. Es fordert eine zügige Umsetzung der dem Atomwaffensperrvertrag 1995 angefügten Resolution, in der sich für die Ausweisung des Mittleren Ostens als atom- und massenvernichtungswaffenfreie Zone ausgesprochen wird.

Dieses Vorhaben wird, zumal es sich um eine konflikt- und spannungsreiche Region handelt, als „a matter of priority" (NPT Resolution 1995: Decision 2 § 6) gehandelt. Diese Dringlichkeit sollte, so heißt es dort, für alle Vertragsstaaten des NVV gelten. Sie werden zu äußersten Anstrengungen zur Erreichung des Ziels aufgerufen (vgl. NPT Resolution 1995: Decision 2 § 7; Decision 3 § 6). Insbesondere die Staaten des Mittleren Ostens werden angehalten, sich ausnahmslos dem Vertrag anzuschließen, sich der Internationalen Atomaufsichtsbehörde IAEA zu unterstellen und alle Maßnahmen, die sich gegen die Vertragsziele wenden, zu unterlassen (vgl. NPT Resolution 1995: Decision 3 § 4,5).

Dem Sultanat sind die Spannungen in der arabischen Welt durchaus bekannt, die daraus resultieren, dass Israel den einzigen Staat in der heute als Mittlerer und Naher Osten klassifizierten Region darstellt, der im Besitz von Atomwaffen ist. Eine international kontrollierte atomare Abrüstung und die ausschließliche friedliche Nutzung atomarer Energie in der Region nähme Zündstoff aus dem spannungsvollen Konflikt um Israel und könnte maßgeblich zur Befriedung der Region beitragen. Sei es aus dem Bestreben heraus, das Gesicht Israels zu wahren, das den Atomwaffenbesitz nicht offiziell bespricht, sei es aus Gründen der allgemeinen Brisanz des Themas – das Sultanat äußert sich hier nicht direkt zu diesem Konflikt, sondern nähert sich ihm diplomatisch über das Ziel der weltweiten atomaren Abrüstung und friedlichen Kernenergienutzung.

Dieses Ziel hat die internationale Gemeinschaft für sich definiert und vertraglich bestimmt. Es sollte auch und gerade für die krisenreiche Region des Mittleren und Nahen Ostens verstärkt angestrebt werden. Damit könnten der NVV inklusive der Resolution von 1995 im Einzelnen und mit ihm völkerrechtliche Bestimmungen und Verträge im Allgemeinen in ihrer Bindungskraft und damit in ihrer Wirksamkeit gestärkt werden. Werden Maßnahmen zur Stärkung der Glaubwürdigkeit des Völkerrechts unterlassen, so sollen eine Aushöhlung und Beliebigkeit in der Anwendung desselben nicht verwundern.

Rede: Das Sultanat spricht von der Millenniums-Erklärung der Vereinten Nationen als einem wichtigen internationalen Programm für die ökonomische und soziale Entwicklung von Ländern. Es beklagt, dass sich die Entwicklung der Weltwirtschaft in den letzten Jahren stark regressiv auf die soziale Entwicklung vieler Länder ausgewirkt hat, wodurch die Millenniums-Ziele nicht erreicht werden konnten (vgl. oman news.gov.om 2015: Yousef bin Alawi). Darum ergeht der Aufruf an die gesamte internationale Gemeinschaft, die Themen der Entwicklung von Wirtschaft, Handel und Umweltschutz prioritär zu behandeln, besonders die Organisation des Handels von Energierohstoffen wie Öl.

Des Weiteren spricht sich das Sultanat angesichts der anstehenden Klimakonferenz in Frankreich für ein ausbalanciertes Klimaprogramm aus, das die Interessen der entwickelten Länder und die der Entwicklungsländer gleichermaßen berücksichtigt. Zusammenfassend äußert sich das Sultanat wie folgt:

> [...] Mr. President, we face real challenges that we should resolutely confront, in order to prevent jeopardizing development, in a manner that helps achieve the Millennium Development Goals. Hence, we believe that the next phase of joint international action requires deepening a genuine concept for partnership and shared destiny, among the members of inrnational [sic!] community. (omannews.gov.om 2015: Yousef bin Alawi)

Mit Wünschen für den Erfolg der laufenden Tagung und für die Erreichung der Ziele der UN sowie einem kurzen Dank an die Zuhörerschaft schließt die Rede.

Betrachtung: Von dem Themenkreis Frieden und Sicherheit geht das Sultanat nun über zu weiteren Themen bezüglich der weltweiten Entwicklung, die in den Millennium Development Goals der Vereinten Nation beschrieben sind. Es bezieht sich für seine weiteren Ausführungen auf diese anspruchsvollen Ziele, die als gemeinsame Zielvereinbarung von der Internationalen Gemeinschaft verabschiedet worden sind und die es als „ambitious international program" (omannews.gov.om 2015: Yousef bin Alawi) schätzt. Es beruft sich damit auf die bereits kollektiv erarbeiteten Grundlagen und ruft diese den Teilnehmern der Generalversammlung in Erinnerung, um von der gemeinschaftlichen Basis aus auf weitere aktuelle Handlungsbedarfe hinzuweisen.

Als erstes nennt es die Defizite der weltwirtschaftlichen Entwicklung, die in der Konsequenz in vielen Regionen der Erde zu starken Einschnitten im sozialen Sektor geführt haben. Wieder führt das Sultanat ähnlich der Krisenbeschreibungen in den oberen Abschnitten die Bevölkerung als erstes an, die unter diesen Konsequenzen leidet, z. B. unter steigender Arbeitslosigkeit. Ob das Sultanat auf die 2008 einsetzende Weltwirtschaftskrise rekurriert, bei der das weltweite Handelsvolumen so stark einbrach wie seit den 1920er-Jahren nicht, ob es auf das Missverhältnis zwischen steigendem Handelsvolumen und sozialer Umverteilung anspielt – in jedem Fall werden die globalen Wirtschaftsstrukturen und -mechanismen als defizitär und darum überarbeitungswürdig eingestuft. Dem globalen Finanz- und Wirtschaftssystem fehlt es nach der zunehmenden und zum Teil disruptiven Verflechtung, Liberalisierung und Technologisierung an regulierenden Strukturen, die soziale Aspekte mit berücksichtigen und das Wohl der Gesamtbevölkerung in den Blick nehmen. Solche sind notwendig, um zukünftige Entwicklungen in Richtung Millennium Development Goals zu fazilitieren, zu schützen und zu befördern.

Die Konsequenzen defizitären Managements in der Weltwirtschaft für die Bevölkerung sowie die Millennium Development Goals als zu erstrebendes Ziel vor Augen, richtet sich das Sultanat darum an die internationale Gemeinschaft mit dem Aufruf, Wirtschaft, Handel und Umweltschutz ganz oben auf die politische Agenda zu setzen und dem dringenden Handlungsbedarf zu begegnen. Hier drängt es darauf, den internationalen Handel mit Energieerzeugnissen zuerst anzugehen, da die Strukturen dringend neu organisiert werden müssen und der Öl-Preis bestimmt werden muss (vgl. omannews.gov.om 2015: Yousef bin Alawi).

Gerade die Länder, deren Volkswirtschaften auf den Ölexport bauen, sehen sich bei dem niedrigen Ölpreis im Jahr 2015 vor einer gravierenden Rezession. Auch Oman sieht sich mit dem Problem konfrontiert, es bezieht trotz einer Neuorientierung auf Diversifikation im Wirtschaftssektor immer noch über 70 % seines Staatshaushalts aus Erdölförderung und -export (vgl. auswärtiges-amt.de 2016: Oman). Anders als Saudi-Arabien kann es in den Zeiten niedriger Ölpreise nicht auf Kapitalreserven zurückgreifen. Eine Einigung der erdölproduzierenden Länder der Region auf eine sinnvolle Begrenzung der Förderung zur Preisanhebung ist durch die Spannungen zwischen den verschiedenen religiös-politischen Lagern, insbesondere zwischen Saudi-Arabien und Iran schwierig. Weltweit sorgen Ölpreisschwankungen für Unsicherheit und beeinflussen die wirtschaftliche und politische Stabilität. Sie bergen somit ein Risiko, welches Oman durch Preisfestlegung und Neuorganisation des Erdölhandels ausräumen möchte.

In Bezug auf den Umweltschutz sieht Oman die internationale Gemeinschaft in der Verantwortung, ein Umweltprogramm zu erarbeiten, das die Interessen der Entwicklungsländer genauso berücksichtigt wie die der entwickelten Länder. Die Gelegenheit bietet sich auf der anstehenden UN-Klimakonferenz in Paris. Gerade die armen Länder sind von dem Klimawandel stark betroffen, der langfristig noch in zunehmendem Maße ihre Wirtschaft beeinträchtigen wird. Der Global Risk Report 2016 rechnet im Falle eines Misserfolgs bei der Minderung der Klimaveränderungen sowie bei der Anpassung an die klimatischen Veränderungen mit den größten Folgeschäden überhaupt (vgl. World Economic Forum 2016). Die betroffenen Länder brauchen jetzt Unterstützung beim Ausbau ihrer Infrastrukturen, die das Risiko der weiteren Verarmung durch den Klimawandel eindämmen helfen (vgl. World Risk Report 2016; Weltbank 2015). Ein die unterschiedlichen Interessen und Bedarfe ausbalancierendes Programm würde sich auch für die entwickelten Länder bezahlt machen, z. B. durch verminderte Migration.

Was hier schon anklingt, führt das Sultanat in seinem Schlusswort aus: Ein partnerschaftlicherer Umgang der Länder untereinander ist nötig, um aktuellen und zukünftigen Herausforderungen und Konflikten angemessen begegnen und sie bewältigen zu können. Dazu sollten Leitlinien entwickelt werden, die den Mitgliedern der internationalen Gemeinschaft als echtes Partnerschaftskonzept Orientierungshilfe und Referenzpunkte bieten. So können die Kräfte gebündelt und in eine abgestimmte Stoßrichtung gelenkt werden, wenn es darum geht, die in der Rede angesprochenen aktuellen und zukünftigen Aufgaben zu lösen.

Wie der Staat sich in der Verantwortung für das Wohl seines Volkes sieht, steht die internationale Gemeinschaft also vor der Anforderung, die Verantwortung für das Wohl der Weltbevölkerung in vollem Umfang anzunehmen, weiter an einer gemeinsamen Zielvision für die Art und Weise ihres fürsorglichen Handelns zu arbeiten und sie tatkräftig und zielgerichtet umzusetzen. Wenn die sich aktuell stellenden Aufgaben bewältigt werden, können positive Entwicklungsprozesse ungehindert ablaufen und sich in ihrer Wirkung gegenseitig kumulativ befördern, sodass die Erreichung der Millennium Development Goals wieder möglich wird.

Gesamtbetrachtung der Rede: Formal ist die Rede in sechs Abschnitte unterteilt, wobei auffällt, dass dem Schlusswort kein extra Abschnitt zugeteilt wird wie der Einleitung. Die sonst zur Unterteilung genutzte Anrede des Präsidenten wird hier einmalig in den Abschnitt integriert. Dadurch wird dem Text kein mittlerer Abschnitt gegeben, keine Mitte, die inhaltlich und im Bedeutungsgehalt durch ihre Stellung hervorgehoben ist und um die sich die anderen Textabschnitte herumgruppieren wie in manchen erwähnten Protokollen zu den Gesprächen mit den Konfliktparteien. Allen Themen wird gleich viel Bedeutung beigemessen. Eine Mitte würde zwischen den Ausführungen zu dem Krieg im Jemen und dem Syrienkrieg liegen. Die Kriege liefern den Grund, angesichts der durch Menschen verursachten Gräuel stillzuhalten und zu schweigen. Etwas Wesentliches bleibt in dieser Rede ungesagt.

Ein **inhaltlicher Aufbau** ist erkennbar an die Millenniums-Erklärung der Vereinten Nationen angelehnt. Diese beginnt mit einem Plädoyer der internationalen Gemeinschaft für bestimmte Grundwerte (vgl. UN-Resolution 55/2, Art. I). So stellt auch das Sultanat nach den einleitenden Sätzen die Werte Frieden und Dialog als seine grundlegenden Prinzipien an den Anfang. Mit den Loyalitätsbekundungen in der Einleitung einerseits und seinem Eintreten für die Ziele der UN in der Rede andererseits kommt das Sultanat der Aufforderung zur Stärkung der UN nach (vgl. UN-Resolution 55/2, Art. II § 9; Art. VIII).

In der Millenniums-Erklärung werden in den Artikeln II und III Erklärungen zu den Themen Frieden, Sicherheit und Abrüstung sowie zu den Themen Entwicklung und Armutsminderung abgegeben. Das Sultanat geht entsprechend unter dem Themenkomplex Frieden und Sicherheit auf die aktuell bedeutsamsten Konflikte in der Region ein und flicht dabei die in der Millenniums-Erklärung aufgeführten Punkte ein wie z. B. die Wahrung der Menschenrechte, gemeinsam abgestimmte Maßnahmen gegen den Terrorismus, die Nichtverbreitung und Beseitigung von Massenvernichtungswaffen, die Schaffung menschenwürdiger Lebensbedingungen, die Ermöglichung von Entwicklung. Dabei legt das Sultanat besonderes Gewicht auf die Verbesserung der Lebensbedingungen in den Krisengebieten und die atomare Abrüstung.

Gesondert wird noch einmal auf die globalen sozialen Veränderungen eingegangen, und parallel zu Artikel III der Millenniums-Erklärung werden dringliche Bedarfe aufgezeigt und angemessene Handlungsstrategien beworben. Das Sultanat spricht sich für nichts Geringeres als eine grundlegende Prüfung und Überarbeitung des Weltwirtschaftssystems und die Einführung spezieller Regulierungsmechanismen aus, die Risiken vorbeugen und destruktive soziale Konsequenzen abzuwehren helfen.

So wie im Referenzdokument nachfolgend der Umweltschutz thematisiert wird, steht dieses Thema auch in der Rede nun im Mittelpunkt. Es wird für ein ausbalanciertes Umweltschutzprogramm Partei ergriffen, das die Interessen der Entwicklungsländer gleichberechtigt gegenüber denen der entwickelten Länder in Betracht zieht. Hier wird die erforderliche Berücksichtigung der Benachteiligung der Länder durch Armut und ihre stärkere Betroffenheit vom Klimawandel betont und an die ebenfalls in der Millenniums-Erklärung deklarierte Verpflichtung auf die Charta der Vereinten Nationen erinnert. In Artikel I der Resolution wird sich erneut zu der Gleichberechtigung aller Länder und zu gemeinsamen Anstrengungen für internationale Probleme bekannt. Das umfasst die Entwicklung bedarfsgerechter Policen für Entwicklungs- und Schwellenländer (vgl. UN-Resolution 55/2, Art. I § 4,5). Hierauf stützt sich die omanische Forderung.

Im Schlusswort lassen sich ebenfalls Beziehungen zur Resolution 55/2 nachweisen, die im Zusammenhang mit der Globalisierung von der Schaffung einer gemeinsamen Zukunft in Vielfalt spricht und die gemeinsam getragene Verantwortung zum Grundwert der internationalen Gemeinschaft erhebt (UN-Resolution 55/2, Art I § 5,6). So appelliert das Sultanat daran, in den aktuellen Herausforderungen die gemeinsame Verantwortung zu erkennen, und zwar im Bewusstsein für ein geteiltes Schicksal. Damit erinnert es die internationale Gemeinschaft an die von ihr gesetzten Werte für das internationale Handeln und darüber hinaus an das große anzustrebende Ziel, zu dessen Erreichung die UN als Organisation einen entscheidenden Beitrag leisten können.

Inhaltlich liegt der Schwerpunkt der Rede darum zum einen auf den Krisenherden in der Region und ihrer diplomatischen und vor allem friedlichen Lösung. Nicht nur die Konfliktparteien werden aufgerufen, an die Verhandlungstische zurückzukehren, um einer friedlichen Einigung zuzuarbeiten. Angesichts der Diversität der Konfliktparteien z. B. im Syrien-Konflikt aber auch im Jemen-Konflikt stellt dies bereits eine ungeheuer diffizile Herausforderung dar, aber nach Ansicht des Sultanats auch eine unbedingt notwendige Maßnahme. Die gesamte internationale Gemeinschaft ist zu einer Abkehr von Gewalt aufgerufen und zu einer verstärkten Orientierung hin auf Frieden und Dialog. So wird die Rede zu einem Plädoyer für Frieden und Gewaltlosigkeit, mit denen Wohlstand und Prosperität ermöglicht werden und dauerhaft geschützt werden können.

An dieser Stelle bleibt die Rede aber inhaltlich und argumentatorisch nicht stehen. Sie geht die Gedankengänge weiter und weist auf ein großes gemeinsames Ziel: das friedliche und prosperierende Zusammenleben in Vielfalt. Darauf soll sich die internationale Gemeinschaft wieder besinnen, daran kann die internationale Gemeinschaft im Großen wie im Kleinen arbeiten. Trotz der Diversitäten, auch in den verschiedenen Herangehensweisen und Lösungswegen, kann man sich in der Ausrichtung auf dieses gemeinsame Ziel sowohl einander als auch dem Ziel selbst annähern. Das Ziel eint die Akteure und schwächt Divergenzen unter ihnen ab. Die Bündelung der Kräfte und die gemeinsame Stoßrichtung erzeugen mehr Wirkkraft und darum mehr Effizienz und Wirkung.

Zur Realisierung der einenden Ziel-Vision liefert die Rede die Mittel gleich mit. Sie können unter dem Stichwort „partnerschaftlicher Umgang" subsumiert werden und schließen den partnerschaftlichen Dialog ein. Sie ergeben sich aus der Bewusstheit des geteilten Schicksals, aber auch aus dem Verantwortungsbewusstsein für die Gestaltung des Zusammenlebens auf den unterschiedlichen Ebenen im internationalen System. Sie kommen in dem Spannungsfeld zur Anwendung, welches aus der z. T. eklatanten Diskrepanz zwischen dem aktuellen Ist-Zustand und der Ziel-Vision entsteht. Hier werden also friedliche Konfliktlösungsmittel eingesetzt, um Spannungen zu lösen und einen friedvolleren und harmonischeren Ist-Zustand zu erreichen, der sich damit der Ziel-Vision annähert.

Das Sultanat bewegt sich in diesem Spannungsfeld selbst äußerst geschickt. Es nimmt zum einen die Rolle des visionären Mahners ein, der eben die globale internationale Organisation der UN an ihren eigenen Entstehungsgrund, also ihre ureigene Aufgabe und an ihre selbstgesetzten Ziele erinnert. Er mahnt ebenso die internationale Gemeinschaft, sich angesichts der aktuellen globalen Herausforderungen entschieden auf diese Ziele zu fokussieren, um dem Ziel des friedlichen Zusammenlebens in Vielfalt zuzuarbeiten. Zum Zweiten ist es mit der Rolle des Vermittlers beauftragt, nimmt diese Rolle aber auch über die Beauftragung hinaus wahr und vermittelt zwischen Kulturen, zwischen politischen Akteuren und zwischen Konfliktparteien der verschiedenen Ebenen.

Die umfassende Art seiner Vermittlung kommt auch in den Ausführungen zum Jemen-Konflikt zur Anwendung. Durch die Rede wird ersichtlich, dass der Vermittler sich engagiert für die Jemeniten einsetzt: Er beschreibt das Leid der Bevölkerung, legt seine Sicht auf die politische Situation dar und wirbt für eine spezifisch jemenitische Lösung, was im Gegenzug die Befürwortung eines weniger direktiven Eingreifens durch internationale Akteure bedeutet. Das Sultanat sensibilisiert also nun – nachdem es mit einzelnen Staaten bereits persönlich über das Thema Gespräche geführt hat – noch einmal alle Mitgliedsstaaten der UN für die Situation im Jemen und vermittelt seine Haltung zum laufenden Transformationsprozess.

Darüber hinaus mahnt es die UN, von denen es selbst angefragt worden ist, sich engagierter für die Beendigung des Konflikts einzusetzen, denn die im Zusammenhang mit der Palästinafrage geäußerte Kritik bezieht sich auch auf den Jemen-Konflikt. Das ergibt sich aus ihrer allgemeiner gehaltenen Art und ihrer nicht zufälligen Positionierung direkt vor den Ausführungen zur Jemen-Krise. So ist keine direkte Kritik an systemischen Verzögerungstaktiken der UN im Jemen-Konflikt geäußert, wie sie Jamal Benomar vorbringt (vgl. webtv.un.org 2015: Jamal Benomar), sie steht diskreterweise im Zusammenhang mit einem anderen Konflikt und dennoch in Beziehung zum Vorgehen im Jemen, was sich dem aufmerksamen Zuhörer/Leser und Beobachter der internationalen Politik in dem Wissen um diskrete und z. T. indirekte Kommunikation leicht erschließt.

Da in der Rede neben dem Jemen-Konflikt weitere Konflikte und globale Herausforderungen angesprochen werden, erscheint der Jemen-Konflikt hier eingebettet in das regionale und internationale politische Geschehen. Das zeigt ihn also in Verbindung mit anderen Krisen des Nahen und Mittleren Ostens und seine Verknüpfung zu aktuellen globalen Herausforderungen. Dadurch werden die Verflechtung der Konflikte untereinander und ihre gemeinsamen Komponenten, ihre gegenseitige partielle Bedingtheit sowie ihre Strahlkraft in unterschiedliche Bereiche und ihre globalen Auswirkungen sichtbar. Darüber hinaus wird die Haltung des Vermittlers zu anderen Konflikten deutlich.

Über das **diplomatische Vorgehen des Sultanats** offenbart die Rede mindestens Folgendes: Aus der Sorgfalt in der Wortwahl und dem formalen Aufbau, der ebenso wie der Inhalt wohldurchdacht ist und letzteren unterstützt, sowie aus der Anlehnung an die Millenniums-Erklärung lässt sich ableiten, dass die internationalen Gepflogenheiten in Rede- und Sprachstil verknüpft werden mit der omanischen Literaturtradition. Darin liegt wohl nun ein großer Vorzug des Vermittlers, dass er analog zu dieser Exemplifikation lokale und internationale Politik verbinden und seine Anliegen auf der lokalen Ebene genauso kommunizieren kann wie auf der internationalen. In dem Wissen um die Kulturen kann er **kontextuell und kulturell angemessen agieren**, herunterbrechen, anpassen und sowohl verständlich als auch verständnisvoll in den Austausch mit den verschiedensten Konfliktparteien treten, ohne seine eigene Kultur aufgeben. Dazu mag ihm als Mittel die Perspektivübernahme bzw. eine große Empathie behilflich sein.

Vergleicht man die Ausführungen zu den einzelnen Konfliktparteien innerhalb der Konflikte sowie innerhalb der Gesamtheit der Konflikte und globalen Herausforderungen, so wird deutlich, dass das Sultanat keine Bevorzugungen erkennen lässt. Es richtet seine Appelle gleichermaßen an einflussreiche wie an weniger einflussreiche Parteien und politische Akteure und übt **offene und diskret geäußerte Kritik**. Trotz der örtlichen und spirituellen Nähe zu den Jemeniten und insbesondere den Zaiditen wird der Jemen-Konflikt nicht privilegiert behandelt, sondern neben die anderen Konflikte der Region gestellt. Internationale Akteure werden zu mehr Diskretion und weniger direktivem Handeln in der Konfliktlösung aufgerufen, die jemenitischen Akteure zur Loyalität gegenüber dem UN-Sonderbeauftragten für den Jemen, Ismail Ould Cheikh Ahmed. Eine bevorzugte Behandlung lässt sich allenfalls für die durch den Krieg besonders betroffene Bevölkerung ausmachen. Allgemein zeigt sich eine Tendenz, für benachteiligte Gruppen im Sinne des Ausbalancierens und der **Mitmenschlichkeit** das Wort zu ergreifen.

Solch eine relativ **neutrale Haltung gegenüber den verschiedenen Akteuren** wird möglich, indem der Vermittler sich immer wieder vom Geschehen distanziert und aus einer Metaperspektive auf die Konfliktsituationen schaut und so ihre inneren Strukturen und Zusammenhänge besser erkennt. Außerdem unterstützt die **Langzeitperspektive** des Vermittlers, die hier besonders in dem Appell an die internationale Gemeinschaft zur Ausrichtung auf ein übergeordnetes Ziel deutlich wird, die Fähigkeit zur emotionalen Distanzierung und somit die Neutralität.

Mit der **Ausrichtung auf ein größeres gemeinsames Ziel** bietet er eine Vision an, die Kräfte mobilisieren und bündeln soll und die Akteure der internationalen Gemeinschaft im Handeln und im Geist einen kann. Dabei bleibt der Vermittler pragmatisch. Er liefert **praktische Anleitungen** zu den einzelnen Konfliktlösungsprozessen sowie zur Erreichung des übergeordneten Ziels, welche durch die Ausdruckskraft beeindrucken, mittels ihrer logischen Herleitung überzeugen und durch ihre Praktikabilität und Simplizität motivieren.

Durch sein **umfassendes Rollenverständnis**, das sich nicht auf zeitlich begrenzte Aufträge beschränkt, wird er vielseitig aktiv. Der Vermittler stellt die einzelnen Konflikte in einen größeren Zusammenhang und setzt sie zueinander in Beziehung. Dadurch erschließen sich ihm neue Perspektiven, die ihm eine langfristige positive Einwirkung auf systemische Faktoren ermöglicht. Auf diese zahlreichen Faktoren wirkt er strategisch ein. Die Bestätigung seiner Rolle als herausragender Vermittler im Nahen und Mittleren Osten durch die internationale Gemeinschaft bestärkt ihn in seinem Selbstverständnis und kommt ihm und seinen Vermittlungsanstrengungen zugute. Sein umfangreiches Engagement auch in anderen Konflikten und Bezügen wirkt so positiv auf den Vermittlungsprozess im Jemen zurück.

Die Rede wird auf die Webseite der staatlichen Nachrichtenagentur gesetzt, aber auch in der größten Tageszeitung Omans vollumfänglich abgedruckt und zwar unter dem Titel „Dialog und Frieden als Basisprinzipien des Sultanats" (vgl. muscatdaily. com 2015: Dialogue, peace). Darin äußern sich der Stolz und die Freude über die Rede und auf das Sultanat. Schon eine Woche, nachdem Yousef bin Alawi vor die UN-Generalversammlung getreten ist, findet im Ministerium des Öffentlichen Dienstes in Muscat ein Seminar über die grundlegenden Richtlinien der Staatspolitik statt. Als Begründung wird in der Eröffnungsrede zusammengefasst angegeben, man wolle Staatsbeamte in den Zielen und Handlungsansätzen der Innen- und Außenpolitik Omans unterrichten und so die Basisprinzipien weiterverbreiten, die in der UN-Rede proklamiert wurden und die Oman zu so viel Ansehen in der Welt verholfen haben. Die Inhalte der Rede sollen im Sultanat umgesetzt und seine Rolle als Vermittler einer Werte- und Arbeitskultur in der Zusammenarbeit der Staaten gestärkt werden (vgl. muscatdaily.com 2015: Seminar on).

Darin verblüfft der Vermittler nun wieder, dass er als Promotor für Frieden und Dialog eintritt und seine Elite dann selbst in diesen Werten schult, um sie verstärkt im In- und Ausland verbreiten zu können. Er versteht sich nicht nur als Akteur, der im internationalen System für eine bestimmte Arbeitsmoral eintritt, er versteht sich immer auch als Lernender und entwickelt seine Fähigkeiten als Vermittler weiter. Damit zeigt er, dass er die Forderungen, die er stellt, zuerst auf sich selbst anwendet, was seine Authentizität und Glaubwürdigkeit noch vergrößert und seine Vorbildfunktion erweitert. Das ist ein weiteres Beispiel dafür, wie umfassend er seine Vermittlerrolle versteht und umsetzt. Mit der Rede wirkt er also auf sämtliche angesprochenen Konfliktlösungsprozesse und sogar auf sich selbst, indem er sie zum Anlass nimmt, sich von den Werten, die er vertritt, prägen zu lassen und sich verstärkt für sie zu engagieren.

So setzt er sich mit der Rede für den Jemen ein und nutzt die Gelegenheit, vor den UN-Mitgliedern seine auf lokaler und regionaler Ebene ausgeübte Vermittlungsarbeit nun auf der internationalen Ebene stringent und transparent fortzuführen. Dabei stellt er den Konflikt in größere regionale und globale Zusammenhänge und weist auf ursächliche Gründe, die die Konflikte im Nahen und Mittleren Osten allgemein befeuern, wie die ungleich behandelten Völker- und Menschenrechte von Palästinensern und Israelis, außerdem die Atomwaffenfrage, den Mangel an Regularien für eine sozialere Welthandelsordnung und die Interessendurchsetzung mächtiger Staaten gegenüber weniger mächtigen. All diese Anliegen soll die Weltgemeinschaft zu ihren gemeinsamen machen, um sie zu kontrollieren und zu bewältigen und ein friedliches Miteinander zu fördern.

Das Argument, dieser Vermittlungspolitik läge ein zu naives und idealistisches Weltbild zugrunde, entkräftet Qaboos Politik selbst durch ihre Erfolge in der sozialen und wirtschaftlichen Entwicklung des Sultanats und durch die Erfolge ihrer sämtlichen abgeschlossenen Vermittlungsprozesse. Auf das positive Echo hin stärkt das Sultanat seine Fähigkeiten in der Vermittlung nochmals, indem es seine Elite in den wesentlichen Grundprinzipien der Innen- und Außenpolitik schult. So kann die UN-Rede Omans positiv auf den Jemen-Konflikt, andere Konflikte, systemische Variablen, die Mitglieder der internationalen Gemeinschaft, seinen Ruf und auf das Sultanat selbst wirken.

4.4 Ergebnisse der Mediation

In welchem Ausmaß die Rede vor der UN-Generalversammlung, aber auch der 7-Punkte-Plan und die zahlreichen Gespräche mit den verschiedenen Konfliktparteien tatsächlich sichtbare und damit messbare Erfolge zeitigen, wird im Folgenden genauer dargelegt. Dabei werden die von der UNO geleiteten Friedensgespräche, die Waffenruhen und die Geiselfreilassungen als Untersuchungsaspekte auf Zusammenhänge mit den omanischen Vermittlungen hin geprüft (s. a. Tabelle 1: Übersicht). Als Untersuchungszeitraum gelten, wie bisher, die ersten neun Monate des Vermittlungsprozesses. Auch hier wird keinerlei Anspruch auf Vollständigkeit erhoben. Es sollen anhand der analysierten Wirkungen der Vermittlungen Tendenzen erkennbar werden, die Aussagen über die Wirkkraft der omanischen Vermittlungen zulassen und eine Einschätzung der Strategie erlauben.

4.4.1 Wirkung auf Waffenruhen

Mit der offiziellen Beauftragung zu Vermittlungsgesprächen durch die UN kann Oman sämtliche internationalen in den Konflikt involvierten Akteure sowie ständige und nicht ständige Mitglieder des UN-Sicherheitsrates für die Situation im Jemen sensibilisieren und für eine Waffenruhe werben. Ein Schweigen der Waffen kann die Situation beruhigen und eine verbesserte Ausgangsbedingung für Verhandlungen schaffen. Er lässt dazu die einflussreicheren Akteure in der internationalen Politik für eine Waffenruhe plädieren. So tritt Russland zeitnah zu den Gesprächen mit Oman – nach nur drei Tagen – für eine solche bei der UNO mit einem entsprechenden Resolutionsentwurf ein (vgl. alarabiya.net 2015: Russia submits). Besonders offensichtlich wird der Einfluss der omanischen Vermittlungsgespräche auf die von Iran geforderte Waffenruhe, Irans Aufruf an Saudi-Arabien erfolgt nur einen Tag nach dem Oman-Iran-Gespräch zum Jemen (vgl. dw.com 2015: Iran calls). Auch die UN verbinden die Resolution 2216 mit einem Aufruf zur Waffenruhe nach vermehrten Gesprächen von ständigen und nicht ständigen Mitgliedsstaaten des United Nations Security Councils (UNSC) mit Oman und nach einer Rede Omans auf dem UN-Kongress in Doha (s. a. Tabelle 1: Übersicht).

Für den direkten Einfluss Omans sind mir in diesen Fällen zwar keine schriftlichen Belege zugänglich, ein indirekter kann aber aus der zeitlichen Nähe der Aufrufe zur Waffenruhe zu den Gesprächen mit dem Vermittler, der Nähe zu dessen Anliegen sowie den wiederholten Forderungen der Houthis nach einer Waffenruhe als Bedingung für Friedensgespräche abgeleitet werden. Diese Forderungen der Houthis und den Verzicht auf militärische Gewalt bewirbt und forciert Oman innerhalb der internationalen Gemeinschaft und bringt die Waffen im April 2015 tatsächlich für nicht ganz 24 Stunden zum Schweigen. Die Medien schreiben zumindest von Gerüchten, denen zufolge diese Kampfpause den omanischen Vermittlungen zugeschrieben wird (vgl. al-monitor.com 2015: Oman breaks).

Oman sensibilisiert also die internationalen Akteure für eine komplexe Wahrnehmung der Situation im Jemen, fördert die Einsicht in die Notwendigkeit von Waffenruhen, führt eine Waffenruhe herbei, erhöht die Gesprächsbereitschaft der Houthis, ermöglicht Hilfslieferungen und verbessert so allgemein die Ausgangsbasis für Friedensverhandlungen. Die ersten Friedensgespräche unter der Führung der UN können für den 28. Mai 2015 angesetzt werden. Mit seinem Engagement für eine politische statt militärische Lösung und seinen Appellen an die internationale Gemeinschaft, das humanitäre Leid der Jemeniten zu lindern, dürfte Oman auch seinen Beitrag zu den nachfolgenden Waffenruhen geleistet haben, etwa zu der einwöchigen humanitären von der Militärallianz ausgerufenen Waffenruhe vom 12.–17. Mai 2015, während der die Luftangriffe gestoppt werden, wenn auch am Boden weiterhin gekämpft wird, und während der einige Hilfslieferungen den Jemen erreichen können (vgl. dw.com 2015: Nach Waffenruhe).

Eine weitere Waffenruhe wird für die Zeit vom 10.–17. Juli 2015 ausgerufen. Die Exilregierung und die Houthis stimmen zu, die Waffen bis zum Ende des Fastenmonats Ramadan ruhen zu lassen. Zu diesem Zeitpunkt hat das Leid der Bevölkerung bereits ein erschreckendes Ausmaß angenommen: 80 % der Bevölkerung fehlt es an Nahrung, Trinkwasser und Medizin, sodass die UN bereits die höchste Nothilfestufe für das Land ausgerufen haben, wie sie in dieser Zeit auch für Syrien und den Irak gilt (vgl. n-tv.de 2015: Konfliktparteien). Die Waffenruhe hält allerdings nur wenige Stunden. Schon am Folgetag werden Luftangriffe auf Sanaa und Taiz geflogen und finden Bodenkämpfe in Taiz zwischen Houthis und ihren Gegnern statt. Die Parteien beschuldigen sich gegenseitig des Bruchs der Vereinbarung (vgl. aljazeera.com 2015: Yemen ceasefire).

Während die Exilregierung als Voraussetzung für Friedensgespräche weiterhin den Abzug der Houthis aus den besetzten Gebieten unter Berufung auf die Resolution 2216 fordert, machen die Houthis eine Waffenruhe zur Vorbedingung. Als sich die Konfliktparteien im Dezember zu Friedensgesprächen in Magglingen in der Schweiz treffen, akzeptieren die Houthis die Resolution 2216 als Ausgangsbasis für die Verhandlungen, und für die Zeit des Treffens wird eine Waffenruhe vereinbart. Diese wird allerdings nicht eingehalten. Es brechen Kämpfe im Nordwesten zwischen Regierungstreuen und Houthis aus. Außerdem rücken Regierungstruppen auf die Hauptstadt Sanaa vor (vgl. zeit.de 2015: UN erklären).

So kann festgehalten werden, dass die Waffenruhe im April 2015 den omanischen Vermittlungen zuzuschreiben ist. Der Einfluss auf konkrete Friedensbemühungen von Russland und Iran liegt aufgrund der zeitlichen und inhaltlichen Nähe zu den Treffen mit Oman nahe. Mit hoher Wahrscheinlichkeit hat die omanische Elite durch ihr Engagement für eine politische Konfliktlösung innerhalb der internationalen Gemeinschaft, die wiederholte Aussprache gegen Gewalt und die Sensibilisierung für die katastrophale humanitäre Situation in Jemen auch die nachfolgend zustande gekommenen Waffenruhen mitbefördert. Ersichtlich wird außerdem, dass Waffenruhen von den Houthis zunehmend strategisch gegenüber der UNO und der Exilregierung, Saudi-Arabien und der Militärallianz eingesetzt werden: Sie fordern diese als Vorbedingung für Friedensgespräche.

4.4.2 Wirkung auf UN-Friedensgespräche

Noch Mitte April 2015 gibt es keine Anzeichen für eine Gesprächsbereitschaft der Konfliktparteien untereinander, insbesondere nicht bei den Houthis und der Exilregierung mit Saudi-Arabien (vgl. gulfnews.com 2015: Oman 'ready to help mediate'). Die

Nichteinhaltung der Vereinbarungen aus dem Nationalen Dialogprozess sowie der Angriff der Militärallianz vertieft die Gräben. Hatte Oman noch vor dem Militäreinsatz Mitteilungen zwischen den Parteien hin- und hergeleitet, so besteht nach dem Beginn der Offensive *Decisive Storm* eisiges Schweigen. Dennoch gelingt es dem omanischen Vermittler innerhalb der ersten zwei Monate seiner offiziellen Vermittlungstätigkeit, dieses Schweigen aufzubrechen, für die einzelnen Konfliktparteien akzeptable Vorbedingungen für Verhandlungen zu schaffen und die Konfliktparteien zu Gesprächen unter UN-Aufsicht am Verhandlungstisch in Genf zu versammeln und dann weitere Verhandlungsrunden mit zu fazilitieren.

Daran sind nun verschiedene Faktoren beteiligt. Zum einen wirkt der bereits errungene Erfolg des Sultanats als Mediator vertrauensfördernd. Der Vermittler bekommt durch das ausgehandelte Atomwaffenabkommen mit Iran und die nachfolgende öffentliche internationale Anerkennung als erfolgreicher Mediator der Region noch eine zusätzliche Aufwertung. Das Sultanat ist zudem mit der Kultur, besonders der jemenitischen, saudi-arabischen und iranischen, vertraut, sodass es auf jede Konfliktpartei ganz individuell und kulturell angemessen eingehen und sie bei ihren aktuellen Bedarfen abholen kann: die Houthis bei ihren Enttäuschungen über die Nichtumsetzung der Beschlüsse aus dem Friedensvertrag von September 2014, ihrem starken Wunsch nach politischer Mitbestimmung und ihrer Skepsis gegenüber der Einmischung internationaler Akteure, die saudische Elite bei ihrer Angst um die Machtzunahme Irans im Mittleren Osten, Iran bei seiner Suche nach Kooperationspartnern im internationalen System etc. Durch kluge und sensible Gesprächsführung gelingt es dem Sultanat, in dem aufgeheizten Klima zwischen Sunniten und Schiiten zu vermitteln, indem es z. B. auf die Konfliktlösung zielt, die für alle Beteiligten von Vorteil sein sollte, indem es sich für eine jemenitische Lösung einsetzt, die den lokalen und regionalen Kräften die Aussicht auf mehr Mitspracherecht und Selbstwirksamkeit gegenüber mächtigen politischen Akteuren eröffnet und indem es über Spielregeln und Möglichkeiten in der internationalen Politik aufklärt.

Vor diesem Hintergrund erstaunt es nicht, dass die Houthis immer wieder Waffenruhen als Vorbedingung für Friedensgespräche fordern. Allen Konfliktparteien legt Oman einen praktikablen und mit der UNO abgestimmten Fahrplan vor, der aus der Krise hinausweist, den 7-Punkte-Plan. Bei der UNO selbst klärt er unterdes über die politischen Verhältnisse im Jemen auf und wirbt für eine konsequent politische Lösung, für die stärkere Ausrichtung am Völkerrecht und damit auch für die Achtung des Selbstbestimmungsrechts der Völker. Das fördert sowohl das Vertrauen in den Mediator, die UN und internationale Konfliktlösungsansätze als auch das Vertrauen in die eigene Mitgestaltungskraft im Transformationsprozess.

So kann schon Ende Mai 2015 durch die Medien berichtet werden, dass die UN konkret Friedensgespräche zur Situation im Jemen planen. Auf die Einladung nach Genf reagiert der Houthi-Anführer Abdel Malik Al-Houthi, „Alle revolutionären Kräfte des Landes seien bereit zum Dialog unter UN-Schirmherrschaft in einem neutralen Staat". Weiterhin heißt es, dass er Saudi-Arabien vorwirft, „keine politische Lösung des Konflikts anzustreben" (dw.com 2015: Huthi-Rebellen). Hier scheinen die Forderungen Omans ganz deutlich durch. Auch der Vermittler hatte immer wieder den Dialog als erstes Instrument zu einer politischen Konfliktlösung hervorgehoben und bei der Zustimmung zur Mediation im Jemen-Konflikt um UN-Friedensgespräche außerhalb des Mittleren Ostens gebeten (s. a. Kap. 4.3.2). Die Exilregierung nimmt die Einladung zwar an, fordert von den Houthis aber die Aufgabe der eingenommenen Städte.

Auch die Wortwahl der UNO klingt im Mai nach den Forderungen Omans vom April 2015: „Mit den Genfer Gesprächen solle der ‚Impuls für einen jemenitisch-geführten politischen Wandel wiederhergestellt' werden [...] ‚Der Generalsekretär drängt alle Parteien, sich in diesen UN-Beratungen in gutem Glauben und ohne Bedingungen zu engagieren. Die einzige dauerhafte Lösung der Krise im Jemen ist eine umfassende, politische Einigung'" (dw.com 2015: Huthi-Rebellen). Genau für die jemenitische Lösung hatte Oman sich ausgesprochen (s. a. Kap. 4.3.2). Der Zusatz, sich auf die Gespräche einzulassen, ohne Bedingungen zu stellen, kann ebenfalls vom Vermittler aufgenommen worden sein, da dieser sich der Tatsache bewusst ist, dass die Aufgabe der bisher eingenommenen Städte eine unverhältnismäßig große Konzession für die Houthis darstellen würde. Die Friedensgespräche werden aber erst einmal vertagt, weil die Exilregierung ihr Kommen absagt, sie erneuert ihre Rückzugsforderung an die Houthis. Letztere haben begonnen, die Stadt Taiz im Süden einzunehmen und sich so den strategisch wichtigen Zugang zur Meerenge im Golf von Aden zu sichern (vgl. dw.com 2015: Friedensgespräche). Für die Houthis ist die Einnahme der Stadt Taiz einmal mehr von Bedeutung, da sie zuletzt Hauptstadt des jemenitisch-zaiditischen Königreichs und zweitwichtigste Stadt der auf diesem Gebiet ausgerufenen Arabischen Republik Jemen war (s. a. Anhang: Arabische Republik).

Im Juni 2015 finden mit den in Kapitel 3.3.4 beschriebenen Turbulenzen schließlich die ersten Friedensverhandlungen in Genf statt. Auch wenn keine Beschlüsse gefasst werden, so ist die Tatsache, dass sich die Parteien überhaupt an einen Verhandlungstisch setzten, als Erfolg zu werten. Außerdem bezeugen sowohl die Houthis als auch die Exilregierung die Notwendigkeit einer Waffenruhe für das Land, sodass der UN-Beauftragte für den Jemen am Ende der Verhandlungen konstatieren kann: „We feel that it requires simply some further consultations and that we can achieve it pretty soon" (al-monitor.com 2015: ‚No agreement'). Die Waffenruhe kann tatsächlich im Folgemonat mit der Zustimmung beider Konfliktparteien beschlossen werden, auch wenn sie nur wenige Stunden hält. Hier gilt es ebenfalls, den Fortschritt zu sehen, der in der wieder aufgenommenen Kommunikation und dem Aushandeln von Abkommen liegt, selbst wenn die Umsetzung dürftig ist. Statt der Trennung durch eine Mauer des Schweigens verbindet die verschiedenen Parteien nun ein Netzwerk von gemeinsamen Kommunikations- und Ansprechpartnern, direkte Kommunikation und die Anvisierung von gemeinsamen Zielen.

Diese neu entstandenen Verbindungen werden durch iterative Vorgänge vertieft und gefestigt, um sich so einem Zielzustand inkrementell anzunähern. Für die einzelnen Konfliktparteien finden weitere Gespräche statt: mit dem UN-Beauftragten für den Jemen, mit Oman. Das Sultanat wirbt weiter in der internationalen Gemeinschaft für Frieden, Demokratie und Entwicklung, wie auf der vierten Weltkonferenz der Parlamentspräsidenten in New York vom 31. August – 02. September 2015 und wie bei weiteren vertraulichen Gesprächen mit Regierungsvertretern aus Mitgliedsstaaten der UNO, z. B. China und Großbritannien (vgl. omannews.gov.om 2015). Im September erfolgt eine Einladung zu einer zweiten Runde der UN-Friedensgespräche, die dieses Mal in Oman stattfinden sollen. Der Vermittler selbst lädt also in sein Land ein. Die Houthis und die Exilregierung stimmen den Gesprächen zu.

Anfang September aber verstärkt die Militärallianz unter der Führung von Saudi-Arabien die Angriffe auf den Jemen massiv, die Vereinten Arabischen Emirate fliegen in einem Racheakt wegen des Verlusts von emiratischen Soldaten schwerste Luftangriffe auf Sanaa, und die Exilregierung sagt eine Woche vor dem geplanten Verhandlungsbeginn ihr Kommen ab, wobei sie die Rückzugsforderungen an die Houthis erneuert (vgl. dw.com 2015: Neuer Anlauf; Doch keine Friedensgespräche). Im Zuge der Luftangriffe wird die omanische Botschaft in Sanaa zerstört, was das Sultanat scharf kritisiert, da hier der durch internationales Recht festgelegte Schutz von diplomatischen Vertretungen durch die Allianz missachtet wurde. Der Vermittler verbindet seine Kritik mit einem neuerlichen Aufruf an „the Yemeni parties to put aside their differences with each other to ensure the return of stability and security in the country" (aljazeera.com 2015: Oman says). Oman führt also sein Engagement für eine friedliche Konfliktlösung im Jemen fort und befördert so die Friedensgespräche.

Am 15. Dezember können die Friedensgespräche tatsächlich wieder aufgenommen werden. Die beiden jemenitischen Konfliktparteien treffen sich im Schweizer Magglingen. Diesmal akzeptieren die Houthis die Resolution 2216 als Ausgangsbasis für die Gespräche, gleichzeitig wird ihrer Forderung nach einer Waffenruhe nachgekommen: Für die Zeit der Gespräche sollen die Waffen schweigen. Bis zum 18. Dezember dauern die Gespräche an, dann beenden die Houthis sie vorzeitig wegen der nicht eingehaltenen Waffenruhe. Auch wenn die UN die Jemen-Friedensgespräche für gescheitert erklären (vgl. zeit.de UN erklären), so können doch einige Beschlüsse gefasst werden, welche es verdienen, als Erfolge und Fortschritte im Friedensprozess angesehen zu werden: So wird ein Komitee für Deeskalation und Koordination einberufen, es werden Vereinbarungen über ein Set von vertrauensbildenden Maßnahmen getroffen, und es werden Rahmenbedingungen für die Implementierung der Resolution 2216 ausgehandelt (vgl. Jongberg 2016, 8).

Der Vermittler bleibt also in seinem Vorgehen stringent: Er engagiert sich für erfolgreiche Friedensverhandlungen, indem er auf die aktuellen Befindlichkeiten der Parteien und ihre Bedarfe eingeht und somit die Ursachen des Schweigens bearbeitet und die Bedingungen für eine Lösung erarbeitet. Er drängt weiter konsequent auf eine politische Lösung und setzt sich lokal, regional und international für eine solche ein. Dazu nutzt er Auftritte wie z. B. die Reden vor den Vertretern der UN-Mitgliedsstaaten, Gespräche mit einzelnen Staaten, mit den Konfliktparteien aber auch politische Ereignisse, wie den Botschaftsbrand in Sanaa als Ausgangspunkt und Anlass zu Appellen. Da die Gespräche mit den Konfliktparteien oft informeller Art sind, können hier eher indirekte Zusammenhänge aufgezeigt werden.

So fördert der Vermittler also die Gesprächsbereitschaft der Konfliktparteien, wobei besonders erstaunlich ist, dass die Houthis im Dezember 2015 sogar die Resolution 2216 als Ausgangsbasis für weitere Friedensverhandlungen akzeptieren. Der Umstand, dass die Houthis in der Zwischenzeit im Süden große Gebiete an Regierungstruppen und die Allianz verloren haben, mag ihre Bereitschaft zu einer gemeinsamen Lösung zusätzlich gesteigert haben. Es konnte auch aufgezeigt werden, wie der Vermittler die Wortwahl der UN und der Konfliktparteien beeinflusst und somit einen Bewusstseinswandel vorantreibt, der eine verstärkte Ausrichtung auf Dialog, Waffenruhen und eine jemenitische Lösung aufweist. Die Teilnahme der Houthis an den Friedensgesprächen zeugt außerdem davon, dass sie durch die Vermittlungen neues Vertrauen in die UN aufbauen und sich neu einlassen konnten. Auch wenn keine Einigung erzielt wurde, konnten sich die Konfliktparteien einander doch ihre unterschiedlichen Sichtweisen verdeutlichen. Zusätzlich ist anzufügen, dass im Prozess die Houthis als Gesprächs- und Verhandlungspartner zunehmend ernster genommen werden. Somit wird auch der gegenseitige Respekt gefördert.

4.4.3 Wirkung auf Geiselfreilassungen

Am einfachsten lässt sich eine unmittelbare Wirkung der omanischen Vermittlungen auf Geiselfreilassungen nachweisen. Hier kann der direkte Zusammenhang aufgrund der genauen medialen Berichterstattung aufgezeigt werden, welche die konkreten Verhandlungen Omans und die daraufhin erfolgenden zeitnahen Geiselfreilassungen dokumentieren. Es handelt sich dabei vorwiegend um Verhandlungen Omans mit Vertretern der Houthis, die die Regierungsgebäude in Sanaa besetzt halten. Die Geiselfreilassungen selbst dienen den Houthis einerseits als Druckmittel auf westliche Staaten, damit diese ihren Forderungen mehr Gehör schenken, andererseits bekunden sie durch die Geiselfreilassungen Zustimmung zu politischen Entwicklungen und signalisieren Entgegenkommen und Verhandlungsbereitschaft. Oman kann durch das Erwirken der Freilassungen immer wieder sein Verhandlungsgeschick unter Beweis stellen und vermittelnd auf die Parteien einwirken wie in folgenden Fällen:

Ende Mai 2015 berichten die amerikanischen Medien davon, dass die Houthis mehrere US-Bürger gefangenhalten und die Bemühungen um ihre Freilassung ins Stocken geraten sind (vgl. washingtonpost.com 2015: Houthi rebels). Doch am 1. Juni 2015 kann ein US-amerikanischer Journalist nach Oman geflogen werden, um von dort die Heimreise anzutreten. Die Sprecherin des United State Departments sagt, die USA sei „grateful to the government of Oman" (the guardian.com 2015: Houthi rebels); omanische Behörden hatten mit den Houthis erfolgreich verhandelt (vgl. the guardian.com: Houthi rebels; chicagotribune.com 2015: U. S. journalist). Kurz vor den ersten UN-Friedensverhandlungen in Genf liest sich dieser Akt auf Seiten der Houthis wie ein zögerliches Entgegenkommen, ein Schritt auf den westlichen Akteur und die UN zu.

Am 20. September 2015 ist in einem Statement des omanischen Außenministeriums zu lesen, dass es omanischen Behörden in Kooperation mit jemenitischen Behörden in Sanaa gelungen sei, auf Anfrage der US-Regierung hin die Freigabe von zwei US-Bürgern zu erwirken und sie zusammen mit einem britischen und drei saudiarabischen Staatsbürgern nach Oman zu bringen, um von dort ihre Heimreise zu organisieren (vgl. omannews.gov.om 2015: Foreign Ministry). Noch am selben Abend der Gespräche in Muscat zwischen Vertretern der Houthis, Vertretern des General People's Congress des ehemaligen Präsidenten Saleh, dem UN-Sonderbeauftragten für den Jemen und dem Vermittler sei es zu einer Einigung gekommen, nach der die Gefangenen freigegeben und vom Vermittler noch in der Nacht aus Sanaa nach Oman geflogen wurden (vgl. aljazeera.com 2015: Yemen's Houthis; thenational.ae 2015: Praise). Auch hier erscheint die Freilassung wie ein symbolischer Akt für die Bereitschaft, den Krieg zu beenden, zumal die UN-Friedensgespräche von der Exilregierung wenige Tage zuvor abgesagt wurden und neue Gespräche mit dem UN-Sonderbeauftragten anstehen.

Bei mancher Geiselfreilassung ist ein Zusammenhang mit omanischen Beratungs- und Vermittlungsgesprächen nur zu vermuten. Ende April lassen die Houthis den nach der Machtübernahme in Sanaa festgehaltenen Verteidigungsminister, einen General und den Bruder von Abd Rabbo Mansour Hadi frei. Sie verknüpfen damit folgende Forderung: „We demand, after a complete end to the aggression against Yemen and the lifting of the blockade, to resume political dialogue [...] under the sponsorship of the United Nations" (Mohammed Abdulsalam In: ibtimes.com 2015: Yemen Houthi rebels). Auch in der UN-Resolution 2216, die eine Woche zuvor verabschiedet worden ist, wird die Freilassung des Verteidigungsministers wie auch ein Ende der militärischen Angriffe gefordert. Gerade für das Ende der Gewalt hat sich der omanische Vermittler im Vorfeld starkgemacht. Ein Zusammenhang ist hier also wahrscheinlich, wenn auch nicht direkt nachzuweisen.

Als Druckmittel nützt die Geiselfreilassung den Houthis ebenfalls im Dezember 2015, als sie wegen Nichteinhaltung der Waffenruhe die Friedensgespräche in Magglingen vorzeitig beenden. Die geplante Freilassung von mehreren Geiseln aus dem Umfeld der Regierungselite im Exil wird abgesagt. Die Houthis fordern erst die Durchsetzung der Waffenruhe von der UNO (vgl. zeit.de 2015: Rebellen sagen).

Man kann also sagen, dass die Houthis das Instrument der Geiselfreilassung auf der internationalen Bühne klug zur Verteidigung ihrer Interessen nutzen und sich dabei des Sprachstils der UNO und des omanischen Vermittlers bedienen. Ein direkter Einfluss der Verhandlungen Omans auf Geiselfreilassungen konnte vor allem dort nachgewiesen werden, wo die Medien entsprechend darüber berichtet haben. Oman hat demnach mehrfach erfolgreich die Freilassungen direkt erwirken können. In anderen Fällen ist ein indirekter Einfluss wahrscheinlich.

Tabelle 1: Übersicht zu Omans Mediationsarbeit im Zusammenhang mit Friedensverhandlungen, Waffenruhen und Geiselfreilassungen (Quelle: eigene Darstellung.).

Monat in 2015/ Omanische Vermittlungen, Gesprächspartner	Verhandlungen	Waffenruhe	Geiselfreilassungen
April 01.04. – **Russland**, Türkei, UK 02.04. – Zusage der Mediation an UNO, Ungarn 06.04. – Ägypten 08.04. – **Oman-Iran-Gespräche**, Pakistan 09.04. – **USA**, Frankreich 12.04. – **UN-Rede** des Sultanats zu Kriminalitätsprävention 13.04. – Qatar 14.04. Ägypten 15.04. – Golf-Konferenz- Teilnehmer 22.04. – Weißrussland 26.04. – Djibouti, **Arab Parliament** 28.04. – Tunesien 29.04. **GCC-Staaten, USA**		Russland legt der UN am 04.04. einen Resolutionsentwurf für eine Waffenruhe im Jemen vor Iran ruft Saudi-Arabien am 09.04. zur Waffenruhe auf; Riyad antwortet am 12.04., Iran solle sich nicht in die den Jemen betreffenden Angelegenheiten einmischen der UN Security Council verabschiedet am 14.04. die Resolution 2216 und ruft zur Waffenruhe auf tatsächlich schweigen die Waffen für nahezu 24 h, was den omanischen Vermittlungsgesprächen zugeschrieben wird	
Mai 03.05. – **Generalsekretär des GCC** 03.–06.05. – **Jemen**	UN-Friedensgespräche sind für den 28.05. in Genf angesetzt, Houthis erklären sich und alle jemenitischen revolutionären Kräfte für bereit; werfen Saudi-Arabien vor, keine politische Lösung anzustreben	vom 12.–17.05. wird eine humanitäre Waffenruhe von der Militärallianz ausgerufen; es kommt zu vereinzelten Kämpfen zwischen Regierungstruppen und Houthis in Taiz; eine Verlängerung der Waffenruhe wird abgelehnt	mehrere US-Bürger werden von den Houthis als Geiseln gefangen gehalten

Tab. 1 (fortgesetzt)

Monat in 2015/ Omanische Vermitt-lungen, Gesprächs-partner	Verhandlungen	Waffenruhe	Geiselfreilassungen
	UN-Friedensgespräche werden verschoben; die Exilregierung erneuert die Forderung, die Houthis sollten sich vor weiteren Verhandlun-gen aus den besetzten Gebieten zurückziehen		
Juni	Vertreter der Houthis und der Exilregierung treffen sich am 14.06. zu UN-Friedensgesprä-chen in Genf; keine Eini-gungen werden erzielt		die Houthis lassen am 01.06. einen US-amerikanischen Jour-nalisten auf Bemühen Omans hin frei
Juli		die jemenitischen Kon-fliktparteien beschließen auf UN-Bestreben eine einwöchige Waffenruhe bis 17.07., die aber von beiden Seiten nach wenigen Stunden gebrochen wird	
August			
September	UN-Friedensgespräche werden für Mitte Sep-tember angesetzt Friedensgespräche werden von Exilregie-rung abgesagt, sie fordert den Rückzug der Houthis aus den Städten und die Aner-kennung der Exilregie-rung		zwei amerikanische Geiseln werden auf Anfrage der US-Regierung durch Aushandeln Omans freigelassen; insgesamt können durch omanische Vermittlungen sechs Geiseln am 21.09. den Jemen verlas-sen; der Akt scheint wie die Bezeugung guten Willens der Houthis kurz vor den geplanten Gesprächen mit dem UN-Sonder-beauftragten

Tab. 1 (fortgesetzt)

Monat in 2015/ Omanische Vermittlungen, Gesprächspartner	Verhandlungen	Waffenruhe	Geiselfreilassungen
Oktober 03.10. – **Rede des Sultanats vor der UN-Generalversammlung**			am 20.10. erklären die Houthis, dass sie weitere Geiseln freilassen würden, wenn auch andere Konfliktparteien dies tun
November			
Dezember	am 15.12. beginnen Friedensverhandlungen in Magglingen in der Schweiz; die Houthis akzeptieren die Resolution 2216 als Ausgangsbasis für die Gespräche; brechen aus Protest wegen Nichteinhaltung der Waffenruhe die Verhandlungen am 18.12. ab; als Erfolge der Verhandlungen gelten die Einberufung eines Komitees für Deeskalation und Koordination, die Vereinbarungen über ein Set von vertrauensbildenden Maßnahmen und Rahmenbedingungen für die Implementierung der Resolution 2216	für die Zeit der Verhandlungen in der Schweiz wird eine Waffenruhe ausgerufen, aber nicht lange eingehalten; Regierungstruppen rücken vor nach Sanaa; im Nordwesten gibt es Kämpfe zwischen Houthis und Regierungstruppen	die Houthis sagen nach dem Abbruch der Friedensverhandlungen die Freilassung ranghoher Geiseln ab; sie fordern die Durchsetzung der Waffenruhe durch die UN

(vgl. omannews.gov.om 2015; alarabiya.net 2015: Russia submits; huffingtonpost.com 2015: Saudi Arabia; Jongberg 2016, 8; al-monitor.com 2015: Oman breaks; dw.com 2015: Friedensgespräche; dw.com 2015: Neuer Anlauf; dw.com 2015: Doch keine Friedensgespräche; omannews.gov.om 2015: Foreign ministry; aljazeera.com 2015: Yemen's Houthis release; zeit.de 2015: UN erklären; zeit.de 2015: Rebellen sagen; dw.com 2015: Huthi-Rebellen bereit; dw.com 2015: Nach Waffenruhe; middleeastmonitor.com 2015: The illusion; ibtimes.co.uk 2015: Houthi rebels; bbc.com 2015: US hostage; n-tv.de 2015: Konfliktparteien; aljazeera.com 2015: Yemen ceasefire broken; sputniknews.com 2015: Houthis to Release Prisoners; dw.com 2015: Iran calls)

Sicherlich sind weitere Wirkungen der omanischen Vermittlungen auszumachen und genauer zu beschreiben, wie die Wirkung auf die UN als Organisation und die Wirkung auf das internationale System. Dafür müssten umfangreichere Analysen durchgeführt werden, die im Rahmen dieser Arbeit nicht vorgesehen sind. Es lässt sich allerdings bereits sagen, dass der Vermittler von seinem Selbstverständnis und von seinem dokumentierten Handeln her sowohl in der Organisation als auch im internationalen System als Promotor für Gewaltfreiheit, Dialog und die Einhaltung des Völkerrechts wirkt und dementsprechend Wirkungen hinterlässt. Es ist zu wünschen, dass diese Wirkungen das gesamte System durchdringen und sich mit den Wirkkräften anderer Mitstreiter zu durchsetzungsstarken Argumenten kumulieren.

4.4.4 Zusammenfassung der Ergebnisse

Trägt man die bereits nachgewiesenen direkten und indirekten Wirkungen zusammen, so summiert sich einiges. Auf regionaler Ebene ist es dem Vermittler erst einmal gelungen, so sensibel zwischen dem schiitischen und dem sunnitischen Lager im Mittleren Osten zu navigieren, dass der Konflikt zwischen Saudi-Arabien und Iran im Untersuchungszeitraum nicht weiter eskaliert. Durch seine Vermittlungstätigkeit hat Oman im internationalen System die Bemühungen um Waffenruhen im Jemen-Krieg verstärkt. Das Sultanat hat Staaten wie Russland und Iran dazu bewegt, vor anderen Staaten bzw. in der internationalen Gemeinschaft und in der UNO mit Appellen und Resolutionsentwürfen für Waffenruhen einzutreten, selbst für unbedingte Gewaltfreiheit geworben und so sämtliche entstandenen Waffenruhen befördert und zum Teil selbst angeregt und mit ausgehandelt. Die Konfliktpartei der Houthis hat unter seiner Vermittlungsführung Waffenruhen als Instrument strategisch klug eingesetzt, die Houthis haben sie zur Vorbedingung für Friedensgespräche gemacht und ebenfalls zur Erhöhung von Bemühungen um Waffenstillstand beigetragen.

Durch die erfolgreich ausgehandelten Waffenruhen und die sensible, auf die Bedarfe der Konfliktparteien abgestimmte Vermittlungstätigkeit Omans konnte das Vertrauen der Konfliktparteien in den Akteur UN erneut gestärkt werden. Ihre Bereitschaft zu Friedensverhandlungen wurde erhöht. Das gleichzeitige Engagement des Vermittlers in der Sensibilisierung für die politische Situation im Jemen hat eine Anpassung auch von Seiten der UN bewirkt, sodass letztendlich annehmbare Verhandlungsbedingungen auch für die Konfliktpartei der Houthis entstanden sind. Hier ist insbesondere der Einsatz für eine jemenitische Lösung zu nennen, der die Selbstwirksamkeit der jemenitischen Parteien a priori gestärkt hat. Die Konfliktparteien haben sich so neuerlich auf einen Austausch untereinander einlassen können. Während der Friedensverhandlungen und in der Kommunikation mit den am Friedensprozess beteiligten Personen konnten sie sich auf einige Rahmenrichtlinien, deeskalierende und organisatorische Maßnahmen im Transformationsprozess einigen. Außerdem konnte Oman zahlreiche Geiselfreilassungen direkt aushandeln bzw. begünstigen.

Die internationale Gemeinschaft wurde durch den Vermittler deutlich für die humanitäre Lage im Jemen sensibilisiert und für mehr Engagement in der Katastrophenhilfe mobilisiert. Das gemeinsame Verantwortungsbewusstsein für die notleidende Bevölkerung im Jemen wie in Syrien wurde so gestärkt. Durch das Eintreten für die Wahrung des Völkerrechts sind zum einen die UN auf ihre Ursprungsidee hin verwiesen, zum zweiten erfährt das Selbstbestimmungsrecht der Völker eine Aufwertung, drittens wird die Kluft zwischen international gesetztem und tatsächlich eingehaltenem Recht an einem weiteren Beispiel offenbar.

Über den Untersuchungszeitraum hinweg ist sukzessive ein Anstieg an Respekt gegenüber den Houthis zu verzeichnen, sodass auch die Steigerung des gegenseitigen Respekts als Erfolg der Vermittlungen gelten kann. Der Vermittler selbst erfährt international immer mehr Anerkennung, die positiv auf ihn und den Vermittlungsprozess zurückwirkt. Den partnerschaftlichen Umgang, den er propagiert, lebt er vor und schult seine Elite in friedlicher Konfliktlösung. Ein weiterer Erfolg besteht darum in der Stärkung seiner Rolle als international anerkannter Mediator.

4.5 Charakteristika der Mediation und Erfolgsfaktoren

Angesichts der beachtlichen Erträge wird man gewahr, was der Vermittler alles leistet. Ausdauernd widmet er sich der Erfüllung seines Vermittlungsauftrags, den er mit der UNO abgestimmt hat, aber den er auch mit sich selbst geschlossen hat. Er ist sozusagen Mediator aus Überzeugung, weil das Schlichten und Ruhestiften in der Region des Mittleren Ostens ihm generell ein inneres Bedürfnis ist. Keine Sache ist ihm zu gering, kein Aufwand scheint ihm zu hoch. Er geht die vielen kleinen Schritte, die letztendlich den Ausschlag geben können: Er führt zahlreiche Gespräche mit den Konfliktparteien und ihren Unterstützern, lädt sie zu sich ein, verhandelt Waffenruhen, Geiselfreilassungen, fliegt Freigelassene und bedrohte Politiker aus dem Krisengebiet, versorgt die ins eigene Land strömenden Flüchtlinge, unterhält sich mit Betroffenen, organisiert Nothilfe, liefert medizinisches Hilfsmaterial, verknüpft öffentliche Auftritte mit Appellen an die verschiedenen Konfliktparteien, er klärt auf, lehrt, wirbt, agiert auf den verschiedensten politischen Plattformen und in verschiedenen kulturellen Kontexten auf lokaler, regionaler und internationaler Ebene gleichermaßen angemessen und selbstbewusst. Eine derart **konsequente Verpflichtung auf das Ziel** und eine solche **Ausdauer** sind außergewöhnlich und verdienen größten Respekt.

Versiert übt Oman die Rolle des Mediators in den verschiedenen Situationen aus und wird den unterschiedliche Erwartungshaltungen gerecht. Wird von der westlichen Seite an ihn der Anspruch gestellt, möglichst neutral zu agieren, um der Lösungsfindung der Konfliktparteien selbst Raum zu geben, so wird in arabischen Gemeinschaften ein richtungsweisender Einfluss des Mediators erwartet und an seine

Legitimation gekoppelt (vgl. Irani 2000). Aber auch das **flexible Handling verschiedener Rollenerwartungen** beherrscht der Vermittler. Der arabische Alltag fordert und fördert allgemein diese Fähigkeit mit seinem Nebeneinander von traditionellen und modernen Lebensformen und -auffassungen, wofür manchmal der Begriff der „arabischen Schizophrenie" verwendet wird.

Hier sind also bereits Eigenschaften benannt, die die Besonderheiten der omanischen Vermittlung kennzeichnen. Fünf Charakteristika treten in besonderer Weise hervor und werden noch einmal genauer beleuchtet und daraufhin abgeschätzt, inwieweit sie sich theoretisch als Erfolgsfaktoren für Vermittlungen im arabischen Raum qualifizieren können. Das sind die **beharrliche Dialogorientierung**, der **Einsatz für eine lokale Lösung**, die **gemeinsame Zielorientierung**, die **pragmatische Lösungsorientierung** und die **Gestaltung guter Beziehungen**.

4.5.1 Unbeirrbare Dialogorientierung

Es ist auffällig, wie entschieden und eindeutig sich der Vermittler zur ausschließlich friedlichen Konfliktlösung bekennt. Vor dem Hintergrund der üblichen Kompromisse, die Staaten eingehen, wenn sie sich zur Wahrung der Menschenrechte bekennen, aber bei der Durchsetzung ihrer Interessen diese dann doch verletzen, verblüfft diese Haltung. Diese Entschiedenheit ist es, die dem Vermittler hilft zu widerstehen und als einziges GCC-Mitglied der Militärallianz nicht anzugehören. Dadurch ist es ihm möglich, wie bereits besprochen, seine neutrale Rolle zu wahren und als Mediator akzeptiert zu werden. Doch Oman hat bisher viel Kritik von seinen arabischen Nachbarn in Kauf nehmen müssen und zahlt seinen Preis für den Alleingang. Den scharfen Gegenwind seitens der GCC-Mitgliedsstaaten nimmt es in Kauf und sichert die Felder der bestehenden Kooperationen mit den betreffenden Staaten, was von einer enormen Frustrationstoleranz und ungebrochenem Kooperationswillen zeugt.

Für die Vermittlung zahlt sich die Entschlossenheit zu friedlichen und dialogorientierten Friedens- und Transformationsprozessen aus. Die Konfliktparteien können gewiss sein, dass der Vermittler zu keinem Zeitpunkt der Verhandlungen, auch nicht in den schwierigsten Verhandlungsszenarien, zu einer militärischen Aktion raten oder eine solche unterstützen wird. Ihr Fürsprecher hat sich da klar positioniert. Des Weiteren wirkt sich die friedliebende Haltung des Vermittlers, das wurde bereits geschildert, günstig auf die gesamten Verhandlungsprozesse aus. Es ist davon auszugehen, dass sie deeskalierend wirkt und die Verhandlung vor allem von Waffenruhen, aber auch von Geiselfreilassungen und Verträgen zusätzlich begünstigt. Die konsequente Dialogorientierung verhindert bzw. erschwert ein Ausweichen auf Militäraktionen als Handlungsoption. Daher ist bei einer ausführlicheren empirischen Überprüfung die Bestätigung der unbeirrbaren Dialogorientierung als Erfolgsfaktor wahrscheinlich.

4.5.2 Lokale Lösung

Auch in dem dezidierten Votum für eine lokale Lösung sehe ich einen Erfolgsfaktor. Diese Positionierung gibt den lokalen Konfliktparteien quasi ihr Selbstbestimmungsrecht wieder in die Hand. Sie beinhaltet die Überzeugung, dass den lokalen Konfliktparteien dieses Recht zusteht, dass sie in der Lage sind, die Transformationsprozesse zu gestalten und dass es für eine nachhaltige Konfliktlösung eminent wichtig ist, dass sie selbst es sind, die die Entscheidungen für sich und ihr Land fällen. Menschen, die sich politisch aktiv an der Gestaltung ihres Landes beteiligen, werden sich verantwortlich für ihr Land fühlen und auch die notwendigen Veränderungsprozesse verantwortungsvoll und konstruktiv angehen.

Seine Position bringt den Vermittler jedenfalls den lokalen Konfliktparteien in der Jemen-Krise näher. Sie ermöglicht es ihnen, den Vermittler als ihren Fürsprecher zu erleben. Sicherlich liegt hierin ein Grund dafür, dass die Houthis die Enttäuschung über die Nichtumsetzung der Strategiepläne vom September 2014 überwinden und sich erneut zu UN-Friedensverhandlungen bereiterklären und auch dafür, dass sich die beiden lokalen Parteien wieder an einen Verhandlungstisch setzen. Zieht man in Betracht, dass im Jemen-Konflikt vielfältige Interessen internationaler Akteure eine Rolle spielen, die Entscheidungsmacht daher eher bei den mächtigen Staaten liegt und eine lokale Entscheidungsfindung starkem internationalen Druck ausgesetzt ist, ist diese Fürsprache für eine jemenitische Lösung besonders wirkungsvoll. Für die UN konnte bereits ein Rückkopplungseffekt aufgezeigt werden. Sie hat sich im Untersuchungszeitraum ebenfalls zunehmend für einen „jemenitisch-geführten politischen Wandel" (dw.com 2015: Huthi-Rebellen) ausgesprochen.

Vor dem Hintergrund, dass nach universell anerkanntem Völkerrecht jedem Staat das Recht auf Selbstbestimmung zuerkannt wird, drängt sich in diesem Zusammenhang die Frage auf, wie angemessen es im Falle der Jemen-Krise war, dieses Selbstbestimmungsrecht zu beschneiden und die Wiedereinsetzung des Präsidenten Mansour Hadi mit Militärgewalt durchsetzen zu wollen. Inwieweit war die Legitimität eines Präsidenten gegeben, der von der Opposition abgesetzt worden war, auch wenn er seinen Rücktritt später widerrief, und der keinen großen Rückhalt in der Bevölkerung genoss? Wurden hier genug Anstrengungen unternommen, verschiedene Handlungsoptionen abzuwägen und eine Transformation auf diplomatischem Wege herbeizuführen, z. B. durch eine begleitete Umsetzung der Ergebnisse von 2014 aus dem Nationalen Dialogprozess, die mit allen Parteien verhandelt worden waren? Ein stärkerer Wille der internationalen Gemeinschaft zu einer lokalen Lösung könnte bei gleichberechtigter Einbeziehung der verschiedenen lokalen Konfliktparteien den Friedensprozess vermutlich enorm voranbringen.

4.5.3 Gemeinsame Zielorientierung

Ebenfalls erstaunlich ist der unerschrockene Optimismus, mit dem der Vermittler seine Aufgabe ausführt. Vor jedem noch so divergenten Interessengemenge scheut er nicht zurück, sondern baut über seine vielen Einzelaktionen Konsens auf und harmonisiert Schritt für Schritt das Konfliktfeld. Seine Strategie dabei ist es, das Augenmerk der verschiedenen Parteien auf ein Ziel zu lenken, das allen erstrebenswert ist und das darum zum gemeinsamen Ziel werden kann, um somit den Einigungs- und Umsetzungswillen zu mobilisieren und zu aktivieren. Deutlich erkennbar ist das bereits an seiner Werbung für den 7-Punkte-Plan oder an den Ausführungen zur Jemen-Krise in der UN-Rede. Er zeigt auf, was die einzelnen Konfliktparteien bei einer Einigung gewinnen können: Stabilität, Frieden, Entwicklung, Prosperität, geschützte und lebendige Gemeinschaften. In der Ausrichtung auf ein gemeinsames Ziel können Divergenzen zum einen besser ertragen werden, zum anderen werden verstärkt auch Gemeinsamkeiten wahrgenommen. Das Denken wird konsequenter auf den zu erstrebenden Zielzustand fokussiert, das Handeln verstärkt an der Zielförderlichkeit gemessen. So ist anzunehmen, dass mit der Ausrichtung der Konfliktparteien auf die gemeinsamen Interessen und Ziele eine höhere Bereitschaft zu Verhandlungen, eine verbesserte Gesprächskultur, ein müheloseres Zustandekommen von Verträgen einhergeht, ein stärkerer politischer Wille sowie mehr Momentum und Effektivität im Handeln erzeugt werden und sich allgemein das Verhältnis unter den Parteien bessert.

Dieses Prinzip wendet der omanische Vermittler auch im internationalen System an. Das wird vor allem in der Rede vor der UN-Generalversammlung deutlich, die in besonderer Weise einen Blick auf die ethischen Gedanken und Ziele eröffnet, von denen das Sultanat sich bei seiner Arbeit leiten lässt. In der Rede stellt das Sultanat seine Handlungsmaximen vor, ruft das Ideal der UN wach, entwirft vor aller Augen Lösungen für die dringendsten aktuellen Bedarfe im internationalen System und liefert mit seiner erfolgreichen Regierungspraxis gleich einen Beweis dafür, dass hier nicht nur von theoretischen Möglichkeiten gesprochen wird, sondern dass man sich vor allem bei Kooperation und gemeinsamem Willen zur Akzeptanz internationalen Rechts den Zielen tatsächlich annähern kann. Das stark wirkende Primat der Interessen der Mächtigen integriert er mit der Einhaltung der hierarchischen Gesetzmäßigkeiten im internationalen System gekonnt, sodass auch hier keine Gegenkräfte erzeugt, sondern mit der positiven Für-Haltung nur gewonnen wird.

Rückschläge bei den Verhandlungen nimmt er scheinbar gelassener hin als Medien und politische Beobachter: Er sieht schon in den kleinen Schritten Erfolge. Das mag auch dem besonderen Konfliktverständnis in der arabischen Welt zuzuschreiben sein. Diese begreift Konflikte als natürlich zur menschlichen Existenz gehörend, was das vollständige Ausräumen von Konflikten als unerreichbares Ziel von vorherein ausschließt und mehr Gelassenheit schenkt. Die angenommene Interconnection verschiedener Konflikte (vgl. Irani 2000) erlaubt theoretisch und praktisch das zeitgleiche Arbeiten an mehreren Konflikten mit der Lösung nur eines einzelnen Problems.

4.5.4 Pragmatische Lösungsorientierung

Solcher komplexer Zusammenhänge im Konfliktfeld, in der Konfliktumgebung sowie im gesamten internationalen System ist sich die omanische Führung bewusst. Die distanzierte Außenperspektive sowie die Einsicht in den Konflikt und seine größeren Zusammenhänge erlauben ihr, in Ruhe und Gelassenheit angemessene Lösungsstrategien zu entwickeln und souverän umzusetzen. Die Lösungsangebote Omans sind denn auch auffallend pragmatisch, direkt anwendbar und umsetzbar. Das beweist der 7-Punkte-Plan eindrucksvoll. Hier werden Ansprüche internationaler Akteure und der verschiedenen regionalen und lokalen Konfliktparteien komprimiert in eine übersichtliche Schritt-für-Schritt-Anleitung für die friedliche Weiterführung des Transformationsprozesses integriert. Über sie gelingt es dem Vermittler, Unterstützung für den Prozess einzuwerben. Sie ist für den aktuellen Stand das angemessene Instrument, um mit den Konfliktparteien ins Gespräch zu kommen, Verhandlungspositionen zu eruieren, den Verhandlungsspielraum auszuloten und die Kooperationsbereitschaft zu erhöhen.

Was zum gegenwärtigen Zeitpunkt unter den bestehenden Umgebungsfaktoren sachdienlich, nutzbringend und umsetzbar ist, ist entscheidend. Dabei werden die verschiedenen Interessen der jeweiligen betreffenden Akteure mit bedacht, genauestens ausgelotet und ausgeglichen. Hier kommen eine kulturelle Prägung hinsichtlich der Praxisorientierung, nämlich die verstärkte Tendenz zu Praktikabilität, sowie das arabischen Verhandlungen innewohnende Prinzip des ausgewogenen Gebens und Nehmens zum Tragen. Derart praktische und praktikable Impulse im Vermittlungsgeschehen dürften sich bei einer ausführlicheren empirischen Überprüfung als effizienzsteigernd erweisen.

4.5.5 Beziehungsorientierung

Auffallend bei der Vermittlungsarbeit ist ebenfalls, dass es Oman in besonderer und bewundernswerter Weise gelingt, zu allen Parteien gute Beziehungen zu pflegen. An dem persönlichen Gespräch liegt ihm dabei viel. Der Vermittler trifft sich in schneller zeitlicher Abfolge mit den Houthis und Saleh-Anhängern wie mit Vertretern der Exilregierung, mit Angehörigen der saudischen Herrscherfamilie wie mit iranischen Regierungsabgeordneten, mit russischen wie mit US-amerikanischen Außenministern. Hinzu kommen die vielen Mitgliedsstaaten der UN, mit denen Oman in guter Verbindung steht, wie aus den Gesprächsprotokollen von gemeinsamen Treffen und den zahlreichen Glück- und Genesungswünschen nach dem Deutschlandaufenthalt des Sultans im März 2015 zu entnehmen ist. Sie sind Ausdruck der Hochachtung, die er genießt, und sind allesamt über die Homepage der Nachrichtenagentur des Sultans einsichtig. Ein Soziogramm könnte enthüllen, dass Oman im internationalen Staatensystem ein außerordentlich frequentierter Gesprächspartner ist und eine bedeutendere Position einnimmt, als ihm angesichts der Größe seines Staates zugetraut wird.

Auch wenn sich manche Beziehungen schwieriger gestalten mögen als andere, wie z. B. diejenigen zu Saudi-Arabien, so versteht die omanische Führung es doch, die Verbindung zu halten und die Kooperation zu pflegen und die Nützlichkeit der Verbindung über die Differenzen dominieren zu lassen. Zu anderen Staaten mögen besonders freundschaftliche Beziehungen bestehen, der Jemen zählt nach den vorliegenden Recherchen sicherlich dazu. Doch auch hier weiß sie, in der Öffentlichkeit eine gleichmäßige Zugewandtheit auszudrücken. Strukturell benachteiligten Konfliktparteien verschafft sie Gehör. Hier liegen also eine große Gewandtheit im zwischenmenschlichen Umgang vor, ein hoher Kooperationswille sowie eine kluge Öffentlichkeitspolitik hinsichtlich der außenpolitischen Beziehungen, die noch zusätzlich zu dem höheren Stellenwert von Beziehungen im arabischen Raum ihre positiven Wirkungen entfalten.

Grundsätzlich nämlich spielen Beziehungen hier eine bedeutsamere Rolle. Dies ist u. a. durch das aride Klima bedingt, in dem der Zusammenhalt einer Gruppe die Überlebensfähigkeit des Einzelnen stärkt, sowie durch die vielen tribalen Auseinandersetzungen in der älteren und jüngeren Historie, die über Loyalität und Hilfsbereitschaft zwischen den Clans und Stämmen erfolgreich abgemildert werden konnten. Schon diese zwei Gründe weisen bereits auf Ursache und Sinn der verstärkten Beziehungsorientierung hin. Auch Authentizität ist in diesem Zusammenhang von Bedeutung. Sachliche Aspekte werden dem Beziehungsaspekt im Entscheidungsfall untergeordnet, sodass eine ausreichende Beziehungsorientierung in der Mediation im arabischen Raum für deren Erfolg notwendig ist. Der omanische Vermittler versteht es, die Beziehungsqualitäten im Vermittlungsprozess zu fördern. Dadurch werden die Kooperations- und Verhandlungsbereitschaft gestärkt, die Atmosphäre im gesamten Konfliktfeld und -umfeld und damit die Mediationsergebnisse nachhaltig verbessert. Eine erweiterte empirische Überprüfung dürfte diese Aussagen stützen.

5 Konklusion

Betrachtet man nun die Mediation und den Verlauf des Annäherungsprozesses der Konfliktparteien über den Untersuchungszeitraum, so muss konstatiert werden, dass mithilfe der Mediation eine große Veränderung stattgefunden hat. Die Konfliktparteien konnten sich verhältnismäßig stark wieder aufeinander zu bewegen. Von der kompletten Kommunikationsverweigerung Anfang April haben sich die lokalen Konfliktparteien gelöst und sich zweimal zu Verhandlungsgesprächen getroffen. Dabei haben sie ihre verschiedenen Perspektiven austauschen können. Zu den konkreten Ergebnissen zählen das Aushandeln eines Verhandlungsrahmens, organisatorische und Deeskalationsmaßnahmen. Bei den Verhandlungen konnte mit der Aufwertung der Partei der Houthis ein tendenziell zunehmend gleichberechtigter Austausch stattfinden. Es konnte außerdem Einigung über das Ausrufen einiger Waffenruhen erzielt werden, auch wenn sich diese selbst dann als sehr brüchig erwiesen. Mehrere Geiselfreilassungen wurden durch die Vermittlungen möglich.

Ein Einfluss auf lokale, regionale und internationale Konfliktparteien konnte aufgezeigt werden, so etwa bei den UN, den Houthis, Iran und Russland. Der Einfluss lässt sich als Mobilisierung für a) den Einsatz für eine lokale Lösung, b) den Einsatz von und für Waffenruhen und c) die Unterstützung eines Verhandlungsprozesses unter UN-Leitung beschreiben. Es gelang dem Vermittler so, den politischen Willen zur Konfliktlösung zu stärken und Konfliktparteien aus dem nahen und weiteren Konfliktfeld/-umfeld zu mobilisieren, sodass sie sich aktiv für die Gestaltung des Transformationsprozesses einsetzten bzw. ihren Einsatz verstärkten.

Diese für den verhältnismäßig kurzen Zeitraum großen konstruktiven Veränderungen sind vor allem der herausragenden Vermittlungskunst des Vermittlers zuzuschreiben. Diese zeichnet sich durch kulturelle Sensibilität und Angemessenheit sowie ihre außergewöhnliche Umfänglichkeit aus. Folgende Charakteristika haben sich bei der Untersuchung von Ereignissen im Mediationsverlauf besonders herauskristallisiert: 1.) ein extrem hohes Maß an Engagement in der Vermittlungstätigkeit, 2.) ein flexibler Umgang mit verschiedenen Rollenerwartungen in den kulturell und politisch diversen Aktionsfeldern, 3.) eine konsequente Ablehnung von gewaltsamen Interventionen und die Konzentration auf diplomatische, durch Dialog gestaltete Konfliktlösungsprozesse, 4.) eine klare Präferenz für eine lokale Lösung in Selbstbestimmung der lokalen Parteien, 5.) das Encouragement für eine gemeinsame Zielorientierung, 6.) eine Orientierung auf pragmatische Zwischenschritte sowie 7.) die Wertschätzung und Pflege der Beziehungen zu sämtlichen involvierten Konfliktparteien inklusive der Aufwertung strukturell benachteiligter Parteien. In ihrer Gesamtheit haben diese Eigenschaften die Vermittlung auf den beschriebenen Erfolgskurs gebracht. Die fünf zuletzt genannten Charakteristika wurden als Erfolgsfaktoren abgeleitet und näher beschrieben, wenn auch – aufgrund des Umfangs und der Ausrichtung der vorliegenden Arbeit – nicht umfangreich empirisch belegt.

https://doi.org/10.1515/9783110481471-005

5.1 Realistische Einschätzung

Realistisches Machtstreben

Wie sieht nun eine Einschätzung der Mediation und ihrer Ergebnisse am Ende des Untersuchungszeitraums unter realistischen bzw. neorealistischen Gesichtspunkten aus? Dem will ich mich im Folgenden widmen. Es werden dabei realistische Erklärungsmöglichkeiten für die Langwierigkeit des Vermittlungsprozesses in der Jemen-Krise angesprochen. Aus der Theorie des Realismus erschließt sich, warum der Konflikt auf der arabischen Halbinsel so unnachgiebig ausgefochten wird. Es werden allerdings auch die Grenzen der realistischen Betrachtungsweise angesichts einer globalisierten Welt mit ihren verschiedenartigen politischen Interaktionsformen offenbar sowie die Grenzen ihrer Anwendbarkeit auf einen Fall im arabischen Kulturraum. Die Frage nach Wegen zu mehr Entspannung in der Region beantwortet der Vermittler. Seine angebotenen Lösungsmöglichkeiten und solche, die sich aus der Untersuchung zur Mediation ergeben, sowie deren Bezug zum Völkerrecht werden vorgestellt.

In der Theorie des Realismus spielt das Machtstreben der Staaten eine enorme Rolle, bei dem es darum geht, die eigene Machtposition zu verteidigen, zu erweitern oder einfach zu Prestigezwecken zu demonstrieren. Auf der Arabischen Halbinsel gibt es derzeit ein Kräftemessen zwischen den regionalen Mächten Iran und Saudi-Arabien. Die vermutete militärische Unterstützung der Houthis durch Iran stellt für das sunnitische Saudi-Arabien einen Angriff auf sein Einflussgebiet dar. Es will keine politische Macht über seinen Anrainerstaat Jemen an den schiitischen Rivalen abgeben, der schon im Norden seinen Machtbereich für saudische Verhältnisse gefährlich erweitert hat. Zu dem regionalen Stellvertreterkrieg gesellt sich ein weiterer: der zwischen den Großmächten USA und Russland. Allen gemein ist das starke Interesse an ihrer eigenen Machterweiterung in dem öl- und erdgasreichen Gebiet der Golfstaaten und an dem Ausbau ihrer Kontrolle über den Golf von Aden und den Persischen Golf. Die hohe Priorität, welche die Staaten diesen strategischen Zielen beimessen, sorgt für die Verbissenheit, mit der um jeden „Meter" Boden gekämpft wird, und für die Langwierigkeit des Konflikts. Dieser Sachverhalt erhöht also die Brisanz und die Konfliktschärfe in der Jemen-Krise und erschwert die Mediation.

Bei den lokalen Konfliktparteien kann ein Machtverlust auf Seiten Mansour Hadis nachgezeichnet werden, wohingegen die Houthis im Konfliktverlauf an Unterstützung in der Bevölkerung gewinnen. Zum Machterhalt bekommt Mansour Hadi Unterstützung von Saudi-Arabien und der UNO. Einflussreiche Staaten der internationalen Gemeinschaft sehen ihn zum Großteil als legitimierten Präsidenten und unterstützen die militärischen Übergriffe der von Saudi-Arabien angeführten Koalition. Während des Untersuchungszeitraums fällt es den Houthis besonders schwer, von ihrer neu errungenen Stärke Anteile aufzugeben und den von der UNO geforderten Konzessionen nachzukommen. Die versierte Vermittlung Omans kann die Bereitschaft signifikant erhöhen. Für eine friedliche Einigung fehlt allerdings die Bereitschaft von Präsident Mansour Hadi und Saudi-Arabien, ihrerseits auf die Houthis zuzugehen. Hier fehlt ebenfalls entsprechender regulierender Druck seitens der UN.

Es stellt sich hier die Frage der Angemessenheit unbedingten Festhaltens an einem so wenig vom Volk unterstützten Präsidenten sowie an der Angemessenheit der militärischen Intervention mit ihren verheerenden Folgen. Es stellt sich außerdem die Frage nach den unverhältnismäßig hohen Forderungen an die Konfliktpartei der Houthis und der fehlenden Entschlossenheit, den politischen Wandel im Jemen mit Mansour Hadi als Interimspräsidenten zu beschleunigen und durchzusetzen. Hier scheint die oben angesprochene Interessenpolitik der mächtigeren Staaten den Transformationsprozess zu beeinflussen. Sie wirkt sich eben auch auf Entscheidungen der UN aus, die ihrerseits die aktuell bestehenden Kämpfe um Mächteverhältnisse widerspiegeln.

Für das omanische Sultanat kann bezüglich der Mediation in der Jemen-Krise ebenfalls ein Eigeninteresse ausgemacht werden, das in erster Linie darin besteht, die Region zu befrieden, um so den Frieden im Sultanat selbst weiter garantieren zu können. Gerade die ungeklärte politische Situation im Nachbarland Jemen und die Ausbreitung von Terror und Terrorgruppen stellen eine zunehmende Gefahr für das bisher als äußerst sicher geltende Sultanat dar. In zweiter Linie dürfte eine Rolle spielen, dass die Mediation Oman die Gelegenheit gibt, sein Können in der Konfliktmediation erneut anzuwenden und unter Beweis zu stellen und in der Folge seine Reputation international auszubauen, was ebenfalls einer Machterweiterung für den kleinen Staat auf der Arabischen Halbinsel gleichkommt.

Umfassende Art der Mediation auf drei Analyseebenen

Es ist bei allem zu Tage tretenden Eigennutz jedoch unübersehbar, dass Oman sich nicht nur für das Wohl seines Landes oder das Wohl des Jemen und der Region einsetzt, sondern für das Wohl der gesamten internationalen Gemeinschaft. Auch hier kann ihm die Aussicht auf eine steigende Reputation als Handlungsmotivation nahegelegt werden. Das Engagement für das gesamte System entspringt meiner Meinung nach aber nicht nur diesem Interesse. Hier spielen das Bewusstsein für komplexe Wirkmechanismen im System eine Rolle sowie die Entscheidung, das System mit positiven Inputs zu speisen und so an positiven Veränderungsprozessen mitzuwirken, die sich dann über Rückkopplungseffekte wiederum positiv auf die konkreten Konfliktmediationen auswirken. Außerdem kommen kulturelle und persönliche Prägungen bezüglich des selbstverständlichen Engagements für das Gemeinwohl nach dem Prinzip des *maslaha* und ibaditische Glaubensüberzeugungen zum Tragen. Unter Zuhilfenahme der unterschiedlichen Analyseebenen und ihrer Blickwinkel bzw. *images* in der realistischen internationalen Politik nach Kenneth Waltz (vgl. Auth 2015, 46–50) kann aufgezeigt werden, wie sinnreich und fruchtbringend Oman

Nutzen aus der Mediation zu ziehen weiß, für sein Volk, für die Region, für die internationale Gemeinschaft.

Da ist das *1st image*, das politische Ereignisse und eben auch kriegerische Auseinandersetzungen vornehmlich in der menschlichen Natur begründet sieht. Für den Krieg verantwortlich gemachte Gefühle wie Egoismus, Neid und Aggression, aber auch Unvernunft und fehlender Sachverstand können sich nach Ansicht der pessimistischeren Vertreter dieses Bildes immer wieder durchsetzen, sodass sich der Kampf um die begrenzten Ressourcen der Erde ohne Ende fortsetzen muss. Für die Optimisten hingegen, die auch *children of light* genannt werden, ist der Wandel zum Besseren möglich (vgl. Auth 2015, 46 f), indem durch eine werteorientierte Erziehung und Bildung eine Verstärkung der positiven menschlichen Seiten erfolgt, die dann maßgeblich die politische Ordnung gestalten können.

Solch einer aktiven und positiven Gestaltungsfähigkeit verschreibt sich das Sultanat Oman. Die strahlende und anziehende Zielvision hält es seinen verschiedenen Gesprächspartnern in der Konfliktmediation immer wieder als erreichbare Möglichkeit vor Augen. Es weist auf die konstruktiven Handlungsmöglichkeiten hin, die für die jemenitischen und regionalen Parteien wie auch für die internationale Gemeinschaft bestehen. Deutlich zeigt sich das in der Rede vor der UN-Generalversammlung. Den Realitätsbezug seiner Zukunftsvision beweist es, wie schon ausgeführt, durch die Entwicklungen der letzten Jahrzehnte in Oman selbst.

Im eigenen Land fördert Sultan Qaboos gezielt die Bildung der Gesamtbevölkerung. Der moralischen Bildung kommt dabei ein hoher Stellenwert zu, was sich u. a. in dem nach wie vor hohen Etat für religiöse Angelegenheiten ausdrückt. Im muslimischen Glauben, nicht nur im christlichen, kommt dem Licht, mit dem u. a. Allah selbst verglichen wird, und der Orientierung hin zum Licht eine große Bedeutung zu (vgl. Asad 2017: Lichtvers 24: 35). Durch einen derartigen Einfluss auf die menschliche Allgemeinbildung beugt der Sultan Unfrieden vorausschauend vor. Im Rahmen der Mediation appelliert er an die guten Eigenschaften wie Mitmenschlichkeit, wo es zum Beispiel um die Nothilfe für die Menschen im Jemen geht. Die lokalen Konfliktparteien motiviert er, zusammenzustehen zum Schutz und Wohl der jemenitischen Bevölkerung. Die regionalen Parteien motiviert er zur Unterstützung des Friedensprozesses. Die Weltgemeinschaft ruft er dazu auf, die Herausforderungen der Zeit mit vereinten Kräften und in einem partnerschaftlichen Miteinander anzugehen. So modelliert er ihre Handlungsausrichtung. So stärkt er ihren Impetus. So wirkt er fördernd auf der Ebene der menschlichen Natur.

Mehr als um die Bildung der menschlichen Natur geht es den Vertretern des *2nd image* um deren systematische Regulierung und die interne Staatsorganisation bei der Frage nach der Verhinderung von Krieg. Hier legen die pessimistischen Vertreter Wert auf die Wahrung von Stabilität im Innern, z. B. durch die Ablenkung des Interesses von innenpolitischer Konkurrenz auf problematische Außenbeziehungen, aber auch durch Balancing. „Ein starker Staat mit absolutem Herrscher würde z. B. stärkere Akteure davon abhalten, schwächere zu vernichten, indem er seine Kraft Letzteren zur Verfügung stellt, um das existierende Ungleichgewicht auszugleichen" (Auth 2015, 47). Die Optimisten plädieren für die Partizipation der Elite diverser gesellschaftlicher Bereiche an der Außenpolitik und vor allem für wirtschaftliche Verflechtung, welche die gegenseitige Abhängigkeit fördert und gleichzeitig die Moral anhebt (vgl. Auth 2015, 47 ff).

Als Monarch praktiziert der Sultan von Oman für seinen Staat neben der optimistischen Vorgehensweise – er unterhält äußerst positive Beziehungen und zahlreiche Handelskooperationen mit vielen Staaten der Erde – auch die des oben angesprochenen ausgleichenden Herrschers. Seinen Reichtum behält er nicht, wie viele Monarchen, für sich sondern setzt ihn in Sozialmaßnahmen um, damit er den Ärmeren der Gesellschaft zugutekommen kann und damit, wie erörtert, der gesamten Gesellschaft, da es sich um kriegsverhindernde friedensstiftende Maßnahmen handelt. Günther Auth führt in Hobbes'scher Tradition weiter aus: „Ein starker Staat, der so in der Lage ist, trotz der widerstreitenden Interessen seiner Bürger Stabilität nach innen zu wahren, ist auch in der Lage, die Funktionen zu übernehmen, die notwendig sind, um für Stabilität zwischen Staaten zu sorgen" (Auth 2015, 47 f).

Das erweist sich für den omanischen Sultan als zutreffend, der im Innern seines Landes und besonders zwischen Clans so viel schlichten und ausgleichen musste und nun seinen Erfahrungsschatz mittlerweile erfolgreich dem internationalen System zukommen lässt. Dabei sorgt er immer wieder dafür, dass Positives aus der Mediationsarbeit seinem eigenen Land zufließt. Beispielhaft dafür steht die Durchführung von Schulungen für die hohen Staatsbeamten in den Richtlinien der Staatspolitik direkt im Anschluss an die Rede vor der UN-Generalversammlung. Er schult seine Elite gezielt in den von ihm im Rahmen seiner Mediationsarbeit proklamierten Werten und Handlungsmaximen. Dadurch wird sie befähigt, die Werte im Inneren anzuwenden sowie den Wandel auf lokaler, regionaler und internationaler Ebene konstruktiv mitzugestalten. So kann der Vermittler über die Mediationen sowohl seinen Staat nach innen stärken als auch seine Rolle als international anerkannter Mediator strategisch festigen. Diese Rolle ist für ihn unauflösbar mit einem militärisch nicht interventionistischen außenpolitischen Verhalten verknüpft.

Nun sind interstaatliche Beziehungen nicht nur von der inneren Ordnung und Stabilität der Staaten abhängig, sondern auch von der jeweiligen Staatenumgebung. Darauf verweisen Vertreter des *3rd image*. Sie sehen den Einfluss des Sicherheitsdilemmas im anarchischen System, in dem eine überstaatliche sanktionierende Instanz fehlt, als verhaltensbestimmende Größe. Im Gegensatz zu den pessimistischen Vertretern halten die Optimisten eine dauerhafte Einigung von Staaten auf gemeinsame Ziele für möglich, inklusive der Einhaltung der erforderlichen selbstauferlegten Einschränkungen zur Erreichung dieser Ziele und der Akzeptanz einer sanktionierenden Gewalt.

Oman plädiert ganz klar für eine überstaatliche Instanz, wenn es sich beispielsweise für den kontrollierten Rüstungsabbau unter der internationalen Aufsichtsbehörde IAEA ausspricht. Zur Bewältigung dieser und all der anderen gegenwärtigen

Herausforderungen in der Welt wirbt es in seiner Rede vor der UN-Generalversammlung für die Entwicklung eines Teamgeistes in der internationalen Community. Es wirbt dafür, überstaatliche Regularien auszubauen, internationales Recht als überstaatliche Autorität anzuerkennen, sich diesem unterzuordnen und sich selbst zum Wohle aller zu beschränken. Solch ein verantwortungsbewusstes Verhalten würde bedeuten, sich dem Kollektivwillen durch Einsicht in seine Notwendigkeit und Richtigkeit zu unterstellen und eine „vernünftige Freiheit" zu leben, wie sie Kant in seinem Entwurf „Zum ewigen Frieden" proklamiert hat.

In einer Staatengemeinschaft, die sich auf gemeinsame Ziele verpflichtet, sollte ein Völkerrecht zur Anwendung kommen, das nicht dazu benutzt wird, Krieg zur Durchsetzung der Interessen von Stärkeren zu legitimieren, und das folglich nicht zu einem Kriegsregularium verkommt, sondern das Frieden stiften und erhalten hilft. Auch hier ruft der Vermittler immer wieder im Verlauf der Mediation die UNO und ihre Mitgliedstaaten zur Einhaltung des Völkerrechts auf und stärkt den Willen, den Charakter der internationalen Gemeinschaft als einer Gemeinschaft gleichberechtigter Völker zu wahren.

Zusammenfassend lässt sich also sagen, dass das Sultanat die Mediation im Jemen in umfassender Weise ausübt, ihr innewohnendes Potenzial nutzt und sie für die politische Entwicklung im eigenen Land, in der Region und auf internationaler Ebene fruchtbar macht. Indem es für moralische Werte wie Mitmenschlichkeit eintritt, berücksichtigt es die Natur des Menschen und wirkt situationsbezogen auf sie ein. Durch die strukturelle Förderung ärmerer Bevölkerungsschichten und mittels Schulungen der eigenen politischen Elite in den omanischen Werten und Handlungsmaximen sorgt es für die innere Stärkung Omans und die seiner Rolle als Konfliktmediator im regionalen und internationalen Raum. So berücksichtigt es ebenfalls das eigene Land und die Staatenumgebung. Auf der internationalen Ebene setzt es sich für die Stärkung des Kollektivwillens zur Bewältigung der aktuellen Herausforderungen ein und wirbt für die Unterordnung jedes Einzelstaates unter diesen Kollektivwillen und unter anerkanntes internationales Recht. Damit berücksichtigt es die Wirkungen des Sicherheitsdilemmas im anarchischen Staatensystem und übt auch hier positiven Einfluss aus.

So wirkt der Sultan also auf alle über die *images* der internationalen Politik beschriebenen möglichen Ursachen für kriegerische Auseinandersetzungen auf den verschiedenen politischen Ebenen ein, sich der Tatsache der Verflechtung dieser Ebenen und ihrer gegenseitigen Beeinflussung bewusst. Man könnte von einem multidimensionalen und zugleich multifaktoriellen Ansatz sprechen, der Rückkopplungseffekte ganz selbstverständlich mit einbezieht und auf Langfristigkeit ausgerichtet ist. Wie klug – und dies nicht nur im realistischen bzw. neorealistischen Sinne – er bei seiner Einflussnahme vorgeht, soll noch einmal genauer betrachtet werden und zwar bezogen auf den Umgang mit Hierarchie im Staatensystem und seine Positionierung in diesem.

Gekonnte Einbindung ins internationale System

Es wurde bereits erwähnt, dass der Vermittler sich in das politische System gekonnt eingliedert und dabei der hierarchischen Ordnung seinen Respekt erweist. Das zeigt er z. B., indem er zuerst mit der UNO, dann mit den mächtigen Staaten und dann mit der lokalen Ebene seine offiziellen Verhandlungsgespräche führt. In das Ränkespiel der Mächtigen lässt er sich dabei nicht hineinziehen. Die gewaltsame Interessendurchsetzung, die von den größeren Mächten in diesem mehrfachen Stellvertreterkrieg um die Vorherrschaft am Golf angewandt wird und die mit der Marginalisierung von Bevölkerungsgruppen arbeitet und dabei deren Dezimierung in Kauf nimmt, liegt ihm fern. Auch der Verrechtlichung respektive Legitimierung der militärischen Handlungen über internationale Organisationen wie den GCC oder die UNO arbeitet er nicht zu.

In das Tauziehen der Großen mischt er sich nur insofern ein, als er zu Handlungen motiviert, die dem Transformationsprozess zuträglich sind. Im omanischen Sinne bedeutet dies zum Beispiel, dass Waffenruhen als Ausgangsbasis sowohl für Friedensverhandlungen als auch für internationale Nothilfemaßnahmen verhandelt werden, dass die Selbstbestimmung der lokalen Parteien gestärkt wird, dass die Aufwertung von als weniger gleichwertig betrachteten Parteien wie den Houthis erfolgt und dass gezielt Appelle an die Parteien gerichtet werden, um sie zur Einhaltung internationalen Rechts, zu Kooperation und Einigkeit aufzurufen. So speist er seine konstruktiven Inputs ins System ein und verändert es dadurch.

Er selbst sieht sich durch die erneute Konfliktmediation in seiner Rolle als Mediator gestärkt und baut diese parallel durch die genannten Schulungen für seine politische Elite aus. Das Außenministerium verspricht sich von den Schulungen neben der Übertragung der UN-Rede in die Realität eine Stärkung der Rolle als Vertreter einer Arbeitskultur, wie Sayyid Badr bin Hamad bin Hamood Al Busaidi, Stellvertreter im Außenministerium, es ausdrückt, und dies eben auch auf internationaler Ebene (vgl. muscatdaily.com 2015: Seminar on). Hier wird deutlich, dass das Sultanat sich nicht nur als Vermittler in Konflikten versteht, sondern darüber hinaus als Vermittler einer Kultur, die man als Kultur des Miteinanders im internationalen Staatensystem bezeichnen könnte, eine Kultur, die von bestimmten Werten geprägt ist, von Mitmenschlichkeit, von Partnerschaftlichkeit und gemeinsam getragener Verantwortung. Eine solche Kultur will es aktiv gestalten und fördern und dies möglichst nachhaltig.

In seinem Auftreten ist es dabei bescheiden, unaufdringlich aber dennoch eindringlich. Gleichermaßen ziel- und prozessorientiert verfolgt es auf äußerst diskrete Weise seine Vorhaben, was zum Teil der kulturell bedingten Zurückhaltung in der Öffentlichkeit geschuldet ist, zum Teil natürlich der Sache, zum Teil eben seiner bewussten Haltung. Diese beschreibt Sayyid Badr Al Busaidi aus dem Außenministerium folgendermaßen: „In the space between the big states, the major powers, both regional and global, we have room for manoeuvre that the big states themselves do not enjoy. We can operate without attracting too much attention, conduct diplomacy discreetly and quietly" (Jones/Ridout 2012, 7). Mit zunehmender internationaler Anerkennung lässt der Vermittler sein Volk und die Weltgemeinschaft mehr und mehr an seinen Vorgehensweisen und Grundsätzen teilhaben, was sich z. B. in der UN-Rede aber auch in der transparenten Berichterstattung über sein innen- und außenpolitisches Handeln auf der Website der Nachrichtenagentur des Sultans omannews.gov. om äußert.

Aufweitung der realistischen und neorealistischen Aussagenlogik

Die neorealistische Wirklichkeit: Also die internationale Anarchie, in der das Sicherheitsdilemma besteht, in der jeder Staat seinen Überlebenskampf kämpft und sich beständig im Wettbewerb mit anderen Staaten befindet, in der die *capabilities* erhöht werden, um die *gains* zu maximieren, all das akzeptiert Oman als Realität. Für ihn gibt es aber eine weitere Realität, die daneben existiert und ebenso real ist. Es ist das in der Erfahrung erprobte und in der Theorie jederzeit mögliche Handeln auf kooperativer Basis, das auf gegenseitiges Geben und Nehmen abzielt, das über eine positive Abhängigkeit arbeitet und eine Interessen- und Beziehungsverflechtung kreiert, die friedensstiftend und stabilisierend wirkt, lokal, regional und international. Es geht davon aus, dass das internationale Staatensystem gestaltet werden kann und nicht notgedrungen in anarchischer Strukturlosigkeit gefangen ist. Es geht ganz optimistisch, selbstverständlich und fast schon kompromisslos zuversichtlich davon aus, dass immer mehr Staaten in freiwilliger Akzeptanz internationaler Rechte und Rechtssubjekte zu friedlicher Kooperation und Koexistenz finden werden.

Mit solchem Optimismus sprengt es natürlich die Grenzen jeder realistischen und neorealistischen Theorie. Seinem Verhalten liegt nicht die Existenzangst zugrunde, aufgrund derer Einzelstaaten misstrauisch die Handlungen anderer Staaten beobachten und ein Konkurrenzkampf ausgetragen wird – vielfach ohne Ansehen der Moral und auf Kosten der Schwächeren. Sein Verhalten ist nicht vornehmlich durch das Streben nach Macht gekennzeichnet, mit der die Unsicherheit im anarchischen Staatensystem kompensiert werden müsste. Anders ausgedrückt: Das realistische Menschenbild kann den omanischen Vermittler nicht gänzlich fassen.

Machterhaltende Maßnahmen sind zu erkennen in dem Bedürfnis, über Frieden in der Region den Frieden im eigenen Land zu sichern. Das Bestreben der Machterweiterung kann in dem Ausbau der Rolle als Mediator gesehen werden, die dem Sultanat einen festen Platz im internationalen System verspricht und sichert und einen Einfluss auf die Geschicke anderer zwischenstaatlicher Beziehungen garantiert. Realistisch könnte man auch argumentieren, dass dem Sultanat als kleinem Staat auf der Arabischen Halbinsel kaum eine andere Wahl bleibt, als über diese Stärke in der Vermittlungstätigkeit überhaupt international Einfluss zu gewinnen und auszuüben. Machtdemonstration aber liegt dem eher bescheiden und zurückhaltend auftretenden Sultan nicht. Er drängt sich nicht in den Vordergrund, auch wenn er dazu Anlass hätte, wenn z. B. die UN Vermittlungserfolge für sich selbst reklamiert, die doch vornehmlich durch das Wirken Omans zustande gekommen sind, bzw. wenn die Berichterstattung einiger Medien hierüber ungenau ist, wie bei den Geiselfreilassungen im September 2015 geschehen.

Allerdings verhält sich Oman überaus klug im realistischen Sinne, wenn es um das sensible Vorgehen gegenüber anderen Staaten geht. Es geht zwar manchmal an sie heran, wenn es z. B. Kritik übt oder der GCC-Allianz nicht beitritt, aber es überschreitet die Grenze nicht, die einen anderen Staat zu Gegenmaßnahmen reizen würde. Die Grenzen der realistischen Argumentation weitet es da auf und überwindet sie, wo es an die Moral glaubt und ihr folgt und den vom Realismus proklamierten Widerspruch von Moral und erfolgreichem Regierungshandeln nicht anerkennt und sogar durch sein eigenes Beispiel widerlegt.

Es hält sich strikt an seine Maxime der friedlichen Konfliktlösung durch Dialog und widersteht dem großen regionalen Druck, vor allem dem saudi-arabischen. Es widersteht auch dem internationalen Druck, da in der internationalen Gemeinschaft derartiges Handeln nicht allgemein üblich und damit nicht unangefochten ist. Es bringt die Achtung des Völkerrechts zum Ausdruck und fordert dessen Einhaltung von anderen Staaten und der UNO ein und akzeptiert die Aufweichung internationalen Rechts durch keine irgendwie geartete Machtmoral. Seine Position im Staatensystem inklusive seiner Reputation erlaubt ihm diese Position des Mahners, des Kritikers, des innovativen Vermittlers und des Promotors von Moral, zumal es so angemessen, situationsbezogen und adressatengerecht agiert. Seine Reden und Appelle zeigen, dass es ihm um mehr als nur um Abwesenheit von Krieg geht, es will eine interaktive und positiv verregelte Staatengemeinschaft aktiv mitgestalten und voranbringen.

Mit dieser Orientierung und der entsprechenden konsequenten Handlungsausrichtung durchbricht es auch neorealistische Argumentationsmuster. Gewiss lässt sich hier eine weitreichende theoretische Übereinstimmung bei der Beschreibung des omanischen Vermittlungshandelns ausmachen. So scheint sich Oman über die langen Jahre seiner wirtschaftlichen Entwicklung und des Aufstiegs zum international anerkannten Mediator richtig im neorealistischen Sinne verhalten zu haben, da das internationale Staatensystem seine Aktionen gutgeheißen und belohnt hat. Der Ausbau seiner Vermittlungsstärke als *capability* ist da nur eine von vielen guten Entscheidungen, mit denen es sich dem Wettbewerb der Staaten stellt und sich – und das ist gerade angesichts so starker Nachbarn wie der Ölgiganten Saudi-Arabien und den Vereinigten Arabischen Emiraten bemerkenswert – behauptet.

Sein Verteidigungsetat ist verhältnismäßig groß. Über entsprechende Verträge vor allem mit Großbritannien und den USA baut Oman seine Verteidigungskapazitäten kontinuierlich aus. Auch wirtschaftliche Abkommen und Großprojekte mit seinen strategischen Partnern wie der Bau der Unterwassergaspipeline zwischen Iran und Oman vermehren die omanischen *gains*. Mit der Ausrichtung nach Osten inklusive Iran verstärkt es auf der regionalen Ebene das Gegengewicht zu Saudi-Arabien, mindert dessen Dominanz im System und wirkt somit ausgleichend. Die Fähigkeit zum *Balancing* spiegelt sich in seiner Vermittlungstätigkeit stark wider.

Dennoch kann man nicht über die Diskrepanz hinwegsehen, die bei dem Versuch entsteht, die Ausrichtung der omanischen Vermittlungen auf durch internationales Recht gestützte Kooperation und kollektive Sicherheit im internationalen Staatensystem neorealistisch zu deuten. Solche Schwerpunktsetzung steht im Widerspruch zu der in dieser Theorie üblichen Argumentation, dass mit dem Einlassen auf Kooperation und integrative Prozesse mindestens die Gefahr des Verlustes der Verteidigungsfähigkeit, wenn nicht gar der zwingende Verlust von *gains* im Sinne von Vorsprung vor anderen Staaten einhergeht (vgl. Auth 2015, 59). Es handelt sich beim Neorealismus eben um ein auf Wettbewerb gerichtetes Gedankengebäude, in dem Hegemonialbestrebungen eine große Rolle spielen. Ein integratives und kooperatives Verhalten aber, das die Möglichkeit der Überwindung des Sicherheitsdilemmas in Betracht zieht und das sich der Gestaltung einer Weltgesellschaft widmet, steht im Einklang mit den Theorien des Globalismus.

Ohne also realistische und neorealistische Gesetzmäßigkeiten im innerstaatlichen und im internationalen Raum zu vernachlässigen, bewegt sich Oman mit seinem politischen Handeln allgemein und mit seiner umfassenden Vermittlungstätigkeit im Besonderen über die Grenzen der Theoriegebäude hinaus und weitet sie zum Globalismus hin auf. Er beschränkt sich nicht auf die realistischen und neorealistischen Handlungsmaximen, sondern berücksichtigt daneben die „Trends zur Supra- und Transnationalisierung politischer Entscheidungsfindung" (Auth 2015, 173), die über die Theorien der Global Governance beschrieben werden. Diese illustrieren die zunehmende Vernetzung staatlicher und nicht staatlicher Akteure unter der Zunahme gemeinsamer Entscheidungsfindung von Akteuren verschiedener Ebenen bei gleichzeitiger Abnahme hierarchischen Entscheidungshandelns. An derartigen neuen Formen des Regierens sind die Akteure verschiedener Ebenen nahezu gleichberechtigt beteiligt, also in heterarchischer Kooperation und Koordination, „um mit Blick auf die Lösung von Sachproblemen einen tragfähigen Konsens zu finden" (Auth 2015, 176). Man beachte die nun verstärkte Ausrichtung auf Konsens in der Entscheidungsfindung.

Diese sich im Zuge der zunehmenden Globalisierung neu herausbildenden Strukturen und Prozesse, die das anarchische System in ein geordnetes Mehrebenensystem umwandeln, nutzt der Vermittler, um sie aktiv zu beeinflussen und zu gestalten. Um es mit den Worten von Jürgen Neyer zu sagen, der sich mit der Herausbildung heterarchischer Strukturen in der Mehrebenenpolitik befasste: Oman widmet sich der „Gestaltung von verständigungsorientierten Formen der politischen Interaktion" (Neyer 2002, 32) im internationalen Staatensystem, und zwar unter bestimmten Gesichtspunkten, die sich wie ein roter Faden durch sein Reden und Handeln ziehen und sich übrigens alle in den Erfolgsfaktoren widerspiegeln, als da sind: die Mitmenschlichkeit, die Moral und die Gleichberechtigung.

Auch die Anerkennung supranationalen bzw. internationalen Rechts spielt eine große Rolle. Es malt das Bild einer Staatengemeinschaft, in der internationales Recht gilt und unter der Beachtung der Gleichberechtigung der Staaten umgesetzt wird und das seine systemstabilisierenden und damit friedensfördernden Wirkungen entfalten kann. Ein solches Recht gälte es natürlich anzuerkennen, und einem solchen Recht gälte es sich natürlich unterzuordnen. Dabei meint das Unterordnen nicht die Art der widerwilligen Unterwerfung, die im Erfahrungsschatz vieler Menschen beheimatet ist und die darum das Modell der Interessendurchsetzung nach dem Recht des Stärkeren präferieren.

Die Unterordnung kann selbstbestimmt, aktiv und in dem Wissen vollzogen werden, dass sie zur Erfüllung gemeinsamer Ziele notwendig ist und der Weltgemeinschaft auf lange Sicht, also nachhaltig zum Besten gereichen wird. Durch Selbstverpflichtung kann also die Bindungswirkung des Vertragsvölkerrechts erhöht und damit seine friedensfördernde Wirkung verstärkt werden. Darauf setzt Oman, wenn es die UNO kritisiert, sie auf ihre ursprünglichen Ziele und Werte verweist und zur Handlungskorrektur aufruft. Die Akzeptanz internationalen Rechts ist zudem in einer heterarchischen Ordnung weniger mit der Dominanz einer supranationalen Instanz verknüpft, vielmehr kann über Verregelung und Selbstregulierungen im System gearbeitet werden oder, wie Vertreter der Global Governance-Theorie es bezeichneten, über „multipartistische Politikkoordination und -kooperation" (Rittberger, Kruck, Romund 2010, 308). Allgemein gilt den Optimisten: Die Strukturen und Prozesse in der internationalen Politik können zunehmend gleichberechtigt mitgestaltet und in Verantwortung genutzt werden.

Dazu richtet der Vermittler seine Handlungen an einer bestimmten Zielvorstellung aus bzw. an Handlungsprämissen, mit denen er in die Gestaltung des internationalen Staatensystems unglaublich wertvolle Inputs hineingibt: Mit ihnen stärkt er die Kooperation, die Partnerschaftlichkeit, die Gleichberechtigung unter den Staaten, unter den Volksgruppen, unter den in Konflikte involvierten Konfliktparteien. Nicht zuletzt hebt er die Moral im gesamten System an. Bei der Kommunikation von Moral allein, die sich über gezielte Achtungszuweisung und gezielten Achtungsentzug ausdrücken kann wie in den Beobachtungen zur UN-Rede demonstriert, bleibt er aber nicht stehen. Sie hätte zu wenig Gestaltungskraft angesichts der Grenzen von moralischer Kommunikation (vgl. Preyer, 2008) und angesichts der starken Präsenz von Machtmoral und Interessendurchsetzung gegen international bestimmtes Völkerrecht. Darum wird er immer wieder aktiv in dem Wissen, Zukunft über konkrete Aktionen in der Gegenwart zu implementieren und gestalten zu können.

Kulturkritische Überlegungen

Über seine Kommunikation und über sein Verhalten zeigt sich, dass sich der Vermittler sehr klug sowohl im realistischen als auch im neorealistischen Sinne und im Sinne der Theorien der Global Governance verhält und auch hier flexibel je nach Situation und Adressat aus einem Pool von Handlungsmöglichkeiten souverän wählt. Er demonstriert, wie man sinnvoll Konzepte aus allen angesprochenen Theorien nutzen und verbinden kann und sich durch keine Grenzen theoretischer Konstrukte begrenzen lassen muss. Hierin wird eine für westliches Denken unübliche Unbefangenheit im Umgang mit politisch-theoretischen Richtungen deutlich. Statt sich in Loyalitätskonflikten gegenüber bestimmten Ausrichtungen zu verstricken, kann hier vieles nebeneinander stehen und miteinander verknüpft werden. Dies könnte mit der kulturellen Prägung zu tun haben, mit den gleichzeitig bestehenden und gleichberechtigt nebeneinander stehenden unterschiedlichen Lebensformen, Gesinnungen und eben auch politischen Ausrichtungen und Ordnungen, deren Widersprüchlichkeit leichter ertragen wird, weil sie als Charakteristikum des Lebens allgemein akzeptiert ist (s. a. Kap. 4.5.3. arabisches Konfliktverständnis).

Für mich ist es außerdem nicht verwunderlich, dass es gerade ein Akteur aus dem arabischen Kulturraum ist, der das internationale Staatensystem sinnvoll bereichert, indem er also die Gesetzmäßigkeiten im System geschickt und außerordentlich klug nutzt und indem er es mit Werten wie Mitmenschlichkeit, partnerschaftlicher multilateraler Kooperation und gemeinsamer Verantwortlichkeit auflädt. Seine Appelle an die internationale Gemeinschaft kommen einem Aufruf gleich, sich nicht nur als Gemeinschaft zu bezeichnen, sondern sich auch so zu begreifen und sich in gemeinsamer Entscheidungsfindung und Handlungsausrichtung einzuüben. Dieser Impuls kommt aus einer kollektiven Gesellschaft, die über Jahrtausende durch Gemeinschaften geprägt ist, die konsensorientierte Konfliktbewältigungsstrategien anwenden. Hier kommen also kulturelle Prägungen zum Tragen, die sich in die Debatte um die Theorien mischen. So ist es u. a. dieses konsensorientierte Denken im arabischen Raum, das eine Diskrepanz zu dem westlichen, stärker wettbewerbsorientierten Denken erzeugt, von dem die realistischen bzw. neorealistischen Theorien durchdrungen sind.

Dabei soll erwähnt werden, dass im arabischen Raum durchaus agonistisches Denken und Handeln verbreitet ist, in Entscheidungsprozessen aber eben die Konsensorientierung zugunsten der Gemeinschaft dominiert. Nach Michael E. Meeker bestimmen drei Maximen das traditionelle Handeln im Mittleren Osten: "All over the arid zone proper, popular traditions can be described in terms of three cultural themes [...] an agonistic rhetoric of political association [...] humanistic religious values [...] upon conceptions of exemplary personal behavior [...] social norms of personal integrity and familial propriety" (Meeker 1979, 10). Der Wettbewerb findet also vornehmlich zwischen Gruppen statt, während innerhalb der Gruppen, aber auch bei der traditionellen Konfliktvermittlung zwischen Gruppen konsensorientiert vorgegangen wird; zum Überleben in der Wüste zahlte sich die Kooperation und gegenseitige Unterstützung mit benachbarten Clans dann doch aus. Im gesellschaftlichen Leben spielen moralische bzw. ethische und religiöse Werte von alters her eine große Rolle genauso wie Authentizität und Integrität.

Außerdem meint Konsensorientierung beileibe nicht eine Art Gleichschaltung, sondern sie kann nach beschriebener arabischer Art die Verschiedenheit der Akteure und ihre unterschiedlichen Bedürfnisse akzeptieren und nebeneinander gelten lassen. Das Einbringen in die Gemeinschaft und das Engagement für das Wohl der Gemeinschaft aber werden eingeworben. Beispielhaft stehen dafür die diversen Clans in den arabischen Gesellschaften, die stark ausgeprägte Eigenarten aufweisen, innerhalb der Gesellschaft aber bestimmte gemeinsame Rechte akzeptieren. Föderalismus ist in ihren Gesellschaften geradezu angelegt, die Auseinandersetzung mit Vormachtstellungen vielfach erprobt. So kommt es, dass die im Zuge der Globalisierung entstehende Verstärkung des Regionalismus nicht als Widerspruch zu Globalisierungstendenzen empfunden wird.

Überhaupt steht Oman gesellschaftlichen und auch weltgesellschaftlichen Wandlungsprozessen aufgeschlossen gegenüber, wie im Kapitel zum Ibadismus ausgeführt. Wie Dissonanzen als Anstöße zur Weiterentwicklung angesehen werden, so wird die Weiterentwicklung allgemein geschätzt. Den politischen Wandel im Jemen unterstützt das Sultanat daher ebenfalls und sorgt in seiner Mediation für die erforderlichen Abstimmungsprozesse, damit sich der Wandel im Einvernehmen mit allen Parteien vollziehen kann. In der internationalen Gemeinschaft erkennt es einen Mangel an Gemeinsinn und wird nach dem Prinzip des *maslaha* aktiv, um für dessen Zunahme zu werben.

Hieran wird deutlich, wie sehr die Vermittlung des Sultans kulturell geprägt ist. Daher ist es von enormer Wichtigkeit, dass bei Konfliktmediationen im arabischen Raum kulturelle Aspekte und die traditionelle Mediationspraxis noch stärker berücksichtigt werden. Dies sollte sowohl bei der Analyse als auch bei der Durchführung, d. h. bei der Kooperation nicht arabischer Akteure mit arabischen Mediatoren und Konfliktparteien innerhalb der internationalen Beziehungen geschehen. Dadurch können maßgeblich das Verständnis für den arabischen Mediator und die arabischen Konfliktparteien gefördert werden als auch passgenauere und nachhaltigere Lösungsmöglichkeiten erarbeitet werden. Es ist noch deutlicher als bisher anzuerkennen, dass arabische Kulturen ihren eigenen Umgang mit Konflikten haben, der sich historisch entwickelt hat.

Es wird ebenfalls deutlich, welch wertvolle Impulse der Sultan in das internationale Staatensystem einfließen lässt, die einerseits eben von der kulturellen Prägung erzählen, andererseits aber sehr universell anmuten. Solchen Impulsen sollte sich die Globalismus-Debatte noch viel mehr öffnen. Sie wird noch vorwiegend im westlichen Raum bzw. in den OECD-Staaten geführt und ist daher auch von ihnen dominiert (vgl. Auth 2015, 175 f). Interessante Ansätze aus anderen Kulturen werden noch zu wenig berücksichtigt, insbesondere diejenigen aus den Entwicklungs- und Schwellenländern, was zu einer strukturellen Vernachlässigung der Bedürfnisse Letzterer führt.

Es ist also eine Aufgabe, die diese Zeit stellt, Ansätzen aus nicht westlichen Kulturen inklusive derer aus dem arabischen Raum und solchen, die nicht dem Mainstream entsprechen, mehr Aufmerksamkeit zu schenken und sie zu integrieren. Solch eine

Öffnung stellt eine hohe Bereicherung für den derzeitigen Wandel des politischen internationalen Systems sowie für die aktuelle Wissenschaftspraxis in Aussicht: mehr Innovation, ein verbessertes interkulturelles Verständnis und die fällige Ablösung von Abhängigkeitsstrukturen, die noch postkoloniales Erbe in sich tragen.

Vorbildwirkung Omans

Gerade vor dem Hintergrund, dass die Weltordnung sich im Wandel von einer unipolaren zu einer multipolaren Weltordnung befindet, gewinnt dieses Thema an Bedeutung. Ein Wandel zur Multipolarität geht nämlich nachweislich mit verstärkter Unsicherheit der Staaten und mit vermehrten Konflikten und Umwälzungen einher, wie es in der arabischen Welt, aber auch an der internationalen Ausbreitung des Terrorismus derzeit zu beobachten ist. Die arabischen Staaten sind dabei, sich mehr und mehr von der Dominanz des Westens und aus den Abhängigkeitsstrukturen des vorigen Jahrhunderts (vgl. Sykes-Picot-Abkommen) abzulösen. Sie wollen die politische Weltordnung mitprägen, wieder eine Rolle spielen und fordern dazu Macht, Raum und Mitspracherechte für sich ein. Wenn sie sich auch jetzt in einer komplexen Krise befinden, in der diese Lösung aus Abhängigkeitsstrukturen mit einer Identitätsverunsicherung, -suche und -findung einhergeht, befinden sie sich doch in einem Erstarkungsprozess. Diesen Wandel gilt es bewusst, proaktiv und konstruktiv mitzugestalten.

Oman hat sich bereits als großer Mitgestalter erwiesen. Auf regionaler Ebene gelingt es ihm, zwischen den diversen Konfliktparteien zu vermitteln, Ungleichheiten auszubalancieren und verbindend und friedensfördernd tätig zu sein, wie an der Vermittlung im Jemen ersichtlich wurde. Gleichzeitig stärkt es sein eigenes Land wirtschaftlich, sozial und militärisch. Auch wenn es im Zuge des Arabischen Frühlings das Land nur geringfügig reformiert hat und die Arbeitsmarktreform der Omanisierung von nur mäßigem Erfolg gekrönt ist, so hat es doch die große Stärke Omans zur Friedensförderung ausgebaut und damit die Position im internationalen Staatensystem verbessert.

Bei seiner regionalen Konfliktvermittlung wirkt Oman so umfangreich, dass es auch auf die involvierten internationalen Konfliktparteien und ihre Umgebung einwirkt, sodass eine positive Rückwirkung auf den regionalen Konflikt erfolgen kann. Dies illustriert besonders die UN-Rede. So bereichert es ebenfalls das internationale Staatensystem maßgeblich. Es versteht sich selbst als Vermittler und Promotor einer Arbeitskultur in den internationalen Beziehungen (vgl. muscatdaily 2015: Seminars on) und schult seine politische Elite in den vom Sultan proklamierten Basisprinzipien Dialog und Frieden. Die Schulungen sollen dazu befähigen, international in der Konfliktvermittlung friedensfördernd tätig zu sein und grundlegende friedensfördernde Werte zu vermitteln. Das Sultanat bewirbt diese Prinzipien innerhalb der UN und in der Öffentlichkeit und zeigt auf, wie wichtig es ist, sich in dieser wandelnden Welt partnerschaftlich und mit Respekt zu begegnen. Damit ist der Sultan schon längst dabei, die Kultur der Weltgesellschaft, die *world culture* strategisch mitzugestalten und zwar besonders in puncto Dialogfähigkeit, Friedfertigkeit und Wertschätzung.

Er kann daher auf regionaler und internationaler Ebene als *role model* für eine weltweite Friedensförderung gelten. Dies wird noch in einem anderen Zusammenhang bedeutsam. Als Vorbild kann er nämlich auch allen arabischen Staaten dienen, die sich unterdrückt und in Abhängigkeitsstrukturen gefangen fühlen. Oft wurde in der arabischen Welt auf die strukturelle Übermacht westlicher Staaten mit Rückzug in den Untergrund, der Ausbildung von Terrororganisationen und Aggression reagiert, um eigene nationale Interessen zu verteidigen und sich selbst zu behaupten. Beispiele dafür sind die Muslimbruderschaft, die sich in Ägypten zum „Protest gegen Kolonialismus, Armut und Ungerechtigkeit" (ZDF-Dokumentation: Wie die CIA) gegründet hat, sind die Widerstandskämpfer in Somalia, die sich gegen politische Fremdbestimmung zur al-Shabaab-Miliz formierten (vgl. Warweg 2014), ist die Motivation des IS heute. Auf der anderen Seite hat so mancher arabische Staat über Unterwerfung und Kompromisse viel von seiner ursprünglichen Identität eingebüßt.

Oman zeigt mit seiner Geschichte, dass es einen dritten Weg gibt, einen selbstbestimmten und friedfertigen, und bietet damit eine Alternative zur Abwanderung in den Terrorismus oder zur Aufgabe der Selbstidentität. Die ehemals verfolgte Gruppe der Ibaditen hat sich ins Exil begeben, eine Nische gefunden und über Jahrhunderte langsam aber stetig ein Refugium aufgebaut, das besonders in den letzten Jahrzehnten durch die kluge Regierungsführung und Amtsausübung von Sultan Qaboos erblühte und prosperierte. Der Sultan hat Kontakt zu starken Verbündeten im Westen gehalten und dennoch über kluges Taktieren im regionalen und überregionalen Feld und im Festhalten an eigenen Werten und Ansprüchen seine Eigenständigkeit gewahrt. Durch den beispiellosen Aufschwung seit seiner Herrschaftsübernahme, das weise politische Handeln des Sultans und durch seine erfolgreiche Vermittlungstätigkeit hat das Sultanat weltweites Ansehen erlangt.

Einschätzung der Methodik

Diese Erkenntnisse sind in Teilen dem offenen Ansatz bei der Ermittlung von Erfolgsfaktoren der omanischen Vermittlung im Jemen-Konflikt zu verdanken. Es konnte über die Nachzeichnung des Mediationsverlaufs mittels der Methode des Process Tracing deduktiv auf Charakteristiken der Mediation geschlossen werden, die als Erfolgsfaktoren noch weiter empirisch untersucht und bestätigt werden können. Die Eruierung gleich einer Feldforschung ohne vorherige Hypothesenbildung brachte zum Vorschein, wie breit der Sultan seine Vermittlungsaufgabe versteht, wie weitreichend die Wirkungen seines Handelns auf der lokalen, der regionalen und der internationalen Ebene sind und in welch konstruktiver Art und Weise er auf die aktuellen Wandlungsprozesse im internationalen System Einfluss nimmt. Die methodische Herangehensweise hat sich also als ertragreich erwiesen und bewährt. Ich hoffe, damit die vielgepriesene Weisheit und die berühmte Vermittlungskunst des Sultans und seiner Stellvertreter zumindest in Ansätzen sichtbar gemacht haben zu können.

5.2 Handlungsanleitungen für die aktuelle Konflikttransformation im Jemen

Oman hat also Großartiges geleistet. Mit der Mediation in der Jemen-Krise hat es wieder einmal bewiesen, wieviel ein kleiner Staat wie Oman auf dem Gebiet der Friedens- und Konfliktmediation bewirken kann. Es ist allerdings auch sichtbar geworden, dass Unterstützung aus dem System notwendig ist, um den Konflikt nachhaltig zu beruhigen. Dann können seine Bemühungen wirklich die Früchte erbringen, für die – um im Bild zu bleiben – es die Saat gelegt hat. Im Folgenden werden Handlungsanleitungen vorgestellt, die aus der vorliegenden Untersuchung abgeleitet werden und in der aktuellen Situation zur nachhaltigen Konfliktberuhigung Anwendung finden können. Im darauffolgenden Kapitel werden diejenigen Handlungsanleitungen präsentiert, die die Mediationspraxis im arabischen Raum allgemein bereichern können. Sie sind vor allem für nicht arabische externe, in die Friedensprozesse im arabischen Raum involvierte Akteure ausgelegt.

Angesichts der großen Not der jemenitischen Menschen, die aktuell von der großen Trockenheit noch verschärft wird, angesichts der bisher zerstörten oder stark beschädigten Lebensgrundlagen und gesellschaftlichen Errungenschaften wie Infrastruktur, Bildungs- und Gesundheitssystemen, angesichts der tragischen Zerstörung von Kulturschätzen aus dem Land und der Zeit der Königin von Saba, zu dem auch das christliche Abendland seine historischen Bezüge hat, angesichts all dessen ist ein **verstärkter politischer Wille zur Beendigung des Jemen-Krieges** in der internationalen Gemeinschaft gefragt. Dazu können die einzelnen Staaten und die internationalen Organisationen inklusive der UNO einen Beitrag leisten, indem sie sich nach dem Vorbild Omans für den Jemen einsetzen und zum Beispiel ihre Unterstützung der Militäroffensive hinterfragen.

Als hohe Entscheidungsinstanz mit weitreichender Macht sollte vor allem der UN-Sicherheitsrat in Anbetracht seiner Verantwortung und Mission, für Frieden und Sicherheit in der Welt einzutreten, dafür sorgen, dass jegliche **Kampfhandlungen sofort gestoppt** werden. Eine Fortsetzung der Zerstörung der jemenitischen Ressourcen durch das Militär wird dem Jemen nicht weiterhelfen, sondern im Gegenteil zukünftige Abhängigkeit von der Hilfe der internationalen Gemeinschaft verstärken. Die militärischen Angriffe sind außerdem nicht mit internationalem Recht zu legitimieren, da die Houthis, die lediglich an mehr Mitspracherechten im eigenen Land interessiert sind, keine Gefahr für den Weltfrieden darstellen (vgl. UN-Charta, Kap. VII). Das **UN-Konzept der Schutzverantwortung** ist derart zu aktivieren, dass das jemenitische Volk tatsächlich Schutz erfährt. **Menschenrechte**n und dem **Souve-**

ränitätsprinzip sind mehr Gewicht beizumessen. Es ist darum eine konsequent **diplomatische Lösung**sfindung ratsam, die möglichst neutral moderiert wird, die so wenig wie möglich und nur so viel wie nötig mit der Einmischung externer Akteure erfolgt und die die jemenitischen Konfliktparteien unterstützt, ihren Konflikt mit friedlichen Mitteln beizulegen.

Die Jemeniten sind es, die in erster Linie in der Verantwortung stehen, den politischen Wandel in ihrem Land zu gestalten. Daher ist eine **subsidiäre Lösung** zu fazilitieren, die diese Hauptverantwortung auch bei den jemenitischen Konfliktparteien belässt. Von der internationalen Gemeinschaft ist dazu **mehr Offenheit für den vom jemenitischen Volk selbst gewählten Wandel** erforderlich. Das heißt, dass einer **lokale**n **Lösung** zugearbeitet werden sollte und von dem Konflikt unabhängig bestehende Interessen getrennt und gesondert behandelt werden. Hierbei ist darauf zu achten, die **jemenitischen Konfliktparteien gleichberechtigt in den Transformationsprozess ein**zu**beziehen**. Konzessionen sollten ausbalanciert gefordert werden, was konkret bedeutet, dass nun auch die Exilregierung und Präsident Mansour Hadi sowie Saudi-Arabien herausgefordert sind, auf die Houthis zuzugehen und sich kompromissfähig zu zeigen. Insgesamt können Austauschprozesse zwischen den Parteien in geschütztem Rahmen noch intensiver gefördert werden und unter Einbeziehung weiterer jemenitischer Konfliktparteien stattfinden. Alle jemenitischen Konfliktparteien sollten die Chance bekommen, sich in den Prozess einzubringen. So wird die Chance erhöht, über **Dialog**e eine nachhaltige Einigkeit und Konsens zu erlangen. Nach omanischem Vorbild bieten sich **vorbereitende Einzelgespräche mit jeder Partei** an. **Ausdauer** ist dennoch erforderlich. Es kann immer wieder Rückschläge geben, die einkalkuliert werden sollten. Ein schrittweises Vorgehen und die ausdrückliche Wertschätzung kleiner Annäherungen können stabilisierend wirken.

Um der sich neu bildenden Regierung im Jemen die Wiederherstellung der politischen Ordnung zu ermöglichen und zu erleichtern, sind zum einen **humanitäre Hilfsaktionen** in einer der aktuellen Notsituation angemessenen Weise zu ermöglichen und zu unterstützen. Die Dringlichkeiten sind der Weltöffentlichkeit zu kommunizieren. Nach der Säule zwei des Konzepts der Schutzverantwortung steht die internationale Gemeinschaft dabei in der Pflicht der Hilfe zum Wiederaufbau von Kapazitäten (vgl. United Nations 2009). Gemeinsam können umfangreiche Maßnahmen, z. B. Bildungsmaßnahmen, geplant, finanziert und durchgeführt werden. Die Hilfsaktionen sollten von Anfang an darauf abzielen, die Jemeniten mittel- und langfristig dazu zu befähigen, ihre eigene Bevölkerung selbstständig zu versorgen und ihr Land eigenständig aufzubauen und weiterzuentwickeln. Zum anderen ist zum Aufbau von Rechtsstaatlichkeit und zur Herstellung von Sicherheit im Jemen gleichzeitig die **Terrorismusbekämpfung** weiter voranzutreiben. Hierzu sei angemerkt, dass auch über die Förderung der Eigenständigkeit des Jemen Terrorismus bekämpft wird, da kein unterdrücktes Volk entsteht, das sich über den Terrorismus Gehör verschaffen und Gerechtigkeit einklagen müsste.

Erforderlich ist hier im Grunde ein **Umdenken**, ein Denken und Handeln, das dem **Völkerrecht** wieder mehr Bedeutung beimisst, das **Menschenrechten** zur Durchsetzung verhilft, das **moralische Verantwortung** übernimmt und das eine **Fürsorgehaltung** gegenüber seinen kleinsten und schwächsten Mitstaaten entwickelt. Aus solcher Haltung heraus ist erkennbar, dass ein gesunder und entwickelter Jemen der gesamten Weltgemeinschaft mehr Nutzen bringt und zu ihrer eigenen Gesundheit und Entwicklung beiträgt. Hier kann sich jeder einzelne Staat und jede Organisation neu auf internationales Recht verpflichten und den Jemen unterstützen. Die UN können den Vertrauensaufbau fördern, indem sie sich wieder stärker an ihren Grundwerten und Grundsätzen ausrichten. Aufgrund der entstandenen Notlage im Jemen ist **aktives Handeln** gefragt. Die Hilfe muss möglichst schnell mobilisiert und organisiert werden, um eine an schleichenden Genozid grenzende Katastrophe zu verhindern. Die politischen Akteure und die Medien sollten ihre Selbstverpflichtung auf **Transparenz** in der Berichterstattung zur Lage und zu den Maßnahmen im Jemen überprüfen.

Schlussendlich kann die **Wertschätzung für den Oman** und seine herausragende Vermittlungstätigkeit innerhalb der internationalen Gesellschaft noch intensiver gezeigt und die Vorbildwirkung genutzt werden. Nur wenige Wochen nach dem für die Untersuchung relevanten Zeitabschnitt ist eine erhöhte Anerkennung der Leistungen des Sultan Qaboos im internationalen öffentlichen Raum zu beobachten. Anfang des Jahres 2016 ehrt z. B. Ban Ki-moon den Sultan bei seinem Besuch in Oman mit den Worten: "I am here to express my sincere thanks to the government and people of Oman for their support and contribution in the international and regional peace, security, development and human rights" (timesofoman.com 2015: UN chief). Er schätzt die Visionen und klar vertretenen Standpunkte genauso wie die angemessene Art und Weise, in der sie vertreten und adressiert werden (vgl. timesofoman 2015: UN chief). So kann Oman nach jahrelanger Arbeit im Hintergrund nun auch auf der Weltbühne Würdigung erfahren. Seine erfolgreiche Vermittlungsarbeit kann für die Mediationsarbeit in der gesamten arabischen Welt fruchtbar gemacht werden. Die Handlungsanleitungen, die sich aus der omanischen Mediation im Jemen-Konflikt allgemein für Mediationen im arabischen Raum und besonders für die externen Akteure ergeben, werden in das folgende Kapitel einfließen.

6 Ko-Kreation von gelingenden Transformationsprozessen

6.1 Die Rolle der Staatengemeinschaft

Die beiden Fallbeispiele haben es deutlich gezeigt: Um mit erfolgreichen Mediationsprozessen zu gelingenden Transformationsprozessen beizutragen, ist vom Mediator eine große Einsatzbereitschaft gefordert, mit der er auf den verschiedenen politischen Ebenen mit den unterschiedlichen Akteuren zusammenarbeitet. Es braucht eine klare Werteorientierung, die auf das Allgemeinwohl ausgerichtet ist, aus ihr resultierende konkrete kultur- und situationsangemessene Handlungen, die die strukturellen Veränderungen mit realisieren und manifestieren helfen, und eine Langzeitperspektive, die Schleifen und scheinbare Regressionen im Prozess einkalkuliert. Es konnten zwei Faktoren als Erfolgsfaktoren für gelingende Mediationsprozesse empirisch nachgewiesen und fünf weitere Faktoren als Erfolgsfaktoren identifiziert werden. Es wurde deutlich, welche Rolle Religion und Kulturkompetenz spielen.

Es hat sich aber zudem auch deutlich gezeigt, dass Mediationsprozesse ihr Potenzial nur eingeschränkt entfalten können und ihre Wirkkraft gebremst wird, wenn die gesamte internationale Staatengemeinschaft diese Prozesse nicht ausreichend unterstützt. So haben sich die enormen Erfolge in der Befriedung des Mali-Konflikts durch die Mediation des marokkanischen Königs mangels Unterstützung aus dem internationalen Staatensystem strukturell wenig ausprägen können. In die von der EU unterstützten Vermittlungsprozesse mit Algerien als Vermittler wurden sie nicht integriert und dadurch in Teilen sogar konterkariert. Mali ist von einer Stabilisierung aktuell weit entfernt, wie es die Stiftung für Wissenschaft und Forschung noch Ende des Jahres 2016 dem Land attestiert. Norden und Süden sind immer noch tief gespalten bei einer sich verschlechternden Sicherheitslage. Das Friedensabkommen von 2015 konnte nicht umgesetzt werden. Was die kulturkompetente marokkanische Mediation bereits ganz natürlich mit in ihre Vermittlungsarbeit integriert hat, nämlich eine auf gegenseitigen Nutzen zielende Kooperationsarbeit, wird nun auch von der Stiftung Wissenschaft und Politik in dem laufenden offiziellen Friedensprozess angeraten. Sie schlägt vor, mehr Eigenständigkeit von der malischen Regierung zu fordern (vgl. Tull 2016, 1), was allerdings, wenn es so formuliert wird, wieder an einseitige Forderungen und eine Anspruchshaltung in einem asymmetrischen Machtgefüge erinnert.

Auch im Fall der omanischen Mediation im Jemen konnte mangels Unterstützung aus dem internationalen System die hervorragende Vermittlungsarbeit des Sultans nicht in einen nachhaltigen Frieden münden, auch wenn sie mittlerweile vermehrte politische Anerkennung erfährt. Wenn auch diverse Möglichkeiten der Mediation genutzt wurden und die Mediation weit über das übliche Verständnis von konkreter Konfliktmediation hinausging, so wirkten die strukturellen Zwänge im globalen Staatensystem doch zu stark hindernd und konnten noch nicht durchbrochen werden. Zu

https://doi.org/10.1515/9783110481471-006

stark bestimmen partikulare Interessen und der Kampf um Machterhalt und Macht-erweiterung in der Golfregion seitens regionaler aber auch seitens internationaler Akteure die Auseinandersetzungen. So geht der Kampf dort weiter, der das gesamte jemenitische Gesellschaftssystem zersetzt und Menschen direkt durch Waffen tötet und indirekt durch Hunger, Armut und Verwahrlosung. Allein 10.000 Kinder sollen nach Angaben von UNICEF im Jahr 2016 an Hunger und behandelbaren Krankhei-ten im Jemen gestorben sein. 3,3 Millionen Menschen sind nach UN-Angaben aktuell (März 2017) akut vom Hungertod bedroht (vgl. deutschlandfunk.de 2017: Die verges-sene).

Darum ist es wichtig, dass die Staatengemeinschaft umdenkt, ihre Schutzverant-wortung dosiert und verantwortungsvoll wahrnimmt, nachdrücklich positive und friedensfördernde Maßnahmen zukünftig mehr unterstützt und ihre positiven Effekte von der lokalen in die regionale und internationale Ebene und vice versa zu transfe-rieren und zu multiplizieren hilft. Dazu wird es sowohl notwendig als auch hilfreich sein, gemeinsame Handlungsausrichtungen im Staatensystem auszuprägen, die sich verstärkt an gegenseitiger Unterstützung und Förderung, partnerschaftlichem Umgang und dem Wohl der gesamten Weltgesellschaft orientieren. Es gilt, Win-win-win-Situationen zu kreieren, in denen die konfligierenden Staaten und das Staaten-system als solches profitieren können. So müssen keine Hegemonialbestrebungen und Partikularinteressen gegen andere Staaten durchgesetzt werden. So kann statt-dessen gemeinschaftliches Wachstum erfolgen.

Die beiden arabischen Vermittler demonstrieren für den Rahmen der Konflikt-mediation eindrücklich, dass das nicht mit der Aufgabe von eigenen Machtanteilen einhergehen muss. Sie wahren beide ihre Eigenständigkeit und Machtfülle und erwei-tern diese noch. Ihre Mediationen sind aber darauf ausgelegt, dass alle Beteiligten profitieren und sich weiterentwickeln können.

Selbst ohne die Unterstützung der Europäischen Union führt der marokkanische König die Kooperationsbeziehung mit Mali weiter und kann auf dem afrikanischen Kontinent mehr Akzeptanz für seine Rolle als Hauptakteur gewinnen. Nicht nur mit westafrikanischen Staaten, sondern auch mit ostafrikanischen Staaten wie Tansania und Ruanda beschließt er umfangreiche Wirtschaftskooperationen. Mit der Schaf-fung besonderer Freihandelszonen macht er gleichzeitig sein Land für Investoren attraktiver (vgl. maghreb-post.de 2016: König Mohammed). Einen besonders großen Erfolg seiner Afrikapolitik feiert er am 30. Januar 2017, als Marokko nach 33 Jahren wieder in die Afrikanische Union aufgenommen wird. Dieser Akt wird in Afrika als solidarischer Akt der afrikanischen Länder gewertet (aujourdhui.ma 2017: Union Afri-caine). Auch Oman gewinnt zusehends internationale Anerkennung für seine Media-tionsarbeit und tritt aus dem Schatten.

Wie die Mediationen der beiden Staatsoberhäupter nun konkret laufende und zukünftige Mediationen im arabischen Raum bereichern können, wird in den folgen-den Handlungsanleitungen expliziert. Dabei werden die empirisch nachgewiesenen

Erfolgsfaktoren der marokkanischen Mediationen mit den abgeleiteten Erfolgsfaktoren der omanischen Mediation zusammengebracht.

6.2 Handlungsanleitungen für Konfliktmediationen in der arabischen Welt

Sowohl die omanische als auch die marokkanische Vermittlung sind inspirierend für Konfliktmediationen in der gesamten arabischen Welt und können für zukünftige Mediationen fruchtbar gemacht werden. Welche bereichernden Anstöße sich für die aktuelle Mediationspraxis und -forschung ergeben, kann aus den folgenden Handlungsanleitungen erschlossen werden. Wo der Wille zur Konflikttransformation gegeben ist, wo Entwicklungen angestoßen werden wollen, die zu ausbalancierteren, gleichberechtigteren, bedürfnisbefriedigenden, das Gemeinwohl stärkenden und schützenden, Entwicklungschancen eröffnenden und friedlicheren Lebensverhältnissen führen, können die folgenden Handlungsanleitungen zu Hilfe genommen werden; dann können sie ihre transformierende Wirkung entfalten.

Zuallererst ist es wichtig, den unterschiedlichen **Konfliktparteien** als gleichwertigen Partnern in den Kontexten der Mediation zu begegnen und sie **gleichberechtigt in den Transformationsprozess ein**zubeziehen. Gerade, wo Machtstrukturen im Begriff sind, sich zu verändern, werden Umbildungsprozesse auf diese Weise nicht behindert. So ist auch von hierarchisch höhergestellten Konfliktparteien die Einhaltung der im Mediationsprozess abgestimmten Verträge einzufordern. Generell ist den **lokalen Konfliktparteien** die **Hauptverantwortung** zu **überlassen, den Weg für ihr eigenes Land selbst zu wählen und auszuhandeln.** Mit der Stärkung der Selbstbestimmung wird die Nachhaltigkeit gestärkt. Eigenständig getroffene Entscheidungen können entschiedener vertreten, eigenverantwortliche Entwicklungsprozesse tatkräftiger angegangen und verantwortungsbewusster umgesetzt, modifiziert und vorangebracht werden. Im Prozess können Kapazitäten aufgebaut bzw. gestärkt werden, die die lokalen Konfliktparteien befähigen, den friedlichen Konflikttransformationsprozess zu bewältigen, Frieden zu wahren und ihr Land gemäß ihrer Kultur weiterzuentwickeln. So bleibt die Hilfe eine **Hilfe zur Selbsthilfe.**

Im Mediationsprozess sind Rückschritte und scheinbarer Stillstand als Entwicklungsprozessen ganz natürlich innewohnende Charakteristika anzuerkennen und zu behandeln. Sie sollten keinen Grund zur Unterlassung weiterer Hilfe oder zum Wechsel auf Militärinterventionen darstellen. Komplexen Abstimmungsprozessen wie denen im Nationalen Dialogprozess sind mehr Zeit und Chancen einzuräumen. **Ausdauer** ist vor allem dort vonnöten, wo die Vertrauensbrüche tief sitzen, das Misstrauen eventuell sogar über Generationen weitergegeben wurde und in gesellschaftlichen Strukturen stark verankert ist. Hier braucht es Persistenz, um immer wieder aufeinander zuzugehen, zu vermitteln, nach gemeinsamen Wegen zu suchen. Eine

Praxis der kleinen Schritte kann weiterbringen. Auch kleinere Annäherungen sollten gewürdigt werden.

Allgemein kann der **Vertrauensbildung mehr Bedeutsamkeit bei**gemessen werden. Ihr kann von mehreren Seiten zugearbeitet werden. Nicht nur die Konfliktparteien sind herausgefordert, neues Vertrauen in ihre Kontrahenten zu entwickeln und mit ihnen zusammenzuarbeiten, auch für Mediatoren ist es wichtig, das Vertrauen aller Beteiligten zu gewinnen. Die UN können ihren Beitrag leisten, indem sie ihre eigene Glaubwürdigkeit erhöhen. Sie stärken damit gleichfalls das **Völkerrecht**, dessen weltweite Achtung und Anwendung.

Da die engere und weitere Konfliktumgebung ebenfalls eine große Rolle in einer vielfältig verflochtenen Welt spielen, sind auch **andere Staaten als** Partner und **Unterstützer** des friedlichen Transformationsprozesses wichtig. Sie können zur Unterstützung angehalten werden und z. B. über **öffentliche Fürsprache** und **finanzielle Hilfen** den Mediationsprozess fazilitieren. Gerade arabische Staaten können als Unterstützer eher gewonnen werden, wenn bereits von anderen Staaten bzw. internationalen Organisationen Unterstützung zugesagt ist. Jeder Staat aber kann indirekt den Friedensprozess günstig beeinflussen, indem er Völkerrecht zur Anwendung bringt, und direkt, indem er sich öffentlich zu den betreffenden Staaten und gegen Militärinterventionen stellt.

Partnerschaftliches Verhalten kann weiter gefördert werden, indem z. B. das Bewusstsein für den gemeinsamen Benefit erhöht wird. Der kann in der Eindämmung des transnationalen Terrorismus liegen, in der Erhöhung der Sicherheit in der Region und in der Welt, in der Gewinnung eines erstarkenden Kooperationspartners, der mit seinen ganz eigenen, individuellen Impulsen das gesamte Staatensystem bereichert. Wenn also ein konfliktbehafteter Staat wieder zu einem starken Kooperationspartner wird, kann er die Weltgemeinschaft auch bei der Bewältigung der Herausauforderungen, vor denen alle Staaten stehen, tatkräftiger unterstützen: Klimawandel, Armut, Flucht und Migration, die Gestaltung einer sozialverträglichen Weltwirtschaftsordnung etc.

Gerade bei der Bewältigung der globalen Herausforderungen ist es wichtig, **sich für die Perspektiven anderer Kulturen** mehr zu **öffnen**. Das gilt auch für den konkreten Konflikt und seine größeren Zusammenhänge. Die Einschätzung eines Konflikts durch verschiedene Akteure der betreffenden Kultur ist größeres Gewicht beizumessen. So können **kulturangemessenere Wege für Konflikttransformationen** gefunden werden. Die kulturspezifischen Impulse können ganz neue Sichtweisen auf die Konfliktsituation eröffnen und überraschende, innovative Möglichkeiten in Mediationsprozessen aufzeigen. Außerdem können sie den gesamten Prozess nachhaltiger gestalten. Wenn auf der einen Seite sich Mediationsprozesse auch mit der Globalisierung angleichen, so ist auf der anderen Seite im konkreten Einzelfall doch genauer auf kulturelle Angemessenheit zu achten. Gerade vor dem Hintergrund mangelnden kulturellen Verständnisses sollten **interventionistische Maßnahmen** bzw. deren Unterstützung einmal mehr **geprüft und infrage gestellt** werden.

So wichtig die Beachtung der kulturellen Komponenten ist, so wichtig ist es auch, den **gesamten Konfliktverlauf** zu **berücksichtigen**. So kann das Konfliktgemenge durchsichtiger werden, so können unterschwellige Bedürfnisse identifiziert und adressiert werden, so können vorausgegangene Enttäuschungen bearbeitet werden. Dabei sind die Bedürfnisse prioritär zu behandeln, die für die jeweiligen Konfliktparteien am dringendsten sind, damit nach deren erfolgreicher Bearbeitung die Parteien offen sind, sich der Bearbeitung anderer Punkte zu widmen.

Auch im Mediationsprozess ist **Konflikttoleranz** gefragt, die beinhaltet, bei Schwierigkeiten im Prozess nicht den gesamten Prozess infrage zu stellen, sondern auf hohes Engagement und langfristige Wirkungen zu setzen. Neben der Anpassung an die Kultur und die Konflikthistorie ist ebenfalls auf die **Situationsangemessenheit** zu achten. Was funktioniert in der aktuellen Situation, damit sich die Parteien aufeinander zu bewegen können? Die Instrumente sollten immer wieder auf die konkreten Situationen abgestimmt und auf Einfachheit und Praktikabilität geprüft werden.

Wichtig ist, wie das ja die Praxis in Mediationen ist, den Mediationsprozess von mehreren Seiten anzugehen. Im arabischen Denken ist Simultaneität stärker verankert als im westlichen (vgl. Kap. 3.4.2: Verhandlungsprozess). Simultanes und mehrdimensionales Denken wird der Komplexität des Gegenstandsbereichs gerecht und kann dabei behilflich sein, **multidimensionale Konflikttransformationsstrategien** zu entwickeln,

– die langfristig und zukunftsorientiert angelegt sind und dabei Gegenwart und Vergangenheit berücksichtigen,
– die alle politischen Ebenen und ihre Akteure, ihr Verhalten, ihre Bedarfe, ihre Wertvorstellungen, Interaktionen und mögliche (Rückkopplungs- u. a.) Effekte bedenken,
– die die verschiedenen lokalen, regionalen und internationalen Konfliktparteien sowie gesellschaftliche Gruppen einbeziehen und beteiligen,
– die kulturelle, historische, psycho-soziale, religiöse und andere Dimensionen, ihre Interdependenzen sowie den jeweiligen aktuellen Wissens- und Erkenntnisstand aus Praxis und Forschung berücksichtigen,
– die den Aufbau von verschiedenen Kapazitäten gleichzeitig in den Blick nehmen und die Realisation mit aktuellen und möglichen zukünftigen Bedingungen und Umgebungsfaktoren abgleichen,
– die Strategien, Forderungen und konkrete Umsetzungsmaßnahmen zusammen kommunizieren,
– die die verschiedenen Maßnahmen in ihren unterschiedlichen Entwicklungsstufen konzertieren,
– die Handlungsspielräume sehen und optimal nutzen und
– die offen sind für innovative Impulse und geteilte Lernprozesse.

Mehrdimensionales Denken ermöglicht es also, auch bei zunehmender Fallkomplexität schnell angemessene Strategien zu entwickeln und handlungsfähig zu bleiben. Damit verspricht das arabische Denken bereichernde Impulse für die Friedens- und Konfliktforschung und die praktische Mediationsarbeit, die den konkreten Prozess flüssiger ablaufen lassen, erweitern, vertiefen sowie nachhaltiger und erfolgreicher machen können.

Durch **offene und transparente Kommunikation** können bei der mehrdimensionalen Mediationsarbeit jederzeit Impulse aus dem Konfliktfeld und dem Konfliktumfeld aufgenommen und integriert werden. Gleichzeitig kann das derart eruierte Wissen in die laufenden und zukünftigen Prozesse einfließen und anderen involvierten Akteuren zugänglich gemacht werden. So werden **gegenseitige Lernprozesse und politische Willensbildungsprozesse** möglich, angeregt und gefördert. So kann **Transformation ko-kreiert** werden – mit dem Ausblick auf das gemeinsame Ziel der Befriedung des Konflikts, mit dem gemeinsamen Willen zur konstruktiven Veränderung der Konfliktsituation, mit der Gewissheit über positive Outcomes für alle Konfliktparteien und alle in den Mediationsprozess Involvierten.

Als große Zielvisionen, denen konkret zugearbeitet werden kann, empfehlen sich nach omanischem Vorbild **Frieden, Sicherheit und nachhaltige Entwicklung** in der internationalen Weltgesellschaft. Sowohl Oman als auch Marokko legen besonderen Wert auf **partnerschaftliche Zusammenarbeit** in ihrer ursprünglichen Bedeutung, die eng mit freundschaftlicher Verbundenheit verknüpft ist. Stabilität wird nicht mit aufgelistet. Stabilität kann eben kontraproduktiv wirken und Entwicklungen hemmen. Auch in der Außenpolitik sollte die privilegierte Stellung der Stabilität darum immer wieder und bei jedem interventionistischen Vorhaben geprüft und hinterfragt werden. Eine **Öffnung für Wandel** wäre wünschenswert. Dem Wandel als einem der beständigsten und verlässlichsten Lebensprinzipien mehr Platz einzuräumen, hieße auch, mehr Entwicklungschancen nutzen zu können, was wiederum der gesamten Weltgemeinschaft gerade bei der Bewältigung der aktuellen globalen Herausforderungen zugutekommen kann.

Um den Wandel in dem globalen politischen System und in der arabischen Welt konstruktiv mitzugestalten, braucht es **Mediatoren**, die **mit der arabischen Kultur vertraut** sind bzw. bereit sind, sich mit ihr vertraut zu machen, die also kulturkundig sind und fähig sind, ungeachtet persönlicher Präferenzen, **Neutralität** zu **wahren**. Es braucht Mediatoren, die die **größeren systemischen Zusammenhänge erkennen** und in ihnen **strukturverändernd, prozess- und zielorientiert handeln** können in einer **inkludierende**n und anderen die Teilhabe ermöglichenden, **partizipativen Arbeitsweise**, die das **Konfliktumfeld sensibilisieren, aufklären und schulen** in als defizitär erkannten Bereichen. Dazu gehört neben der Arbeit mit den Eliten auch die mit Subeliten und anderen Gesellschaftsschichten. Sie sollten die Bedeutung von Vertrauen erkannt haben und die **Vertrauensbildung** im gesamten Konfliktfeld und -umfeld fördern.

Die **Ausrichtung der Mediation** sollte **dezidiert auf der Stärkung positiver Variablen** liegen, denn Positivität soll ja das gesamte konfliktäre System durchdringen und transformieren. Nur mit entsprechender Ausrichtung kann sich die Konstruktivität vervielfältigen. Darum sollte es dem Mediator wichtig sein, **Ziele klar** zu **benennen** und die Prinzipien und **Werte als Handlungsorientierung zur Zielerreichung klar hervor**zuheben. Als Ziele bieten sich wie gesagt Frieden, Sicherheit und nachhaltige Entwicklung an, als **Basisprinzipien Dialog und Friedfertigkeit.** Mit ihnen kann das **Wohl der Menschen** wieder **in den Vordergrund rücken**, das allzu oft partikularen Interessen geopfert wird. Hier ist das Bewusstsein zu verbreiten, dass entwickelte Nachbarn die eigene Entwicklung anregen und das Wohl der Weltgesellschaft vermehren. Bei der Einübung dieser neuen globalen Wertekultur sind zwei Dinge besonders vonnöten: **Ausdauer und Konflikttoleranz.**

Werden diese bei beschriebener Werte- und Zielausrichtung sowie entsprechenden Handlungsprinzipien aufgebracht, kann bewusst und **erfolgreich Systemveränderung gestaltet** werden, sei es auf lokaler, regionaler oder internationaler Ebene. Dann können gezielt und reguliert Abhängigkeitsstrukturen aufgelöst werden, dann kann der Souveränität der Einzelelemente im Staatensystem, nämlich der Staaten selbst, mehr Achtung geschenkt werden und zu einem **ausgewogene**n **Verhältnis von Verteidigung und Kooperation** gefunden werden, dann kann jedem Einzelstaat sein Recht auf Macht und Raum zugestanden werden und solidarisches Handeln zunehmen. Dann kann die Verantwortung für die aktuellen kriegerischen Konflikte sowie für die globalen Herausforderungen übernommen und gemeinsam getragen und in konstruktives Handeln übersetzt werden.

Genauso wichtig wie ein fähiger Mediator ist darum ein **Konfliktfeld und -umfeld, das sich von den angesprochenen Werten, Handlungsprinzipien und Zielvorstellungen inspirieren und prägen lässt.** Es ist vor allem eine Bereitschaft zu wünschen, ihnen mehr Raum zu geben. Wo kooperatives Handeln zunimmt, nimmt unkooperatives Handeln konsequenterweise ab. Wo dem Handeln unter Berücksichtigung ethischer Werte zugearbeitet wird, wird gleichzeitig unmoralisches Handeln weniger Fuß fassen können. Dieses Ausgleichsprinzip kann sich die Arbeit an Friedenssicherung und Konflikttransformation noch mehr zunutze machen.

Orientierung bei der Frage, welche Faktoren sinnvollerweise unterstützt und verstärkt werden können, um effektiv und effizient Wirkungen zu erzielen, geben die bisher eruierten und auch in dem Fall der Mediation im Jemen erschlossenen Erfolgsfaktoren, auf die noch einmal rekurriert werden soll. Eine **konsequente Dialogorientierung** kann den Frieden fördern. Durch sie werden eine weitere Schwächung bestimmter Konfliktparteien und die Stärkung asymmetrischer Machtverhältnisse durch militärische Gewalt vermieden. Dafür werden Grundkonflikte erkennbar und können bearbeitet werden. Im gegenseitigen Austausch wächst das Verständnis für die anderen Parteien. Es werden Handlungsmöglichkeiten und Handlungszwänge jeder Partei und jeder Hierarchieebene sichtbar, womit eine selbstständige Verortung im System neu vorgenommen werden kann und Begrenzungen akzeptiert werden können, was für die sehr hierarchisch organisierten arabischen Gesellschaften von erheblichem Wert ist. Darüber nimmt die Verhandlungs- und Kompromissbereitschaft zu, wenn dieses sich auch nicht sofort im Handeln bemerkbar machen muss.

Durch das **Anstreben einer lokalen Lösung** wird regionalistischen Bestrebungen nachgegeben, die sich in einer globalisierten Welt natürlich verstärken und mit den globalen Zugkräften ausbalanciert werden wollen. Außerdem werden die Selbstbestimmungsrechte der Völker entschiedener geachtet. Dadurch werden die Einzelelemente des globalen politischen Systems – und dies zum Wohle des Gesamtsystems – gestärkt: Einzelne Länder, inklusive ihrer Einzelindividuen, Clans und Ethnien. Föderalistische Modelle eignen sich für die Selbstbestimmung gewohnten Clans und Stämme in den arabischen Gesellschaften besonders gut.

Durch die Arbeit an einer **gemeinsame**n **Zielorientierung**, die auf Frieden, Sicherheit und nachhaltiger Entwicklung für jeden Beteiligten ausgerichtet ist, kann auch die skeptischste Konfliktpartei eine Zukunftsvision für sich erschließen. So können neue Kräfte mobilisiert und konstruktive Entwicklungsprozesse angeregt und angestoßen werden. Zudem gleicht sich die Stoßrichtung im Handeln durch die gemeinsame Zielvision an, sodass von unterschiedlichen Standpunkten, Handlungsräumen und Ereignisplätzen aus an einer Veränderung gearbeitet werden kann und die Wirkung vervielfacht wird.

Pragmatische Lösungen lassen sich nicht nur leicht kommunizieren und rezipieren, durch ihre Anwendbarkeit in der konkreten Situation lassen sie sich leicht umsetzen und ihre Wahrscheinlichkeit, tatsächlich umgesetzt zu werden, ist viel größer. Außerdem setzen sie Umsetzungswillen frei und fördern so die gerade beschriebene gemeinsame Zielorientierung und gleichzeitig die Beziehungen untereinander. Sie sorgen dafür, dass auch in wenig aussichtsreichen Momenten weitergearbeitet und der Entwicklungsprozess nicht abgebrochen wird. Sie fördern darum Momentum und sind nicht zu unterschätzen. Gerade in der arabischen Welt wird die Praxisnähe hoch geschätzt, daher ist für Mediationen dieses Element besonders förderlich.

Ähnlich verhält es sich mit der **Beziehungsorientierung**. In dem Wissen um das Primat der Beziehung vor der Sache selbst sollte verstärkt auf gute Beziehungsgrundlagen vor und während jeglicher inhaltlicher Auseinandersetzung geachtet und gezielt Vertrauen aufgebaut werden. Authentizität ist dabei unabdingbar. So werden sich das Ansprechen von Interessen und restriktiven Bedingungen sowie das Aushandeln eines gegenseitigen Nutzens eher auszahlen. So wird Enttäuschungswut und entsprechend motivierten Handlungen vorgebeugt. Kultur- und Sprachverständnisse sind dabei eminent wichtig und unbedingt zu fördern. Ebenso sollten die Beziehungen von gegenseitiger Achtung und Wertschätzung geprägt sein. Dann wird auch das Verständnis füreinander wachsen können.

An **finanzieller Zuwendung** sollte nicht gespart werden. Die marokkanische Mediation zeigte deutlich, welche Wirkung finanzielle Zusagen und Investitionen haben. Die innere Sicherheit wird durch die allen Konfliktparteien in Aussicht stehende Verbesserung der Lebensbedingungen signifikant gestärkt. Den Parteien fällt es leichter, mit Unterstützung von verlässlichen Partnern und neu gewonnen Zukunftsperspektiven aufeinander zuzugehen. Ihnen verspricht die Zuwendung eine Wertschätzung und Aufwertung, aber auch Handlungsmöglichkeiten, Handlungsfähigkeiten und Handlungssicherheiten entstehen angesichts nun realisierbarer Projekte. Umfangreiche Programme in den verschiedenen gesellschaftlichen Bereichen können sofort angegangen werden und kurz-, mittel- und langfristige Verbesserungen bei sich stabilisierenden Verhältnissen erbringen. Eine projektgebundene Finanzierung ist dabei anzuraten.

Auch die **kulturelle Nähe** des Mediators respektive der Mediationspraxis ist ein erfolgversprechender Faktor für die Mediation. Wenn über Jahrtausende tradierte Werte, Sprachen, Umgangsformen und eine Mediationskultur geteilt werden, wirkt sich das in hohem Maße positiv auf den wichtigen Vertrauensbildungsprozess aus. Die Selbst- und Fremdwahrnehmung von Konfliktparteien und Mediator sind dadurch überproportional positiv beeinflusst. Es gelingt nicht nur besser, schneller und sicherer, eine Vertrauensbasis herzustellen, diese kann auch mit viel höherer Wahrscheinlichkeit im gesamten Vermittlungsprozess und darüber hinaus aufrechterhalten und zusätzlich durch sich gegenseitig bestärkende Handlungen ausgebaut werden. Der gesamte Mediationsverlauf ist durch die geteilte Kultur erleichtert. Wie sich zeigte, wirkt sich das auch auf den Einigungsprozess zwischen den Konfliktparteien aus, da die unterschiedlichen Bedürfnisse genauer erkannt und adäquat bedient werden können. Diese nachgewiesenen Effekte gelten vor allem für Mediationen im arabischen Raum.

Darum ist es dem Mediationsprozess zuträglich, wenn kultureigene Mediationsansätze und -praktiken mehr Beachtung finden und integriert werden. Das bedeutet für die Entwicklung und Anwendung von **Instrumente**n in der Mediationsarbeit im arabischen Raum, dass sich **für jede Mediation eine kulturspezifische Anpassung** lohnt. Sie wird nicht nur für eine verbesserte Akzeptanz der Mediatoren sorgen, sondern auch die Erfolgswahrscheinlichkeit der gesamten Mediation massiv erhöhen.

Die kulturelle Nähe spielt bei der Beantwortung der Frage eine Rolle, welche **Bedeutung** nun **der Religion** in den Mediationsprozessen zuzuschreiben ist. Ihre Rolle ist definitiv bedeutsam. Durch kulturelle Nähe ist das Verständnis für die diversen religiösen Strömungen im Islam, ihre philosophischen Debatten wie ihre Ausdrucksformen im privaten, öffentlichen und politischen Leben erhöht. Die Untrennbarkeit von der Identität und die Art der Verquickung von Politik und Religion sind dem kulturnahen Mediator bekannt. Im Bereich der Politik wird die Religionszugehörigkeit oftmals ähnlich einer Zugehörigkeit zu einer Ethnie gesehen. An derartigen Distinktionen und ihrer politischen Instrumentalisierung entzünden und nähren sich zahlreiche Konflikte im arabischen Raum. Auch hier gilt, dass ein Mediator aus der Kultur einen hohen Kenntnisvorsprung hat, da er die komplexen inneren Zusammenhänge erkennt und kennt. Ein eminenter Vorteil des omanischen Vermittlers liegt darin, dass er einer Glaubensschule angehört, die sich weder den sunnitischen noch den schiitischen Schulen zuordnen lässt, zwischen denen eine Konfliktlinie verläuft. Darum sollte auch die Religionszugehörigkeit eines Mediators bedacht werden, die allein schon als politisches Statement interpretiert werden kann mit den entsprechenden Wirkungen auf den Mediationsprozess. Außerdem kann dem Fanatismus mit Schulungen in einem moderaten Islam und der Förderung des interreligiösen Dialogs begegnet werden.

Bei Mediationen im arabischen Raum, an denen sich westliche Akteure beteiligen, ist es wichtig – das soll auch zur Sprache kommen – das **Verhältnis der arabischen Konfliktparteien zur westlichen Welt** zu **bedenken**. Unterschwellige Überzeugungen können den Mediationsverlauf beeinflussen. Darum lohnen sich bewusste Reflektion und transparente Kommunikation. An vielen Konflikten im arabischen Raum ist die westliche Welt nicht unbeteiligt. So ist die Geschichte des Terrorismus untrennbar mit der westlichen Kolonisations- und Interessenpolitik inklusive der Strategie, über Stellvertreterkriege den Kalten Krieg auszutragen, verbunden. Ein **Bekenntnis der westlichen Welt zu ihrem Anteil an den Konflikten** kann hier sowohl zu einem vertrauensvolleren als auch zu einem ausbalancierteren Verhältnis führen. Für westliche Akteure ist es daher wichtig, **bestehende negative Abhängigkeitsverhältnisse ernster** zu **nehmen**, an ihrer schrittweisen Auflösung mitzuarbeiten und sie – wo erwünscht – **in positive Verschränkung umzuwandeln**. Dabei ist der Mechanismus zu bedenken, der einsetzt, wenn sich eine Konfliktpartei von der internationalen Gemeinschaft im Stich gelassen fühlt. Hier können Angebote angebracht sein, die einer zunehmenden Radikalisierung vorbeugen. **Abrüstung** ist eine Notwendigkeit, um die Strukturen der regionalen und internationalen Kriegsökonomien abzubauen. Parallel dazu können alternative Erwerbsmöglichkeiten erschlossen werden.

Mit der existenten „Übermacht" der westlichen Welt im Staatengefüge sollte also verantwortungsvoll umgegangen werden. Statt Interessendurchsetzung auf Kosten kleiner und schwacher Staaten sollte die Kant'sche vernünftige Freiheit zur Anwendung kommen. Zu ihr mag stellenweise auch eine **bewusste Begrenzung** – im eigenen Interesse – gehören. Es gilt, die Eigeninteressen und -bedarfe mit denen anderer Akteure und dem Wohl der Weltgesellschaft abzustimmen. Dann kann Frieden zunehmen. Strategisches Abrüsten kann diese Prozesse begünstigen wie auch die stärkere Unterstützung des Völkerrechts, vor allem des Souveränitätsprinzips, die Förderung der Eigenständigkeit schwacher Staaten, ihre Wahrnehmung als Kooperationspartner und ein verstärktes und sich im Handeln ausdrückendes klares Interesse an gelingenden Konfliktmediationen.

Für den Erfolg der Konfliktmediationen wird entscheidend sein, inwieweit man sich an den Bedarfen der lokalen Konfliktparteien orientiert. Die **Bedarfsorientierung** unterstützt, auch das kann aus den beiden Fallbeispielen abgeleitet werden, mindestens den Willen zu Kooperation, zu vertraglicher Einigung, zur Umsetzung von Maßnahmen, zu Eigenverantwortung und Persistenz. Die lokalen Parteien möchten die politische Hauptverantwortung selbst in die Hand nehmen und ihr Land nach ihren Vorstellungen und gemäß ihrer Kultur gestalten. Sie wollen diese Verantwortung nicht in großem Maße an externe Akteure abgeben. Im Rahmen der zunehmenden Verflechtung weltweit ist hier ein sensibler Umgang mit regionalen und überregionalen Verregelungen geboten. Diese sollten nicht aufoktroyiert und militärisch durchgesetzt werden. Die Anliegen der Konfliktparteien sind darum mehr in den Mittelpunkt zu stellen. Die vom verständigen und im Sinne der Konfliktparteien und der Konfliktlösung agierenden Mediator geäußerten Wünsche für den Mediationsprozess können noch ernster genommen werden.

Selbstgewählter Wandel innerhalb eines Staates sollte durch die internationale Gemeinschaft so unterstützt werden, dass dieser friedlich vonstattengehen kann. All ihre gesammelte Kompetenz sollte in das Vorhaben fließen, **friedlichen Wandel zu fördern.** Der militärischen und systematischen Zerstörung aller Ressourcen und Kapazitäten eines Landes inklusive seiner Bevölkerung aber sollte kein Raum gegeben werden. Will die internationale Gemeinschaft eine wirkliche Gemeinschaft sein, so kann sie nicht die Lebensgrundlage einiger ihrer Mitglieder mutwillig zerstören. Sie schadet sich damit selbst und beraubt sich ihrer Vielfalt. Jeder politische Akteur, sei es auf der lokalen, regionalen oder internationalen Ebene, kann dazu Stellung beziehen und mit Unterstützung der friedensfördernden Maßnahmen Zugbewegungen in diese eine Richtung verstärken, die die arabische Welt und damit das gesamte politische interstaatliche System zu einer friedlicheren Welt macht. Auch kleine Staaten können dabei, das hat Oman bewiesen, sehr wirkmächtig handeln.

Um **Wandlungsprozesse bewusster und gezielter gestalten** zu können, ist eine Grundvoraussetzung, Wandel zuzulassen, also das Wandlungsprinzip als Grundprinzip des Lebens zu akzeptieren und das Primat der Stabilitätswahrung in der Außenpolitik, z. B. von Deutschland und den USA, etwas zu lockern. Veränderung ist eine Konstante, auf die man zählen kann. Sie findet immer wieder, auch in stabilen Rahmenbedingungen, statt. Wandlungsprozesse können als Zeichen von konstruktiver Weiterentwicklung gelesen werden. Diese konstruktiven Elemente in Konflikten gilt es herauszuarbeiten und dann zu akzeptieren und gegebenenfalls zu unterstützen. Findet der Wandel innerhalb eines Staates statt, kann er unter Beachtung des Souveränitätsprinzips von der Staatengemeinschaft gefördert werden. Allgemein kann sie Wandlungsprozesse im System in gegenseitigem Vertrauen, in der Anerkennung der Gleichwertigkeit der Staaten und in der Sicherung kooperativen Handelns, z. B. mittels positiver Verregelung, fördern. Ein unterstützendes und respektvolles Miteinander ist für die EU schon im Grundsatz der loyalen Zusammenarbeit im EU-Vertrag festgeschrieben (vgl. EUV Art. 4, Abs. 3).

Wird der **Grundsatz der loyalen Zusammenarbeit auf die Weltgemeinschaft ausgedehnt,** können von Misstrauen geprägte Verhältnisse umgewandelt werden. Das geflügelte Wort der Diplomatie „It takes two to tango", das besonders in der Kernwaffenfrage des Kalten Krieges gebraucht wurde und dabei vor allem auf die Notwendigkeit des Entgegenkommens der gegnerischen Partei abhob, könnte abgelöst werden durch das arabische Sprichwort „Eine Hand allein kann nicht klatschen". Hier stellt sich nicht wie beim Tanz die Frage nach der Führung. Beide Seiten tragen

durch ihre Investition zum Gelingen bei, handelt es sich nun um zwei Hauptkonfliktparteien, zwei Staaten oder politische Akteure im Konflikt und das politische Staatensystem. Zur Bewältigung der globalen Herausforderungen ist es in jedem Fall wünschenswert, dass die westliche und die arabische Welt weiter Spannungen abbauen
und die produktive Zusammenarbeit ausbauen.

Für den **Wissenschaftstransfer,** der Wirtschaft, Politik und Gesellschaft im
Bereich der Konfliktmediation und Konflikttransformation bereichert, ist aus den
zwei Fällen eine **stärkere Einbeziehung der kulturellen Dimension** und die **Integration von wissenschaftlichen Diskursen und Ansätzen aus Staaten außerhalb
der OECD** zu empfehlen. Auch im wissenschaftlichen Bereich ist der Anspruch auf
Kulturdominanz zugunsten der gleichberechtigten und bereichernden Vielfalt aufzugeben. Auch hier gilt es, ein Selbstbewusstsein auszubilden, das ohne die Unter-
drückung anderer auskommt. Die regional differierenden Mediationspraktiken im
arabischen Raum können noch eingehender untersucht und kultursensibler in die
globalisierten und ritualisierten Mediationsprozesse integriert werden, um ein tiefe-
res Verständnis für die jeweils andere Kultur zu gewinnen und den wertschätzenden
Umgang zu fördern. So kann politischer Wandel auch aus dem Bereich der Wissenschaft kultursensibel und inkludierend unterstützt werden.

Wandel in Gesellschaften und **Wandel im Staatengefüge** will also **umsichtig
gemanagt,** fazilitiert und begleitet werden. Gerade im Zeitalter der *multipartistischen
Politikkooperation und -koordination* kann jeder Akteur im Kleinen wie im Größeren
aktiv an der Gestaltung des laufenden Weltgesellschaftswandels mitbauen und friedlichen Wandel fördern. Für gelingende Konflikttransformation in der arabischen Welt
und darüber hinaus können die zwei explizierten Mediationen und das diplomatische Geschick der beiden Mediatoren hilfreiche Unterstützung bieten. Mögen sich
laufende und zukünftige Mediationsprozesse also zusätzlich inspirieren lassen von
ihrem kraftvollen Optimismus, dem arabischen Gemeinschaftssinn und der gegenseitigen Herausforderung zu Verantwortung und Wachstum, der marokkanischen
Geschwisterlichkeit und Großzügigkeit sowie der omanischen Weitsicht und Entschiedenheit im Eintreten für den Frieden.

7 Weiterführend: Die Monarchie als Alternative für die arabische Welt

Nun mag man sich fragen, wo eine solche Weisheit wächst, die es einem Staat erlaubt, gut für sich selbst zu sorgen und gleichzeitig unterstützend für andere Staaten zu wirken und so wirkungsvoll und in Ko-Kreation Wachstumsprozesse zu ermöglichen, ohne auf der einen Seite des Pferdes herunterzufallen. Dieser Frage möchte ich ein wenig nachgehen, bevor ich mich der arabischen Perspektive auf Demokratie und Monarchie annähere und die Erfolge der Demokratie in der arabischen Welt anhand neuer Forschungserkenntnisse beleuchte. Es wird sich zeigen, dass die Menschen im arabischen Raum auch im übertragenen Sinne gute Reiter sind, und an die westliche Welt kritische Fragen gestellt werden. Auch hier ist zu bedenken, dass keine ausführlichen Analysen vorgenommen werden und es sich eher um eine kurze schlaglichtartige Erhellung des Themas und Gedankenanstöße im Zusammenhang mit den vorhergehenden Fallstudien handelt, die die Gesamtthematik abrunden und zur weiteren wissenschaftlichen und politischen Diskussion Anregung bieten.

7.1 Wo reift die Weisheit arabischer Monarchen heran?

Wo reifte also die Weisheit Seiner Majestät des omanischen Sultans? Er und seine Familie lebten als Herrscherfamilie in märchenhaftem Reichtum. Seine Kindheit in Salalah im Süden Omans am Meer ist idyllisch und fördert die Freiheit des Geistes. Als einziges Kind des Sultans Said bin Taimur und der Prinzessin Mazun genießt er die beste Bildung. Er wird von einem privaten arabischen Gelehrten unterrichtet, bevor er zwei Jahre bei dem zukünftigen Präsidenten Shankar Dayal Shamar in Pune in die Lehre geht. Die Lehrzeit in Indien ermöglicht es ihm, ein tiefgehendes Verständnis für die indische und pakistanische Bevölkerung Omans zu entwickeln, die eine einflussreiche und finanzkräftige Gruppe bilden. Danach geht er in Bury St. Edmunds in England auf eine angesehene Privatschule, bevor er in der Königlichen Militärakademie in Sandhurst die Offizierslaufbahn einschlägt und ein Jahr in einem britischen Infanterie-Bataillon in Deutschland stationiert ist (vgl. ncusar.org 1998: Biography; ourallegiancetosultanqaboos.ae: Biography). Über diese Lehrzeit beim britischen Militär sagt er später:

> The values that I absorbed have remained with me forever afterwards [...] I learned that discipline is not just something one imposes on others; it is something that one has, above all, to apply to oneself, if one is to be a worthy leader of men. I also learned the true meaning of service: that is, to give, and not to expect to receive, and that it is the team, and not oneself, that matters. I learned that with responsibility comes obligation. (ourallegiancetosultanqaboos.ae: Biography)

https://doi.org/10.1515/9783110481471-007

Dieses Zitat zeigt, dass die förderlichen Umgebungsfaktoren mit einer Persönlichkeit zusammentreffen, die lernbereit ist und die alle Erfahrungen zu guten Lehrimpulsen transformiert, die die Gesamtpersönlichkeit sowie ihre Führungskraft wachsen lassen. Nach seiner Rückkehr studiert der angehende Sultan bis zu seiner Amtsübernahme die islamische Rechtslehre in Oman. So vielseitig gebildet und auf die Aufgaben als zukünftiger Sultan vorbereitet, übernimmt er 1970 die Regierungsführung. In den strukturellen Zwängen und Herausforderungen erkennt er die Entwicklungsmöglichkeiten und Chancen, nutzt sie und entwickelt das Land, indem er das Wohl der Gesamtbevölkerung bedenkt und Teile seines Reichtums in Reformprogramme für die Armen investiert.

Auch der marokkanische König Seine Majestät Mohammed VI wächst im Luxus auf. Sein Vater Hassan II hat in den Jahren seiner Regentschaft ein milliardenschweres Vermögen angehäuft, das seinem Sohn ebenfalls eine vorzügliche Ausbildung ermöglicht. Mohammed VI besucht ab dem vierten Lebensjahr die Koranschule des Königspalastes, dann die königliche Grund- und Sekundarschule, bevor er in Rabat und Nizza Politik und Recht studiert und zur europäisch-maghrebinischen Kooperation promoviert. Einen tiefen Einblick in das Thema gibt ihm sein sechsmonatiges Praktikum beim damaligen Präsidenten der Europäischen Kommission Jaques Delors. Durch seinen Vater wird er frühzeitig und beständig in die nationalen und internationalen Amtsgeschäfte eingeführt (vgl. maroc.ma: Biographie; liportal.de: Marokko).

Nach seiner Inthronisation 1999 setzt er eine sehr viel moderatere Politik als sein Vater fort, entwickelt den Norden und die Bereiche Wirtschaft, Soziales und Menschenrechte. Ihm gelingt es gut, traditionalistische und moderne Kräfte bei seinem gemäßigten Reformprogramm mitzunehmen. Auch die Unruhen im Zuge des Arabischen Frühlings kann er erfolgreich beruhigen, indem er ihnen umgehend mit Reformen begegnet, innerhalb derer u. a. die Rechte der Frauen gestärkt werden und die vernachlässigte Bevölkerungsgruppe der Amazighen eine Aufwertung findet. Ihre Sprache wird neben Arabisch und Französisch zur Amtssprache erhoben. Der Schutz der kulturellen Vielfalt wird in der Verfassung verankert (vgl. tagesspiegel.de: Amazigh). Für die Armen setzt er sich derart ein, dass er „König der Armen" genannt wird, was bei einer Verfünffachung seines Vermögens seit Amtsantritt auch kritisch gesehen werden kann (vgl. liportal.de: Marokko). Vom Gros der Bevölkerung aber wird Mohammed VI wie auch der Sultan in Oman geliebt und gefeiert.

Es handelt sich in diesen zwei Fällen also um Monarchen, die das Land mit Reformen beständig voranbringen, die intensiv Sorge tragen für ihr Volk, es durch ungestüme und diffizile Zeiten manövrieren und den Frieden im Land aufrecht zu erhalten wissen. Beide verstehen es bemerkenswert gut, die eigenen Traditionen zu wahren und weiterzuentwickeln und gleichzeitig moderne Strömungen aufzunehmen und zu integrieren und so den Balanceakt zwischen Tradition und Moderne zu meistern und die Vertreter beider Richtungen in der Bevölkerung zu befriedigen. Sowohl Oman als auch Marokko nehmen im internationalen System selbstbewusst ihren Platz ein. Sie unterhalten vielfältige Kooperationsbeziehungen mit anderen Staaten und binden sich erfolgreich in den Weltmarkt und in inter- und supranationale Organisationen ein.

Beide Staaten sind Monarchien, in denen die Herrscher über eine große Machtfülle verfügen. In Marokkos konstitutioneller Erbmonarchie existieren royale und demokratische Strukturen, die sich gegenseitig korrigieren und befruchten. Es existiert ein Parlament mit Oberhaus und Unterhaus, direkt und indirekt gewählten Abgeordneten, einem Premierminister und Gewaltenteilung. Der König aber hat das Recht, das Parlament aufzulösen, ernennt persönlich den Premierminister aus der stärksten Partei, bleibt letzte Entscheidungsinstanz bei Judikative, Exekutive und Legislative und hat den Vorsitz der wichtigsten Ministerien wie der für innere und äußere Angelegenheiten, Verteidigung, Religion und Stiftungen inne (vgl. liportal.de: Marokko).

Noch weitreichender sind die Kompetenzen des omanischen Sultans. Er regiert in einer absoluten Erbmonarchie. Auch hier existieren eine Verfassung und ein Parlament mit zwei Kammern, dem Staatsrat und der Beratenden Versammlung, dem Majlis al-Dawla und dem Majlis al-Shura mit je 84 Mitgliedern, die dem Sultan beratend zur Seite stehen. Allen Ministerien steht er praktisch vor, doch wird er durch bestimmte Personen vertreten. So vertritt Seine Exzellenz Yusef bin Alawi ihn derzeit in Äußeren Angelegenheiten. Das Parlament hat die Befugnis zur Gesetzesinitiative und benötigt zur Verabschiedung von Gesetzen die Zustimmung beider Kammern. Oberster Gesetzgeber aber ist der Sultan, der die Gesetze letztendlich billigt und als Königliche Dekrete erlässt. Er ist außerdem oberster Befehlshaber der Streitkräfte und der Polizei (vgl. auswaertiges-amt.de 2016: Oman).

7.2 Die Reaktion der arabischen Welt auf westliche Demokratisierungsbestrebungen

Angesichts solcher Machtfülle mag manchem Demokraten schwindlig werden. Zu sehr ist im europäischen Raum die Monarchie mit Diktatur und Unrechtsstaat verbunden, arabische Monarchien zudem mit radikalem Scharia-Recht und Menschenrechtsverletzungen, sodass sich das Unrechtsempfinden schnell meldet und das Freiheitsstreben revoltiert. Auch in arabischen Ländern setzen sich die Menschen zunehmend für ihre Menschenrechte ein, für Partizipation an der Gestaltung des politischen Lebens wie für die Begrenzung und Kontrolle der Herrschermacht. Sie bewirken eine Veränderung.

Sieht man sich nur die beiden oben beschriebenen Monarchien an, so stellt man über die Zeit der letzten Jahre eine Zunahme demokratischer Elemente fest. In Oman wird erst 1996 eine Verfassung für den Staat aufgesetzt, die sowohl die Machtfülle des Sultans festschreibt als auch die Verwendung des Staatshaushalts für gesellschaftspolitische, soziale und kulturelle Leistungen, die bestimmte Bürgerrechte sichert, die Religionsfreiheit und die Rechte von Ausländern. Vorher bestand der Konsultationsrat des Sultans vorwiegend aus Stammesführern. 1997 wird der Majlis al-Dawla zusätzlich zum Majlis al-Shura-Rat eingerichtet, wobei der erstere nun vom Sultan persönlich ausgesuchte Berater umfasst, letzterer die vom Volk gewählten und die verschiedenen Regionen repräsentierenden. Nach den Demonstrationen im Zuge des Arabischen Frühlings 2011 bekommen mehr Berater aus dem Majlis al-Shura-Rat die Position eines Ministers. Außerdem werden die Befugnisse des Rats erheblich erweitert, u. a. im Bereich der Gesetzgebung und der Kontrolle der Ministerien. Die Unabhängigkeit der Staatsanwälte wird garantiert (vgl. modernes-oman.de: Sultanat Oman; auswaertiges-amt.de: Innenpolitik). Die Bildung der Frauen wird seit langem strategisch gefördert, es wird Lohngleichheit verordnet (vgl. nzz.ch 2010: Zaghafte).

Im Königreich Marokko nehmen durch Reformen ebenfalls demokratische Elemente zu. 2004 reformiert Mohammed VI das Familienrecht. Unter anderem bekommen die Frauen mehr Rechte zugeschrieben, sie brauchen keine Zustimmung eines männlichen Familienmitglieds zur Heirat mehr, die Vielehe wird eingeschränkt, das heiratsfähige Alter auf 18 Jahre angehoben (vgl. zeit.de 2007: Majestät). Mit der Verfassungsänderung 2011 ist der Staat nun offiziell eine demokratische, soziale konstitutionelle Erbmonarchie. Eine Neuerung besteht in der Vorgabe, dass der Premierminister vom König nun aus der stärksten Partei ausgewählt werden muss. In den Einflussbereich des Premierministers fällt jetzt die formale Ernennung und Absetzung von Ministern sowie die formale Ernennung der Provinzgouverneure. Außerdem werden die Menschenrechte und benachteiligte Gruppen rechtlich gestärkt. So ist u. a. der Anteil an Frauen im Unterhaus durch eine Quote geregelt, die derzeit bei 12 % liegt (vgl. liportal.de: Marokko). Die bis dato vorwiegend mündlich tradierte Sprache der Amazighen ist zur Amtssprache erhoben worden und wird heute in den Grundschulen wieder in Wort und Schrift gelehrt. Der König spricht sich ausdrücklich für die Demokratie aus: „Marokko plädiert für eine globale Politik, die die Demokratisierung zum Wohl der Staaten unterstützt" (challenge.ma 2013: Le Maroc africain), heißt es im Zusammenhang mit den internationalen Sicherheitsbemühungen in der Sahelzone in der marokkanischen Presse.

Diese Entwicklungen bedeuten aber nicht, dass die Monarchen einen Systemwechsel anstreben, weder kurz- noch langfristig. Für sie funktioniert das monarchische Regierungssystem gut, das übrigens auch von dem Großteil der intellektuellen Eliten befürwortet wird. Die Monarchen stärken ihr eigenes Regierungssystem. Parallel zu den beschriebenen Entwicklungen hat die Herrscherfamilie in Marokko ihren Machtbereich durch Ländereien und Besitzanteile an kräftigen Wirtschaftszweigen noch ausgebaut. In Oman sind politische Parteien sogar verboten. Nun funktionieren diese beiden Monarchien besonders gut, ihre Herrscher führen weitsichtige Reformen adäquat durch und sind geliebt, während in manch anderen arabischen Staaten Militär und Willkür die Macht stützen müssen. Allgemein aber ist die Demokratie wenig beliebt. Was hat es also mit der Ablehnung der Demokratie als Regierungssystem, auf die man in weiten Teilen der arabischen Welt stößt, auf sich? Ich sehe mindestens drei Antwortkomplexe, die im Folgenden vorgestellt werden.

Kulturelle Gründe

Zum einen liegt die Skepsis gegenüber der Demokratie in der Kultur kollektiver Gemeinschaften begründet. Durch die bisher unternommenen Demokratisierungsbestrebungen in anderen Ländern lässt sich eine Rangfolge der Kulturen hinsichtlich ihrer Aufgeschlossenheit und Rezipierbarkeit von Demokratie erstellen, deren Ergebnis zeigt, dass die afrikanischen, die konfuzianischen und die islamischen Kulturen auf den letzten Plätzen rangieren. Als ursächlich dafür gelten Denktraditionen, in denen die Gruppe vor dem Individuum steht, das autoritäre Wort über der persönlichen Freiheit und ein harmonisches Miteinander über Wettbewerbsdenken (vgl. Merkel: 2010, 80 f). Eine Verpflichtung wird vom Einzelindividuum außerdem eher gegenüber dem Familienoberhaupt, dem Clan- oder Stammesführer vorgenommen als gegenüber einem unpersönlichen Konstrukt Staat.

In arabischen Staaten spielt zudem die Religion eine große Rolle. Gottes Gesetz wird als das Höchste Gesetz angesehen, das sich keiner weltlichen Macht beugt. Auch in der politischen Ordnung drückt sich – der Tradition nach – Gottes Wille aus. So ist es nicht verwunderlich, dass Staat und Religion miteinander verknüpft und arabische Monarchen gleichfalls weltliche Herrscher und Religionsführer sind und ihre Autorität akzeptiert wird. Die Person des marokkanischen Königs gilt denn auch als unverletzlich und heilig, er ist politisches Staatsoberhaupt und Befehlshaber der Gläubigen, *Amir Al Mu'minin* und Präsident des Hohen Rates der Oulema – der theologischen Gelehrten (vgl. botschaft-marokko.de: Das Königtum; liportal: Marokko). Nach fast zwei Jahrhunderten Trennung von weltlicher und religiöser Macht in Oman, gilt in der Person des Sultan Qaboos das Imamat mit dem Sultanat als wieder vereint (vgl. Fähndrich 2005, 22). Qaboos bin Said verkörpert damit offiziell die weltliche, aber sublim auch die religiöse Autorität des Landes.

Zu dieser religiösen Prägung und der Denktradition, die der sozialen Gruppe den Vorrang vor dem Individuum gibt, kommt die geprägte kulturelle Praxis der politischen Entscheidungsfindung. Traditionellerweise werden die Entscheidungen auf Konsensbasis nach eingehender inhaltlicher Auseinandersetzung in langen Konversationen in Ältesten- und Stammesräten getroffen. Eine knappe einfache Mehrheit wird noch als äußerst unbefriedigend empfunden. Kann keine Einigung aller Beteiligten erzielt werden, wird das Gespräch zu anderer Stunde fortgesetzt. Das Wort der Clan- oder Stammesführer hat dabei besonderes Gewicht. Ziel ist es, eine Einigung zu finden, die von der gesamten Gruppe getragen wird. Zu dieser auf Konsensentscheidungen basierenden Politik, die neben der Sache das System der Gruppe, die Beziehungen der Gruppenmitglieder untereinander und zur Umwelt gleichzeitig berücksichtigt, passt kein Wettbewerb zwischen Gruppen respektive Parteien. Zu starker Wettbewerb, der die Harmonie stört, die Gruppenmitglieder trennt und die gemeinsame Wirkkraft schwächt, wird eher verpönt. Hier kollidieren die politischen Traditionen, auch wenn es Überschneidungen geben mag, denn auch traditionelle Führungsstrukturen enthalten demokratische Elemente.

Offensive Demokratisierungspolitik

Solche kulturellen Prägungen sind im Zuge enthusiastischer Demokratisierungsbestrebungen, die in den letzten 25 Jahren von der westlichen Welt ausgingen, viel zu wenig berücksichtigt worden. Der Optimismus von Francis Fukuyama nach dem Zusammenbruch des kommunistischen Regimes der UDSSR, die kapitalistisch-demokratischen Regierungssysteme hätten sich nun durchgesetzt, um global den Sieg zu erringen, steckte viele Regierungsorganisationen in der westlichen Welt und die gesamte internationale Entwicklungszusammenarbeit an (vgl. Merkel 2010, 487). Sie begannen, nahezu oppressiv „Demokratie" und „gute Regierungsführung" zu exportieren und zu implementieren, ohne genügende Rücksichtnahme auf kulturelle Prägungen und andere Hindernisse für die Nachhaltigkeit. In den letzten Jahren gewann mit partizipativen, sozio-ökonomischen und psychosozialen Ansätzen die Perspektive der betreffenden Bevölkerung wieder einen größeren Stellenwert.

Dennoch haben im Ergebnis der Demokratisierungen im arabischen Raum, in dessen kollektivem Bewusstsein die Kolonialgeschichte noch präsent ist, die Aversionen gegen westliche Einmischung zugenommen zuzüglich so mancher Instabilitäten, die aus der erhöhten Hybridität der Staatensysteme resultieren. Alte Strukturen bestehen neben neuen, von der Tradition losgelösten Strukturen weiter, Werte und Normen differieren und konfligieren innerhalb der Gesellschaften vermehrt genau wie Institutionen und ihre Ausrichtungen. Wolfgang Merkel zählt solche Widerspruchspaare auf, welche die Inkonsistenz in politischen Ordnungen beschreiben: „Inklusion und Exklusion, Pluralismus und Oligarchie, Freiheit und Repression" (Merkel 2010, 495). So verstärkt sich der Eindruck von Fassadendemokratie, in der Zusagen an die Demokratie in der Alltagspraxis nicht oder nur teilweise eingehalten werden, so verstärkt sich der Streit zwischen traditionellen und diversen modernistischen Kräften, so reiben Kämpfe um Zuständigkeiten und Einflussbereiche in den Mehrfachstrukturen die gesellschaftlichen Kräfte auf.

Vorteile des starken monarchischen Staats

Kennzeichen hybrider Systeme ist es, dass sie instabiler sind (vgl. Merkel 2010, 496). Instabile Staaten aber sind weniger den Herausforderungen der Globalisierung gewachsen. Sie können die Schwierigkeiten nicht meistern, die mit den globalen und technologischen Umstrukturierungsprozessen einhergehen, in denen viele Herausforderungen nicht mehr nur innerhalb der Staaten geregelt werden können, sondern von strategischen Plätzen in nationsübergreifenden politischen Netzwerken und in Kooperation mit anderen Staaten angegangen werden wollen. Sie sind anfälliger für kriegerische Auseinandersetzungen im Innern und in der Region. Wollen sie also international handlungsfähig sein und sich und das Volk vor Krisen und Krieg schützen, kann es nur im Interesse der Monarchen liegen, ihre Staaten zu stabilisieren. Dazu greifen sie auch zu autoritären Mitteln, die wiederum ihr monarchisches System stärken. Nimmt man den Effekt des Sich-Wehrens gegen eine vom Westen aufoktroyierte Demokratie hinzu, so sind schon mindestens vier Faktoren aufgezeigt, die die Dynamik unterstützen, welche den zahlenmäßigen Anstieg von Demokratien weltweit vor etwa 10 Jahren gestoppt und den Aufschwung von autoritären Regimen befördert hat.

Nun gibt es noch andere vielfältige Gründe für diesen Trend. Eigene Forschungen im Bereich der Demokratiekonsolidierung von 2011/12 – genauer zur Inklusion ethnischer Minderheiten in Konsolidierungsprozesse – haben ergeben, dass sich auch Demokratien nachhaltiger konsolidieren, wenn ein starker Staat planvoll nationale Programme zur Demokratieförderung implementiert und die Partizipation der Bevölkerung in Bahnen lenkt. Es ist arabischen Monarchen also nachzusehen, wenn sie ein Interesse daran zeigen, ihre Staaten zu stärken, wehrfähig zu machen und sich strategisch im internationalen Staatengefüge zu platzieren. So paradox es klingen mag, es kann selbst Demokratisierungsprozessen zugutekommen. Wichtig scheint es zu sein, dass eine politische Ordnung aufrechterhalten wird, damit Anarchie und Terrorismus kein Nährboden gegeben wird. Die Förderung von Hybridität über Demokratisierungsprozesse durch externe Akteure ist kritisch zu betrachten.

7.3 Die Herausforderung für westliche Demokratien

Heute weist Francis Fukuyama auf einen Schwachpunkt der Demokratie hin, die seiner Meinung nach nicht nur autoritären Herrschaftsformen, sondern auch Populisten Aufwind verleiht: „Demokratie stiftet keine Identität" (Fukuyama In: zeit.de 2016: Demokratie). Dies sorgt auch innerhalb bestehender Demokratien für eine Abnahme der Qualität von Demokratie, wie sie sich in Forschungsergebnissen von Freedom House schon im Jahr 2009 ausdrückte (vgl. freedomhouse.org 2009: Nations). In der Europäischen Union wird die mangelnde Unterstützung für Europa beklagt, die zu Teilen in der geringen Identifikationsmöglichkeit der Menschen mit dem supranationalen Gebilde fußt. In der EU wie in der arabischen Welt wollen die Menschen sich identifizieren – über die Zugehörigkeit zu einer Familie, einer lokalen Gruppe, über den eigenen Staat. Eine starke Führungspersönlichkeit an der Spitze eines solchen kann u. a. das Identifikationsbedürfnis gut adressieren und stillen. Das wird vor allem in globalisierten und für spontane Wandlungsprozesse anfälligeren Strukturen, also in unsichereren Zeiten honoriert.

Auch konsolidierte Demokratien wie Deutschland und die USA profitieren von starken Führungspersönlichkeiten wie Angela Merkel und Barack Obama. Vergegenwärtigt man sich die neuere und aktuelle Geschichte der Monarchien in Europa, mag die Akzeptanz gegenüber arabischen Monarchien steigen. Diese Geschichte zeigt deutlich, dass auch hier über Jahrhunderte und nicht linear absolute Monarchien sich zu parlamentarischen Monarchien oder parlamentarischen Regierungssystemen ohne Monarchen entwickelt haben. Europa hatte seine besonderen Bedingungsfaktoren, die arabische Welt hat ebenfalls ihre eigenen. Arabische Staaten haben ein Recht auf ihre eigene Entwicklung. Derzeit ist ihre Unterstützung für die vom Westen geförderte Demokratisierung eher gering. Sie wollen keine Gesellschaftsordnung, die vornehmlich von außen an sie herangetragen wird und die so stark auf Wettbewerb basiert. Dieser Wille sollte respektiert werden. Daher ist meines Erachtens die Abkehr von einer zu stark solipsistischen eurozentrischen Denkweise das Gebot der historischen Stunde, um in gegenseitiger Anerkennung und in Respekt für die andere Kultur, für die über Jahrhunderte gewachsenen Staatsformen und den eigenen Werdegang eine Grundlage für neue Annäherung zu schaffen.

Die wirtschaftliche Freiheit in einigen arabischen Ländern ist relativ hoch, fördert ihren Wohlstand und ihre Stabilität (Al Ismaily et al. 2016: Economic Freedom). Auch Menschenrechte, politische Partizipation, Inklusivität, Toleranz und Solidarität können, wie oben geschildert, in Monarchien zunehmen, demokratische Elemente implementiert werden. Stabile Monarchien können dies in einem sichereren Rahmen und in nachhaltigerer Weise tun als instabile Systeme. Oman und Marokko haben in beispielhafter Weise gezeigt, wie monarchische Repräsentation mit effektiver und effizienter Staatsführung und der Integration demokratischer Elemente einhergehen kann. Sie können als Vorbilder für andere monarchische Systeme dienen.

Eine Studie von der United States Agency for International Development (USAID) aus dem Jahr 2008, die gezielt der Frage nachgeht, ob Demokratie und traditionelle Führerschaft in Subsahara-Afrika koexistieren können, stützt die Annahme, dass Demokratie und traditionelle Formen von Führung sich nicht widersprechen. Die Daten der an die MENA-Region angrenzenden Länder Senegal und Mali, in denen über 90 % der Muslime einen malekitischen Glauben praktizieren, bezeugen die besonders hohe Unterstützung der *traditional leaders* durch die Bevölkerung in den muslimisch geprägten Ländern. Im Vergleich fällt die Unterstützung für demokratisch gewählte Führungskräfte geringer aus. Das Fazit der Studie aber ist durchaus positiv: Den afrikanischen Gesellschaften gelingt es unerwartet gut, die parallel existierenden traditionellen und demokratischen Führungsstrukturen zu integrieren.

> The good news for modernists may be that, contrary to their fears and warnings, the resilience of traditional leaders does not automatically foretell the failure or demise of democracy. Our findings are clear: positive attitudes toward chiefs are not incompatible with democracy – and vice versa. (Logan 2008, 23)

Das gilt auch für Monarchien. Daher sollten Demokratisierungsprozesse in der MENA-Region die *traditional leaders* nicht übergehen oder die Prozesse nicht gegen das monarchische Regierungssystem durchgesetzt werden. Einem gewaltsamen Systemwechsel und der Herausbildung instabiler Systeme und dysfunktionaler Demokratien ist ein innergesellschaftlicher Wandel innerhalb einer Monarchie vorzuziehen, der sich als friedlicher Wandel vollziehen kann. Selbst ein fragiler Frieden innerhalb monarchischer Strukturen nach kriegerischen Auseinandersetzungen ist weiterer Zerstörung vorzuziehen.

Darum kann die Monarchie zurzeit eine echte Alternative für Staaten im arabischen Raum bieten. Sie erweist sich als die kulturangemessenere und gegenüber den mit der Globalisierung verbundenen Unsicherheiten als robustere Variante, die zudem einen gesellschaftlichen Wandel hin zu einer demokratischeren Gesellschaft weiter ermöglicht. Marokko hat denn auch – nach meinen Informationen – seit längerem die Verbreitung des Modells der konstitutionellen Monarchie in Nordafrika auf seiner politischen Agenda und wirbt für dieses Staatsmodell zur Restabilisierung der Region. Diese Fürsprache für die Monarchie in der MENA-Region ist mitnichten eine Absage an die Demokratie und freiheitliche Rechte, sie fokussiert vielmehr die Möglichkeit friedlicheren Wandels und die Akzeptanz der historisch gewachsenen arabischen Regierungssysteme inklusive ihrer Werte. Gerade die Demokratie ist also herausgefordert, ihr eigenes System nicht weiter oppressiv und sogar mit militärischem Druck zu verbreiten, sondern andere Kulturen, Regierungssysteme und Problemlösungsansätze neben den ihren gelten zu lassen und in einen fruchtbringenden Ideenaustausch zu treten.

Auch Demokratien haben an Attraktivität eingebüßt. Sie sind herausgefordert, die Bedürfnisse ihrer Bevölkerungen adäquater zu adressieren und eine überzeugende politische Arbeit zu leisten. Die EU versucht derzeit mit der Strategie des Europas der unterschiedlichen Geschwindigkeiten den fehlenden inneren Zusammenhalt unter ihren demokratischen Staaten wettzumachen. Gerade hier kann von arabischen Staaten gelernt werden, deren Stämme nach dem Subsidiaritätsprinzip in großer Selbstbestimmung innerhalb eines Landes leben und ihre eigene Tradition und Identität pflegen können. Sie leiden darum weniger an einem Identitätsverlust. Nach dem Aufbau supranationaler Strukturen und der Fokussierung gemeinsamer Gesetze und Strategien fordern sich die Menschen in Europa lokale bzw. regionale Identifikationsmöglichkeiten ein.

Als entscheidend könnte sich zukünftig darum eine Orientierung an der Antwort auf die Frage herausstellen: Was wollen die Menschen vor Ort: eine erhöhte Bedarfsorientierung im eigentlichen Sinne. Neben der Stärkung überregionaler europäischer Strukturen ist dazu auch die gleichzeitige Stärkung lokaler bzw. regionaler Kulturen und Strukturen in den Blick zu nehmen. Starke lokale Traditionen werden für mehr kulturellen Reichtum sorgen, die bereichernd in das System zurückwirken. Lokale Strukturen können die regional differierenden Bedürfnisse der Menschen besser aufnehmen und bedienen. So kann ein Europa der unterschiedlichen Geschwindigkeiten auch ein Europa der unterschiedlichen Kulturen und ihnen Heimat werden. Neben Anpassungs- und Angleichungsmechanismen sollten in Balance solche stehen, die eine lokale respektive regionale kulturelle Ausdifferenzierung im Gesamtsystem zulassen und integrieren. Auch eine derartige Entwicklung verlangt einen reifen Umgang mit Diversität.

Wichtiger als der Streit um das rechte Regierungssystem und dessen weltweite Proklamation ist also die Zunahme verbesserter interkultureller Kommunikation, ein verbesserter Umgang mit Diversitäten in der internationalen Staatengemeinschaft und die Akzeptanz der Möglichkeit, sich dem gemeinsamen Ziel des friedlichen, respektvollen und konstruktiven Miteinanders aus verschiedenen Richtungen nähern zu können bzw. am gemeinsamen Ziel an verschiedenen Ausgangspunkten arbeiten zu können. Zudem ist eine gerechtere Ressourcenallokation erforderlich, die Einhaltung und Verteidigung der Menschenrechte, des Völkerrechts, insbesondere die Achtung der Souveränität der Staaten. Demokratien wie Monarchien müssten dazu verantwortungsvoll ihre Staaten führen, global Verantwortung übernehmen und sich zusätzlich zu angemessenem Wachstum auch an der Lebensqualität in der Gesamtgesellschaft orientieren. Konflikte auf der internationalen und regionalen Ebene müssen angegangen und gelöst werden, um die lokale Ebene zu entlasten und im Friedensprozess zu unterstützen. Mehr von der Haltung Qaboos bin Saids wäre dabei hilfreich. Sie sei durch die folgenden Worte noch einmal wachgerufen, die der Sultan im November 2006 an sein Parlament richtete:

> Der von uns in der Außenpolitik eingeschlagene Weg hat in den vergangenen Jahrzehnten mit Allahs Beistand seinen Nutzen und seine Richtigkeit bewiesen. Wir verfolgen diesen Weg weiter, der auf der Förderung von Recht, Gerechtigkeit, Frieden, Sicherheit, Toleranz und Liebe beruht. Wir wollen dabei die Staaten zur Zusammenarbeit aufrufen, um die Stabilität zu festigen und Wachstum und Aufschwung zu fördern, um die Ursachen für Spannungen in den internationalen Beziehungen zu beheben und ernste Probleme dauerhaft und gerecht zu lösen. Nur so können wir ein friedliches Zusammenleben der Völker ermöglichen, zum Wohle der gesamten Menschheit. (Qaboos In: modernes-oman.de: Zitate)

Es ist zu wünschen, dass sich auch andere Staaten weltweit mehr an diesen Werten und Taten ausrichten und sich vehementer für politische Lösungen einsetzen, damit die Zerstörung und Verwüstung ganzer Landstriche und Regionen im arabischen Raum aufhören und ihr Wiederaufbau beginnen kann – in friedfertigerem Umgang der arabischen Länder untereinander, in respektvollem Umgang der internationalen Gemeinschaft mit der wertvollen und vielfältigen arabischen Kultur und in einem konstruktiven Miteinander innerhalb der Weltgesellschaft. Die Devise dabei kann lauten: Nicht gegeneinander, sondern miteinander soll der Weg beschritten werden, um in kleinen Schritten einen langsamen aber stetigen Wandel in Demokratien wie in Monarchien herbeizuführen, bei dem die Gesellschaften einbezogen und mitgenommen werden und der unbedingte Wille zu friedlicher Konfliktlösung zur Bewahrung der Menschlichkeit, der Menschheit und ihrem Lebensraum weist.

Literaturverzeichnis

Ag-friedensforschung.de 2014: Einigung in Sanaa. In: http://www.ag-friedensforschung.de/regionen/Jemen1/rebellen2.html (letzter Aufruf: 11.12.2016)

AFP Bamako 2013: Le Maroc va former 500 imams maliens. In: http://mali-infos.blog.de/2013/09/22/9-21-2013-8-00-17-pm-andreas-le-maroc-16433444/ (letzter Aufruf: 27.08.2015)

AFP Bamako 2014: Au Mali, Mohammed VI veut peser sur la réconciliation nationale.In: http://mali-infos.blog.de/2014/02/19/au-mali-mohamed-vi-veut-peser-sur-la-reconciliation-nationale-17782962/ (letzter Aufruf: 30.08.2015)

AFP Paris 2013: Mali: le président Traoré convaincu que le MNLA est „prêt" au dialogue. In: http://mali-infos.blog.de/2013/05/17/der-malische-interimspraesident-in-paris-und-bruessel-friedensangebot-an-tuareg-dioncounda-traore-convaincu-que-le-mnla-est-pret-au-dialogue-16006008/ (letzter Aufruf: 27.08.2015)

Aït Hamza, Mohamed/El Faskoui, B. 2010: Les oasis du Drâa au Maroc. Ruptures des équilibres environnementaux et stratégies migratoires. In: Hommes et Migration. Revues française de référence sur les dynamiques migratoires. Dossiers 1284/2010, S. 56–69

Alarabiya.net 2015: Saudi „Decisive Storm" waged to save Yemen. In: http://english.alarabiya.net/en/News/middle-east/2015/03/26/GCC-states-to-repel-Houthi-aggression-in-Yemen-statement-.html (letzter Aufruf: 25.07.2016)

Alarabiya.net 2015: Russia submits draft U.N. resolution calling for Yemen ceasefire. In: https://english.alarabiya.net/en/News/middle-east/2015/04/04/Russia-submits-draft-U-N-resolution-calling-for-Yemen-ceasefire-.html (letzter Aufruf: 01.02.2017)

Alaraby.co.uk 2015: Oman offers seven-point peace plan for Yemen. In: https://www.alaraby.co.uk/english/news/2015/4/24/oman-offers-seven-point-peace-plan-for-yemen (letzter Aufruf: 11.12.2014)

Ali, Tariq 2015: The War in Yemen. The world today. In: https://www.youtube.com/watch?v=d_TSKxxM7xU (letzter Aufruf: 20.07.2016)

Al Ismaily, Nasser Ben et al. 2016: Economic Freedom of the Arab World. Annual Report 2016. Fraser Institute

Aljazeera.com 2013: Mali's Tuareg fighters end ceasefire. In: http://www.aljazeera.com/news/africa/2013/11/mali-tuareg-fighters-end-ceasefire-2013113093234673103.html (letzter Aufruf: 27.08.2015)

Aljazeera.com 2015: Oman says ambassador's home hit in Yemen. In: http://www.aljazeera.com/news/2015/09/oman-ambassador-home-hit-yemen-150919082626640.html (letzter Aufruf: 07.02.2017)

Aljazeera.com 2015: Yemen ceasefire broken ‚within hours'. In: http://www.aljazeera.com/news/2015/07/yemen-truce-effect-150710220440465.html (letzter Aufruf: 01.02.2017)

Aljazeera.com 2015: Yemen's Houthis release foreign hostages. In: http://www.aljazeera.com/news/2015/09/yemen-houthis-release-foreign-hostages-150921105416121.html (letzter Aufruf: 01.02.2017)

Aljazeera.com 2016: Shadow War in the Sahara In: http://www.aljazeera.com/programmes/specialseries/2016/10/shadow-war-sahara-161009025023817.html (letzter Aufruf: 28.04.2017)

Al-monitor.com 2015: Oman breaks from GCC on Yemen conflict. In: http://www.al-monitor.com/pulse/originals/2015/05/oman-response-yemen-conflict.html (letzter Aufruf: 13.05.2016)

Al-monitor.com 2015: Saudi war in Yemen impossible to win. In: http://www.al-monitor.com/pulse/originals/2015/10/saudi-arabia-lose-protracted-war-yemen.html (letzter Aufruf: 12.09.2016)

https://doi.org/10.1515/9783110481471-008

Al-monitor.com 2015: ‚No agreement' as Yemen peace talks end in Geneva. In: www.
al-monitor.com/pulse/fr/contents/afp/2015/06/yemen-conflict-peace-un-aid.
html+&cd=1&hl=de&ct=clnk&gl=de (letzter Aufruf: 05.02.2017)

Al-Zaidi, Sayyid Ali 2010: Over a thousand years in Yemen: A brief sketch of the Zaidi Imamate from
897 to 1970. Toronto: York University, Department of History

atlanticcouncil.org 2015: Oman's Diplomatic Bridge in Yemen. In: http://www.atlanticcouncil.org/
blogs/menasource/oman-s-diplomatic-bridge-in-yemen (letzter Aufruf: 04.12.2016)

Arabnews.com 2016: Scholars, Shoura Council support action in Yemen. In: http://www.arabnews.
com/saudi-arabia/news/723926 (letzter Aufruf: 13.05.2016)

Asad, Muhammad 2017: Die Botschaft des Koran. Übersetzung und Kommentar. 5. Aufl., Ostfildern:
Patmos Verlag der Schwabenverlag AG

Aujourdhui.ma 2017: Union Africaine: 39 pays des 51 ont voté pour le Maroc. In: http://aujourdhui.
ma/actualite/union-africaine-39-pays-des-51-ont-vote-pour-le-maroc (letzter Aufruf:
08.05.2017)

Aujourdui.ma 2014: Un demi-millon de personnes interpellées. In: http://aujourdhui.ma/societe/
un-demi-million-de-personnes-interpellees-110569 (letzter Aufruf: 12.05.2017)

Austin, Beatrix et al. 2011: Advancing Conflict Transformation. The Berghof Handbook II. Leverkusen,
Farmington Hills: Barbara Budrich Publishers

Auswärtiges Amt 2015: Außenminister Steinmeier zur Unterzeichnung des Friedens- und
Versöhnungsabkommens in Mali. In: http://www.auswaertiges-amt.de/DE/Infoservice/Presse/
Meldungen/2015/150516_BM_Mali.html (letzter Aufruf: 20.05.2015)

Auswaertiges-amt.de 2016: Der Nahostkonflikt. In: http://www.auswaertiges-amt.de/sid_6D
362A69A1B8966EED1A66826EABE49D/DE/Aussenpolitik/RegionaleSchwerpunkte/
NaherMittlererOsten/01_KonfliktNahost/IsraelischPalaestinensischerKonflikt_node.html
(letzter Aufruf: 04.01.2016)

Auswaertiges-amt.de 2016: Oman. In: http://www.auswaertiges-amt.de/DE/Aussenpolitik/Laender/
Laenderinfos/Oman/Wirtschaft_node.html (letzter Aufruf: 06.04.2017)

Auswaertiges-amt.de 2016: Innenpolitik. In: http://www.auswaertiges-amt.de/DE/Aussenpolitik/
Laender/Laenderinfos/Oman/Innenpolitik_node.html#doc342354bodyText3 (letzter Aufruf:
06.04.2017)

Auth, Günther 2015: Theorien der Internationalen Beziehungen kompakt. Die wichtigsten Theorien
auf einen Blick. Berlin, München, Boston: de Gruyter

Basedau, Matthias, Werner, Benjamin 2007: Neue Tuareg-Rebellion: Der Niger in der „Konfliktfalle"?
Hamburg: GIGA Focus Africa Nr. 12/2007

Bbc.com 2015: US hostage Casey Coombs released in Yemen and flown to Oman. In: http://www.
bbc.com/news/world-middle-east-32965489 (letzter Aufruf: 01.02.2017)

Betten, Arnold 2009: Marokko: Antike, Berbertraditionen und Islam – Geschichte, Kunst und Kultur
im Maghreb. Ostfildern: DuMont Reiseverlag

Bennett, Andrew/Checkel, Jeffrey T. 2014: From Metaphor to Analytic Tool. Cambridge: University
Press

Bennett, Andrew 2010: Process Tracing and Causal Interference. In: Brady, Henry E./Collier, David
2010: Rethinking Social Inquiry. Diverse Tools, Shared Standards. Lanham, Boulder, New York,
Toronto, Plymouth, UK: Rowman & Littlefield Publishers, 2nd ed.

Bennett, Andrew/George, Alexander L. 2005: Case Studies and Theory Development in the Social
Sciences. Cambridge: MIT Press

Bin Sattam, Abdul Aziz 2015 : Sharia and the Concept of Benefit. The Use and Function of Maslaha in
Islamic Jurisprudence. London : I.B.Tauris & SOAS

Bmi.bund.de 2016: Wiener Übereinkommen über diplomatische Beziehungen. In: http://www.bmi.
bund.de/SharedDocs/Standardartikel/CIEC-Dokumente/uebereinkommenIII/ue01.html (letzter
Aufruf: 05.01.2017)

Bmi.bund.de 2016: Wiener Übereinkommen über konsularische Beziehungen: In: http://www.bmi.
bund.de/SharedDocs/Standardartikel/CIEC-Dokumente/uebereinkommenIII/ue02.html (letzter
Aufruf: 05.01.2017)

Books.sipri.org 2016: Trends in international Arms Transfers 2015. In: http://books.sipri.org/files/
FS/SIPRIFS1602.pdf (letzter Aufruf: 28.04.2017)

Bp.com 2016: BP Statistical Review of World Energy June 2016 In: https://www.bp.com/content/
dam/bp/pdf/energy-economics/statistical-review-2016/bp-statistical-review-of-world-energy-
2016-full-report.pdf (letzter Aufruf: 28.04.2017)

Cartotheque.sciences-po.fr: carte 13 – 1630 Les trois empires orientaux et l'expansion saadienne.
In: http://cartotheque.sciences-po.fr/media/Les_trois_empires_orientaux_et_lexpansion_
saadienne_1630/131/;jsessionid=979FAB38AB38764C8CFAD133A994BED9 (letzter Aufruf:
24.05.2017)

Challenge.ma 3013: Le Maroc africain. In: http://www.challenge.ma/le-maroc-africain-14773/
(letzter Aufruf: 11.05.2017)

Chicagotribune.com 2015: U. S. journalist released by Shiite Houthi rebels in Yemen. In: http://www.
chicagotribune.com/news/nationworld/ct-american-hostage-released-yemen-20150601-story.
html (letzter Aufruf: 10.02.2017)

derStandard.at 2016: Jemen: „Es gibt keine Guten in diesem Krieg". In: http://derstandard.
at/2000030663254/Jemen-Es-gibt-keine-Guten-in-diesem-Krieg (letzter Aufruf: 11.09.2016)

deutschlandfunk.de 2017: Die vergessene Katastrophe. Der Jemen am Abgrund. In: http://
www.deutschlandfunk.de/der-jemen-am-abgrund-die-vergessene-katastrophe.799.
de.html?dram:article_id=380489 (letzter Aufruf: 25.03.2017)

Deutschlandradiokultur.de 2015: Religiöse Toleranz in Oman. In: http://www.
deutschlandradiokultur.de/sultanat-religioese-toleranz-in-oman.1278.de.html?dram:article_
id=325183 (letzter Aufruf: 23.05.2016)

Diepresse.com 2011: UN-Sicherheitsrat fordert Machtwechsel im Jemen. In: http://diepresse.com/
home/politik/aussenpolitik/703169/UNSicherheitsrat-fordert-Machtwechsel-im-Jemen?_vl_
backlink=/home/index.do (letzter Aufruf: 19.04.2016)

diplomatie.ma 2013: Déclaration de Rabat. In: https://www.diplomatie.ma/Portals/0/Conference/
DECLARATION%20FINAL.pdf (letzter Aufruf: 30.08.2015)

dw.com 2014: Des imams maliens formés au Maroc. In: http://www.dw.com/fr/des-imams-maliens-
form%C3%A9s-au-maroc/a-17456109 (letzter Aufruf: 31.08.2015)

dw.com 2011: „Absolut" beliebt – Oman feiert seinen Sultan. In: http://www.dw.com/de/absolut-
beliebt-oman-feiert-seinen-sultan/a-6240111 (letzter Aufruf: 25.04.2016)

dw.com 2015: Friedensgespräche für den Jemen verschoben. In: http://www.dw.com/de/
friedensgespr%C3%A4che-f%C3%BCr-den-jemen-verschoben/a-18475201 (letzter Aufruf:
03.02.2017)

dw.com 2015: Doch keine Friedensgespräche für den Jemen. In: http://www.dw.com/de/doch-keine-
friedensgespr%C3%A4che-f%C3%BCr-den-jemen/a-18711592 (letzter Aufruf: 01.02.2017)

dw.com 2015: Huthi-Rebellen bereit zu Verhandlungen. In: http://www.dw.com/de/huthi-rebellen-
bereit-zu-verhandlungen/a-18464455 (letzter Aufruf: 01.02.2017)

dw.com 2015: Iran calls for end to Saudi air campaign, as US warns Tehran over Yemen. In:
http://www.dw.com/en/iran-calls-for-end-to-saudi-air-campaign-as-us-warns-tehran-over-
yemen/a-18371181 (letzter Aufruf: 02.02.2017)

dw.com 2015: Neuer Anlauf der UN zu Friedensgesprächen für den Jemen. In: http://ll.dw.com/de/neuer-anlauf-der-un-zu-friedensgespr%C3%A4chen-f%C3%BCr-den-jemen/a-18708003 (letzter Aufruf: 01.02.2017)

dw.com 2015: Nach Waffenruhe wieder Luftangriffe im Jemen. In: http://www.dw.com/de/nach-waffenruhe-wieder-luftangriffe-im-jemen/a-18455534?maca=de-rss_de_nr_home-7253-xml-mrss (letzter Aufruf: 01.02.2017)

eidam-und-partner.de: Kulturelle Werte in den Vereinigten Arabischen Emiraten. In:http://www.eidam-und-partner.de/files/downloads/eidam_und_partner_ kulturelle_werte_vereinigte_arabische_emirate.pdf (letzter Aufruf: 20.10.2015)

Ennami, Amr 2008: Studies in Ibadhism (al-Ibadiyah). Muscat: Ministries of Endowments and Religious Affairs

Europol 2016: European Union Terrorism Situation and Trend Report (TE-SAT) 2016. The Hague: European Police Office

EUV: Titel I. Gemeinsame Bestimmungen. In: https://dejure.org/gesetze/EU/4.html (letzter Aufruf: 29.03.2017)

Fähndrich, 2005: Vererbte Macht: Monarchien und Dynastien in der arabischen Welt. Frankfurt/Main: Campus Verlag GmbH

foreignaffairs.com 2014: Morocco's Move in Mali. In: https://www.foreignaffairs. com/articles/africa/2014-01-14/moroccos-move-mali (letzter Aufruf: 30.08.2015)

freedomhouse.org 2009: Nations in Transit. In: https://freedomhouse.org/report/nations-transit/nations-transit-2009 (letzter Aufruf: 11.04.2017)

gcc-sg.org: The Charter. In: https://www.gcc-sg.org/eng/indexfc7a.html (letzter Aufruf: 01.05.2016)

german.irib.ir 2015: Oman will zwischen Saudi-Arabien und Jemen vermitteln. In: http://german.irib.ir/nachrichten/nahost/item/280405-oman-will-zwischen-saudi-arabien-und-jemen-vermitteln (letzter Aufruf: 12.09.2016)

gulfnews.com 2015: Oman ‚ready to help mediate' in Yemen war. In: http://gulfnews.com/news/gulf/oman/oman-ready-to-help-mediate-in-yemen-war-1.1485236 (letzter Aufruf: 21.04.2016)

gulfnews.com 2015: Oman pushing for peace settlement in Yemen, reports say. In: http://gulfnews.com/news/gulf/yemen/oman-pushing-for-peace-settlement-in-yemen-reports-say-1.1497929 (letzter Aufruf: 11.12.2016)

habous.com.ma 2014: Un deuxième groupe de 108 imams maliens en formation au Maroc. In: http://www.habous.gov.ma/fr/programme-de-formation-des-imams,-morchidines-et-morchidates/2472-un-deuxi%C3%A8me-groupe-de-108-imams-maliens-en-formation-au-maroc.html (letzter Aufruf: 11.09.2015)

Haarmann, Ulrich 2001: Geschichte der arabischen Welt. München: Verlag C.H. Beck, 4. Aufl.

Harff, Barbara/Gurr, Ted R. 2004: Ethnic Conflict in World Politics. Colorado: Westview Press

Hoffman, Valerie J. 2010: Ibadi Islam: An Introduction. In: http://islam.uga.edu/ibadis.html (letzter Aufruf: 29.05.2016)

Huffingtonpost.com 2015: Saudi Arabia Dismisses Iran Calls For Yemen Ceasefire. In: http://www.huffingtonpost.com/2015/04/12/yemen-war-saudi-arabia-ceasefire_n_7049570.html (letzter Aufruf: 01.02.2017)

Human Development Report 2013: The Rise of the South: Human Progress in a Diverse World.New York: UNDP

Ibadism.ahmedsouaiaia.com: History of Ibady Society. In: http://ibadism.ahmedsouaiaia.com/ (letzter Aufruf: 19.05.2016)

Ibtimes.co.uk 2015: Houthi rebels release US freelance journalist Casey Coombs. In: http://www.ibtimes.co.uk/yemen-houthi-rebels-release-us-freelance-journalist-casey-coombs-1503924 (letzter Aufruf: 01.02.2017)

Ibtimes.com 2015: Yemen Houthi rebels release exiled president Hadi's brother and Defense Minister, Demand end to airstrikes. In: http://www.ibtimes.com/yemen-houthi-rebels-release-exiled-president-hadis-brother-defense-minister-demand-1892238 (letzter Aufruf: 12.02.2017)

Iiss.org 2016: Armed Conflict Survey. The worldwide review of political, military and humanitarian trends in current conflicts. In: https://www.iiss.org/en/publications/acs/by%20year/armed-conflict-survey-2016-14e7/acs-2016-02-introduction-8507 (letzter Aufruf: 22.04.2017)

Irani, G. E. 2000a: Islamic Mediation Techniques for Middle East Conflicts. In: http://www.mediate.com/articles/mideast.cfm (letzter Aufruf: 18.02.2017)

Irani, G.E. 2000b: Arab-Islamic Rituals of Conflict Resolution and Long-Term Peace in the Middle East. In: Palestine-Israel Journal 2000, Vol. 7, Nos 1&2

Irantracker.org: Yemen-Iran Foreign Relations. In: http://www.irantracker.org/foreign-relations/yemen-iran-foreign-relations (letzter Aufruf: 20.07.2011)

Islam-aktuell.de 2014: Die Mu'tazila. In: http://www.islam-aktuell.de/index.php/themen/glaube/andere-richtungen/item/55-die-mu-tazila (letzter Aufruf: 26.05.2016)

Istizada.com: MENA Region Countries List 2016. In: http://istizada.com/mena-region/ (letzter Aufruf: 22.04.2017)

jeuneafrique.com 2014: Algérie – Maroc: une relation désespérément bornée. In: http://www.jeuneafrique.com/45354/politique/alg-rie-maroc-une-relation-d-sesp-r-ment-born-e/ (letzter Aufruf: 09.09.2015)

jeuneafrique.com 2014: Diplomatie: In: le Maroc, de Laayoune à Tombouctou. http://www.jeuneafrique.com/134445/politique/diplomatie-le-maroc-de-laayoune-tombouctou/ (letzter Aufruf: 10.09.2015)

Jones, Jeremy/Ridout, Nicholas 2012: Oman, Culture and Diplomacy. Edinburgh: Edinburgh University Press Ltd.

Jongberg, Kirsten 2016: The conflict in Yemen: latest developments. Europian Parliament: Policy Department

Körppen, Daniela et al (Hrsg) 2008: A Systemic Approach to Conflict Transformation. Exploring Strengths and Weaknesses. Berlin: BCR Berghof Handbook Dialogue Series 6

Kühne, Winrich 2013: Westafrika und der Sahel im Sog der organisierten Kriminalität und des internationalen Terrorismus – zum Start der UN-Mission in Mali. Policy Briefing. Berlin: ZIF Zentrum für Internationale Friedenseinsätze

Le360.ma 2014: Mezouar reçoit un haut dirigeant de l'Azawad. In: http://www.le360.ma/fr/politique/mezouar-recoit-un-haut-dirigeant-de-lazawad-20607 (letzter Aufruf: 18.09.2015)

Lefebvre, Jeffrey A. 2010: Oman's Foreign Policy in the Twenty-First Century. In: Middle East Policy Council, Volume XVII, Number 1

lejournalinternational.fr 2013: Morocco's diplomacy to conquer sub-Saharan countries. In: http://www.lejournalinternational.fr/Morocco-s-diplomacy-to-conquer-sub-Saharan-countries_a1380.html (letzter Aufruf: 23.09.2015)

lemag.ma 2014: Les leaders du MNLA prient au coté du Roi Mohammed VI à la Koutoubia. In: http://www.lemag.ma/Les-leaders-du-MNLA-prient-au-cote-du-Roi-Mohammed-VI-a-la-Koutoubia_a80135.html (letzter Aufruf: 18.09.2015)

Le Matin Bamako 2014: Le Roi Mohamed VI à Bamako : Plus de 3 milliards d'euros d'aide promis pour la reconstruction ! In: http://mali-infos.blog.de/2014/02/19/au-mali-mohamed-vi-veut-peser-sur-la-reconciliation-nationale-17782962/ (letzter Aufruf : 31.08.2015)

lexpress.fr 2012: Mali: pourquoi L'Algérie parie sur les islamistes d'Ansar Eddine. In: http://www.lexpress.fr/actualite/monde/afrique/mali-pourquoi-l-algerie-parie-sur-les-islamistes-d-ansar-eddine_1134319.html (letzter Aufruf: 10.09.2015)

liportal.de: Marokko. Geschichte und Staat. In: https://www.liportal.de/marokko/geschichte-staat/ (letzter Aufruf: 04.04.2017)

Logan, Carolyn 2008: Traditional Leaders in Modern Africa: Can Democracy and the Chief co-exist? Afrobarometer Working Paper No. 93: Michigan State University (MSU), Institute for Democracy in South Africa (IDASA), Centre for Democratic Development (DDC, Ghana)

Lohmann, Annette 2013: Nach dem Krieg in Mali. Den Frieden gewinnen. Berlin: Friedrich-Ebert-Stiftung

Maghreb-post.de 2016: König Mohammed VI. auf diplomatischer Mission in Afrika. In: https://www.maghreb-post.de/koenig-mohammed-vi-auf-diplomatischer-mission-in-afrika/ (letzter Aufruf: 08.05.2017)

maliactu.net 2014: Conflit au Mali: le roi du Maroc réitère sa volonté de « contribuer à une solution ». In: http://maliactu.net/conflit-au-mali-le-roi-du-maroc-reitere-sa-volonte-de-contribuer-a-une-solution/ (letzter Aufruf: 15.10.2015)

maliactu.net 2014: Bilan de la visite du roi Mohammed VI. Plusieurs secteurs visités. In: http://maliactu.net/bilan-de-la-visite-du-roi-mohammed-vi-plusieurs-secteurs-visites/ (letzter Aufruf: 22.10.2015)

maliactu.net 2015: de grands desseins pour de grands peuples. In: http://maliactu.net/mali-maroc-mali-afrique-de-grands-desseins-pour-de-grands-peuples/ (letzter Aufruf: 29.10.2015)

maliweb.net 2014: Coopération: Les importants investissements du Maroc au Mali. In: http://www.maliweb.net/economie/cooperation-les-importants-investissements-du-maroc-au-mali-194761.html (letzter Aufruf: 16.09.2015)

maliweb.net 2014: Bilal Ag Cherif, Chef du Mnla, reçu par le roi du Maroc: Le Maroc s'implique dans la résolution de la crise malienne. In: http://www.maliweb.net/la-situation-politique-et-securitaire-au-nord/bilal-ag-cherif-chef-du-mnla-recu-par-le-roi-du-maroc-le-maroc-simplique-dans-la-resolution-de-la-crise-malienne-193139.html (letzter Aufruf: 18.09.2015)

maliweb.net 2014: Reprise des négociations avec le Mnla: Une victoire d'IBK? In: http://www.maliweb.net/la-situation-politique-et-securitaire-au-nord/reprise-des-negociations-avec-le-mnla-victoire-dibk-193143.html (letzter Aufruf: 22.09.2015)

Marshall, Gordon 1994: Sociology. The Concise Oxford Dictionary of Sociology, Oxford: University Press

Masala, Carlo/Sauer, Frank/Wilhelm, Andreas 2010: Handbuch der Internationalen Politik. Wiesbaden: VS Verlag für Sozialwissenschaften

Mattes, Hanspeter 2016: Die regionalen Ambitionen Marokkos in Westafrika. Strategie – Aktivitäten – Erfolgsbilanz. GIGA Working Papers No 284. Hamburg: GIGA German Institute of Global and Area Studies

Maroc.ma: Biographie de Sa Majesté Mohammed VI. In: http://www.maroc.ma/fr/content/biographie-de-sa-majest%C3%A9-mohammed-vi (letzter Aufruf: 04.04.2017)

Maroczone.de 2015: Marokko bildet britische Imame aus. In: https://www.maroczone.de/news/marokko-bildet-britische-imame-aus-14266 (letzter Aufruf: 13.05.2017)

marokko-news.com 2013: Seine Majestät König Mohammed VI und der Staatspräsident von Mali unterzeichnen in Bamako ein Abkommen über die Ausbildung von Imamen. In: http://marokko-news.com/de/details/seine-majestaet-koenig-mohammed-vi-und-der-staatspraesident-von-mali-unterzeichenen-in-bamako-ein-abkommens-ueber-die-ausbildung.html (letzter Aufruf: 27.08.2015)

marokko-news.com 2013: Seine Majestät König Mohammed VI, Befehlshaber der Gläubigen, empfängt in Bamako die Vertreter der Tariqa Tijania und Tariqa Qadiria. In: http://marokko-news.com/de/details/seine-majestaet-koenig-mohammed-vi-befehlshaber-der-glaeubigenempfaengt-in-bamako-die-vertreter-der-tariqa-tijania-und-tariqa-qa.html (letzter Aufruf: 28.08.2015)

marokko-news.com 2013: Königlicher Besuch in Mali: das „Foreign Policy Research Institute"
    würdigt den Einfluss und die spirituelle Aura seiner Majestät König Mohammed VI, Amir
    Al-Mu'mini. In: http://marokko-news.com/ar/details/koeniglicher-besuch-in-mali-das-foreign-
    policy-research-institute-wuerdigt-den-einfluss-und-die-spirituelle-aura-seiner-majestae.html
    (letzter Aufruf: 28.08.2015)
marokko-news.com 2014: Seine Majestät König Mohammed VI empfängt in Marrakesch den
    Generalsekretär der Nationalen Bewegung für die Befreiung des Azawad. In: http://
    marokko-news.com/de/details/seine-majestaet-koenig-mohammed-vi-empfaengt-in-
    marrakesch-den-generalsekretaer-der-nationalen-bewegung-fuer-die-befreiung-des-a.html
    (letzter Aufruf: 30.08.2015)
marokko-news.com 2014: Seine Majestät König Mohammed VI führt Gespräche mit dem malischen
    Präsidenten. In: http://marokko-news.com/de/details/seine-majestaet-koenig-mohammed-vi-
    fuehrt-gespraeche-mit-dem-malischen-praesidenten.html (letzter Aufruf: 30.08.2015)
marokko-news.com 2014: Der malische Präsident gibt ein Gala-Dinner zu Ehren Seiner Majestät
    König Mohammed VI. In: http://marokko-news.com/de/details/der-malische-praesident-
    gibt-ein-gala-diner-zu-ehren-seiner-majestaet-koenig-mohammed-vi.html (letzter Aufruf:
    30.08.2015)
marokko-news.com 2014: Seine Majestät König Mohammed VI und der malische Präsident
    unterzeichnen 17 bilaterale Abkommen. In: http://marokko-news.com/de/details/
    seine-majestaet-koenig-mohammed-vi-und-der-malische-praesident-unterzeichen-17-
    bilaterale-abkommen.html (letzter Aufruf: 30.08.2015)
marokko-news.com 2014: Aktivitäten seiner Majestät König Mohammed VI. In: http://marokko-news.
    com/de/koenig-mohammed-vi/aktivitaeten-seiner-majestaet-koenig-mohammed-vi.
    html?page=19 (letzter Aufruf: 31.08.2015)
marokko-news.com 2014: Elfenbeinküste – marokkanisches Wirtschaftsforum: Seine Majestät
    König Mohammed VI vollzieht die Unterzeichnung von sechsundzwanzig öffentlich-
    privaten Abkommen und Investitionen. In: http://marokko-news.com/de/details/
    elfenbeinkueste-marokkanisches-wirtschaftsforum-seine-majestaet-koenig-mohammed-vi-
    vollzieht-die-unterzeichnung-von-sechsundzwan.html (letzter Aufruf: 10.09.2015)
marokko-news.com 2014: Ankunft seiner Majestät in Bamako (Mali). In: http://marokko-news.
    com/de/details/ankunft-seiner-majestaet-koenig-mohammed-vi-in-bamako-mali.html (letzter
    Aufruf: 22.10.2015)
Meeker, Michael 1979: Literature and violence in North Arabia. Cambridge, London, New York,
    Melbourne: Cambridge University Press
Merkel, Wolfgang 2010: Systemtransformation. Eine Einführung in die Theorie und Empirie der
    Transformationsforschung. 2. Aufl., Wiesbaden: VS Verlag für Sozialwissenschaften/GWV
    Fachverlage GmbH
Meyers, Reinhard: Klassische Formen der Konfliktbearbeitung. Gleichgewichtspolitik. In: http://
    reinhardmeyers.uni-muenster.de/docs/Krieg%20 Frieden%2011/5)Gleichgewicht.ppt. (letzter
    Aufruf: 12.08.2015)
Meyers, Reinhard: Unterschiedliche Weltsichten in den Internationalen Beziehungen. In: http://
    reinhardmeyers.uni-muenster.de/docs/Weltsichten.ppt (letzter Aufruf: 27.02.2017)
Miall, Hugh 2004: Conflict Transformation: A Multi-Dimensional Task. Berghof Research Center for
    Constructive Conflict Management: www.berghof-handbook.net
Middleeastmonitor.com 2015: Beyond its neutrality: Oman's unique role in Yemen. In: https://www.
    middleeastmonitor.com/20150529-beyond-its-neutrality-omans-unique-role-in-yemen/ (letzter
    Aufruf: 01.05.2016)

Middleeastmonitor.com 2015: The illusion behind the Yemen peace talks. In: https://www. middleeastmonitor.com/20150618-the-illusion-behind-the-yemen-peace-talks/ (letzter Aufruf: 14.12.2016)

Modernes-oman.de: Sultanat Oman. Die politische Entwicklung. In: http://www.modernes-oman. de/oman-ausstellung/politik-oman/politischeentwicklungoman/ (letzter Aufruf: 06.04.2017)

Modernes-oman.de: Zitate seiner Hoheit Sultan Qaboos von Oman. In: http://www.modernes-oman. de/oman-ausstellung/politik-oman/zitate-seiner-hoheit-sultan-qaboos/ (letzter Aufruf: 06.04.2017)

Mohammed VI 2014: Le Discours Historique Du Roi Mohammed VI à Abidjan. In: https://www. youtube.com/watch?v=fC5dCnhdunU (letzter Aufruf : 11.05.2017)

Muscatdaily.com 2015: Dialogue, peace basic principles of Oman: H E Alawi to UN. In: http:// www.muscatdaily.com/Archive/Oman/Dialogue-peace-basic-principles-of-Oman-H-E-Alawi-to-UN-4c75 (letzter Aufruf: 23.01.2017)

Muscatdaily.com 2015: Seminar on Oman's domestic and foreign Policy begins. In: http://www. muscatdaily.com/Archive/Oman/Seminar-on-Oman-s-domestic-and-foreign-policy-begins-4cse (letzter Aufruf: 23.01.2017)

Ncusar.org 1998: Biography of His Majesty Sultan Qaboos bin Said and Schedule of Events October 15. 1998. In: https://ncusar.org/publications/Publications/1998-10-15-Peace-Award-Bio.pdf (letzter Aufruf: 03.04.2017)

Neftchi, Shirvan 2015: Origins of the crisis in Yemen. Caspian report In: https://www.youtube.com/ watch?v=7VGo92WWeJ4 (letzter Aufruf: 20.07.2016)

News.abidjan.net 2013: Maroc: Un royal partenariat avec l'afrique. In: http://news.abidjan. net/h/463873.html (letzter Aufruf: 11.05.2017)

News.abidjan.net 2013: Sa Majesté Mohammed VI, roi du Maroc, est arrivé à Abidjan pour une visite officielle. In: http://news.abidjan.net/h/454679.html (letzter Aufruf: 11.05.2017)

Neyer, Jürgen 2002: Politische Herrschaft in nicht-hierarchischen Mehrebenensystemen. In: Zeitschrift für internationale Beziehungen. Vol. 9

NPT Resolution 1995: Decisions and Resolution adopted at the 1995 NPT Review and Extension Conference. Inventory of International Nonproliferation Organizations and Regimes 2002: Center for Nonproliferation Studies

n-tv.de 2015: Russland will Angriffe auf Jemen stoppen. In: http://www.n-tv.de/politik/Russland-will-Angriffe-auf-Jemen-stoppen-article14841076.html (letzter Aufruf: 12.09.2016)

n-tv.de 2015: Berlin hält Angriffe auf Jemen für „legitim". In: http://www.n-tv.de/politik/Berlin-haelt-Angriffe-im-Jemen-fuer-legitim-article14793306.html (letzter Aufruf: 12.09.2016)

n-tv.de 2015: Huthi-Anführer macht Friedensangebot. In: http://www.n-tv.de/politik/Huthi-Anfuehrer-macht-Friedensangebot-article15643051.html (letzter Aufruf: 18.12.2016)

n-tv.de 2015: Konfliktparteien beschließen Feuerpause. In: http://www.n-tv.de/politik/Konfliktparteien-beschliessen-Feuerpause-article15483041.html (letzter Aufruf: 01.02.2017)

nzz.ch 2015: Politische Lösung scheint möglich. In: http://www.nzz.ch/international/naher-osten-und-nordafrika/politische-loesung-scheint-moeglich-1.18598651 (letzter Aufruf: 12.09.2016)

nzz.ch 2013: Rabat wendet den Blick nach Süden. In: https://www.nzz.ch/rabat-wendet-den-blick-nach-sueden-1.18293084 (letzter Aufruf: 11.05.2017)

nzz.ch 2010: Zaghafte Demokratisierung in Oman. Rasche Entwicklung zu einem modernen Staat unter Sultan Kabus. In: https://www.nzz.ch/zaghafte-demokratisierung-in-oman-1.8925639 (letzter Aufruf: 06.04.2017)

omanobserver.om 2015: Yemen's Houthis ready for talks if airstrikes stop. In: http://omanobserver. om/yemens-houthis-ready-for-talks-if-air-strikes-stop/ (letzter Aufruf: 05.12.2016)

omannews.gov.om 2015: http://www.omannews.gov.om/web/ona/home#/searchnews (letzter Aufruf: 02.12.2016) omannews.gov.om 2015: Minister Responsible for Foreign Affairs Statement. In: http://www.omannews.gov.om/ona_eng/index.html#/searchNews (letzter Aufruf: 25.01.2015)

omannews.gov.om 2015: Foreign Ministry Issues Statement. In: http://www.omannews.gov.om/ona_eng/index.html#/searchNews (letzter Aufruf: 01.02.2017)

omannews.gov.om 2015: Yousef bin Alawi Delivers the Sultanate's Speech before the UN General Assembly 70th Session In: http://www.omannews.gov.om/web/ona/home#/searchnewsDesc/253974 (letzter Aufruf: 06.01.2017)

ourallegiancetosultanqaboos.ae: Biography of His Majesty Sultan Qaboos bin Said. In: http://www.ourallegiancetosultanqaboos.ae/en/biography/ (letzter Aufruf 03.04.2017)

Peaceau.org 2013: AFISMA Transfers its Authority to MINUSMA. In: http://www.peaceau.org/uploads/afisma-transfers-it-authority-to-minusma-01-july-2013.pdf (letzter Aufruf: 30.08.2015)

Pearson, Frederic S. 2014: Arab Approaches to Conflict Resolution. https://www.youtube.com/watch?v=xN7a-LeCKbg (letzter Aufruf: 19.06.2015)

Popp, Roland 2015: Krieg im Jemen: Revolution und saudische Intervention. In: CSS Analysen zur Sicherheitspolitik, Nr. 175, Center for Security Studies, ETH Zürich

Preyer, Gerhard 2008: Zur Neufassung des Problems der moralischen Kommunikation. In: Marburger Forum: Beiträge zur geistigen Situation der Gegenwart. Jg 9, Heft 5

Qantara.de 2012: Experiment Demokratie. In: https://de.qantara.de/content/prasidentenwahl-im-jemen-experiment-demokratie (letzter Aufruf: 20.04.2016)

Qantara.de 2015: Am Abgrund. In: https://de.qantara.de/inhalt/politische-krise-im-jemen-am-abgrund (letzter Aufruf: 26.07.2016)

Reuters.com 2015: Saudi Arabia's coalition against Yemen's Houthis. In: http://www.reuters.com/article/us-yemen-security-coalition-factbox-idUSKBN0MM1A320150326 (letzter Aufruf: 12.05.2016)

Reuters.com 2015: Regierungstruppen im Jemen nehmen wichtigen Militärstützpunkt ein. In: http://de.reuters.com/article/jemen-idDEKCN0Q81PN20150803 (letzter Aufruf: 19.12.2016)

Reuters.com 2015: Coalition attacks Yemen capital after UAE, Saudi soldiers killed. In: http://www.reuters.com/article/us-yemen-security-idUSKCN0R507Y20150905 (letzter Aufruf 2015: 05.01.2017)

Reuters.com 2015: Suicide bombers kill 137 in Yemen mosque attacks. In: http://www.reuters.com/article/us-yemen-attack-bomb-idUSKBN0MG11J20150320 (letzter Aufruf: 21.07.2016)

RFI 2014: Le Mali et son modèle économique marocain. In: http://mali-infos.blog.de/2014/02/26/cooperation-militaire-accrue-entre-le-maroc-et-le-mali-rfi-17808771/ (letzter Aufruf: 31.08.2015)

RFI 2014: Coopération militaire accrue entre le Maroc et le Mali. In: http://mali-infos.blog.de/2014/02/26/cooperation-militaire-accrue-entre-le-maroc-et-le-mali-rfi-17808771/ (letzter Aufruf: 31.08.2015)

RFI 2015: Une délégation de la CMA reçue par la Minusma à Bamako. In: http://www.rfi.fr/afrique/20150823-mali-reunion-crise-bamako-coordination-azawad (letzter Aufruf: 29.10.2015)

Rittberger, Volker/Kruck, Andreas/Romund, Anne 2010: Grundzüge der Weltpolitik. Theorie und Empirie des Weltregierens. Wiesbaden: VS Verlag für Sozialwissenschaften

Rothfuss, Rainer 2011: Geographische Konfliktforschung und Geopolitik: Zukunftsaufgabe Friedenssicherung. In: Jahresheft Geopolitik 2010, 36–45

Safa, Oussama 2007: Conflict Resolution and Reconciliation in the Arab World. Berghof Research Center for Constructive Conflict Management: www.berghof-handbook.net

Sambe, Bakary 2012: Die Krise in Mali. Ursprünge, Entwicklungen und Auswirkungen auf die Subregion. In: KAS Auslandsinformationen, 12/2012 securitycouncilreport.org 2015: Resolution 2216 (2015). In: http://www.securitycouncilreport.org/atf/cf/%7B65BFCF9B-6D27-4E9C-8CD3-CF6E4FF96FF9%7D/s_res_2216.pdf (letzter Aufruf: 02.12.2016)

slateafrique.com 2011: Tamazight, langue officielle du Maroc? In: http://www.slateafrique.com/2605/maroc-mohamed-vi-tamazight-reforme-berbere (letzter Aufruf: 14.10.2015)

statecouncil.om 2015: State Council-taking part in the Arab Parliament meeting in Cairo. In: http://www.statecouncil.om/Kentico/Inner_Pages/News/906.aspx?lang=en-us (letzter Aufruf: 03.012.2016)

Steinberg, Guido 2015: Avantgarde des internationalen Terrorismus. In: SWP-Aktuell 87. Berlin, Stiftung Wissenschaft und Politik

Tagesspiegel.de 2015: Amazigh – die Sprache der Berber wird Amtssprache. In: http://www.tagesspiegel.de/kultur/kulturelle-vielfalt-marokkos-amazigh-die-sprache-der-berber-wird-amtssprache/11715408.html (letzter Aufruf: 04.04.2017)

Theguardian.com 2015: Houthi rebels release American journalist held in Yemen. In: https://www.theguardian.com/world/2015/jun/01/houthi-rebels-american-hostage-yemen-oman (letzter Aufruf: 07.02.2017)

thenational.ae 2015: Praise for Oman's role as region's mediator. In: http://www.thenational.ae/world/middle-east/praise-for-omans-role-as-regions-mediator (letzter Aufruf: 21.04.2016)

timesofoman.com 2016: Iran optimistic about gas pipeline's extension to Oman, says Iranian minister. In: http://timesofoman.com/article/80112/Oman/Government/Iran-optimistic-about-gas-pipeline's-extension-to-Oman-says-Iranian-Minister (letzter Aufruf: 01.05.2016)

tribusdumaroc: tribus anciennes. In: http://tribusdumaroc.free.fr/tribusanciennes. php (letzter Aufruf: 08.10.2015)

tribusdumaroc: Zenega. In: http://tribusdumaroc.free.fr/zenaga.php (letzter Aufruf: 14.10.2015)

tribusdumaroc: Sanhaja. In: http://tribusdumaroc.free.fr/sanhaja.php (letzter Aufruf: 14.10.2015)

Tull, Denis M. 2016: Mali. Friedensprozess ohne Stabilisierung. In: SWP-Aktuell 75. Berlin: Stiftung Wissenschaft und Politik

Ucdp.uu.se: Uppsala Conflict Data Program. Number of Conflicts 1975-2015. In: http://ucdp.uu.se/ (letzter Aufruf: 22.04.2017)

UN-Charta: Charta der Vereinten Nationen und Statut des Internationalen Gerichtshofs. In: Bundesgesetzblatt 1973 II, Bonn Juni 1973, S. 505–531

United Nations, General Assembly/Security Council 2001: Prevention of armed conflict. Report of the Secretary-General. United Nations A/55/985-S/2001/574

United Nations, Generalversammlung 2009: Umsetzung der Schutzverantwortung. Bericht des Generalsekretärs. United Nations A/63/677

UN Resolution 55/2: United Nations Millenniums Declaration. General Assembly, 55th session, United Nations A/RES/55/2, September 2000

usinenouvelle.com 2014: La visite de Mohammed VI au Mali à travers la presse. In: http://www.usinenouvelle.com/article/la-visite-de-mohammed-vi-au-mali-a-travers-la-presse.N242827 (letzter Aufruf: 17.09.2015)

Van Ess, Josef 1991: Theologie und Gesellschaft im 2. und 3. Jahrhundert der Hidschra. Eine Geschichte des religiösen Denkens im frühen Islam. Bnd 2, Berlin: De Gruyter

Valeri, Marc 2014: Oman's mediatory efforts in regional crisis. In: Expert Analysis. NOREF – Norwegian Peacebuilding Resource Centre, March 2014

Waltz, Kenneth N. 2000: Structural Realism after the Cold War. In: International Security. Vol. 25, Nr. 1, 5–41

Warweg, Kathrin 2014: Somalische Flüchtlinge in Interessenkonflikten. Hintergründe der aktuellen Flüchtlingspolitik von Kenia und Somalia. FernUniversität in Hagen. München: GRIN Verlag

Washingtonpost.com 2015: Houthi rebels in Yemen are holding multiple Americans prisoner. In: https://www.washingtonpost.com/world/national-security/houthi-rebels-in-yemen-are-holding-multiple-americans-prisoner/2015/05/29/ac349cc8-0618-11e5-8bda-c7b4e9a8f7ac_story.html?utm_term=.963c5f0c8473 (letzter Aufruf: 07.02.2017)

Webtv.un.org 2015: Qatar, Yemen and Saudi Arabia on Yemen Security Council Media Stakeout. In: http://webtv.un.org/meetings-events/security-council/watch/qatar-yemen-and-saudi-arabia-on-yemen-security-council-media-stakeout-14-april-2015/4172617670001 (letzter Aufruf: 04.12.2016)

Webtv.un.org 2015: Jamal Benomar (Special Adviser to the Security General) on Yemen – Security Council Media Stakeout. In: http://webtv.un.org/watch/jamal-benomar-special-adviser-to-the-secretary-general-on-yemen-security-council-media-stakeout-27-april-2015/4199486038001 (letzter Aufruf: 11.12.2016)

Wendt, Alexander 1999: Social Theory of International Politics. Cambridge: University Press

Wendt, Alexander 1992: Anarchy is what States Make of it: The Social Construction of Power Politics. In: International Organization. Cambridge: University Press, Vol. 46, Nr. 2, 391–425

Welt.de 2015: Neue Friedensverhandlungen für Jemen auf der Kippe. In: https://www.welt.de/newsticker/news2/article146349335/Neue-Friedensverhandlungen-fuer-Jemen-auf-der-Kippe.html (letzter Aufruf: 18.12.2015)

World Economic Forum 2016: The Global Risk Report. 11th Edition. Genf: World Economic Forum

World Risk Report 2016: Focus: Logistics and Infrastructure. Berlin: Bündnis Entwicklung Hilft & Bonn: United Nations University – Institute for Environment and Human Security

Worldstatesmen.org: Map of North Yemen. In: http://www.worldstatesmen.org/yemen-sana.jpg (letzter Aufruf: 24.05.2017)

yabiladi.com 2012: Le Maroc sous-exploite ses ressources en or, en étain et en diamants. In: http://www.yabiladi.com/articles/details/8190/maroc-sous-exploite-ressources-etain-diamants.html (letzter Aufruf: 16.09.2015)

yabiladi.com 2015: Mali: Les alliés touaregs du Maroc boycottent la signature de l'accord d'Alger In: http://www.yabiladi.com/articles/details/35926/mali-allies-touaregs-maroc-boycottent.html (letzter Aufruf: 28.10.2015)

Yassine-Hamdan, Nahla/Pearson, Frederic S. 2014: Arab Approaches to Conflict Resolution. Mediation, Negotiation and Settlement of political Disputes. New York: Routledge

Yementimes.com 2014: Peace and National Partnership Agreement signed. In: http://www.yementimes.com/en/1818/news/4365/Peace-and-National-Partnership-Agreement-signed.htm (letzter Aufruf: 11.12.2016)

Young, M.J.L. et al. 1990: Religion, Learning and Science in the 'Abassid Period. New York: Cambridge University Press

ZDF Dokumentation 2013: Der Weg zum Terrorismus. In: https://www.youtube.com/watch?v=myqlPz1naS0 (letzter Aufruf: 11.03.2017)

Zeit.de 2015: Der Kampf um den Jemen beginnt erst. In: http://www.zeit.de/politik/ausland/2015-03/jemen-intervention-saudi-arabien-krieg (letzter Aufruf: 25.07.2016)

Zeit.de 2015: Huthi-Rebellen lassen westliche Geiseln frei. In: http://www.zeit.de/politik/ausland/2015-09/geiseln-jemen-wieder-freigelassen-oman-sanaa (letzter Aufruf: 18.12.2016)

Zeit.de 2015: Rebellen sagen Freilassung ranghoher Geiseln ab. In: http://www.zeit.de/politik/ausland/2015-12/jemen-buergerkrieg-rebellen-geiseln (letzter Aufruf: 01.02.2017)

Zeit.de 2015: UN erklären Jemen-Friedensverhandlungen für gescheitert. In: http://www.zeit.de/politik/ausland/2015-12/jemen-buergerkrieg-friedensverhandlungen-schweiz-gescheitert (letzter Aufruf: 01.02.2017)

Zeit.de 2007: Majestät wünschen Emanzipation. In: http://www.zeit.de/2007/06/Marokko/komplettansicht (letzter Aufruf: 06.04.2017)

Zeit.de 2016: Demokratie stiftet keine Identität. In: http://www.zeit.de/2016/13/francis-fukuyama-politikwissenschaftler-populismus-usa (letzter Aufruf: 11.04.2016)

Zeit.de 2014: Das Geschäft läuft gut. In: http://www.zeit.de/2014/53/krieg-geld-profit-rebellen (letzter Aufruf: 28.4.2017)

20min.ch 2012: Die heikle Meerenge. In: http://www.20min.ch/ausland/news/story/23685073 (letzter Aufruf: 02.05.2016)

Anhang

Anhang 1: Das Reich der Saadier im Jahr 1630

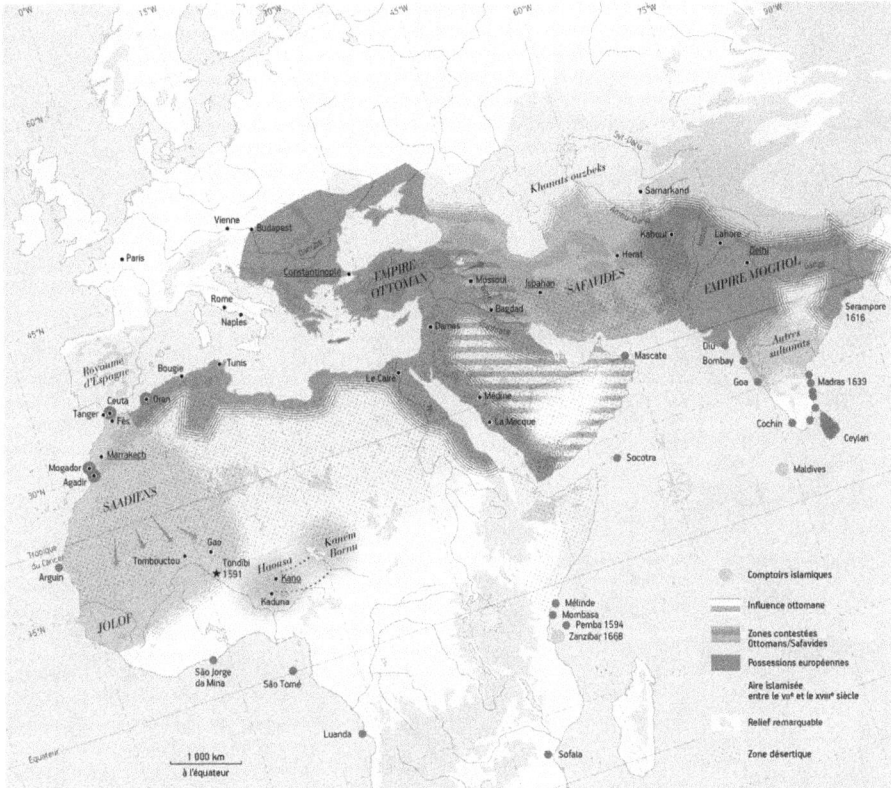

Quelle: Carte réalisée par l'Atelier de cartographie de Sciences Po pour le Département des arts de l'Islam, musée du Louvre ; coédition musée du Louvre/édition Hazan.

https://doi.org/10.1515/9783110481471-009

Anhang 2: Arabische Republik Jemen nach 1977

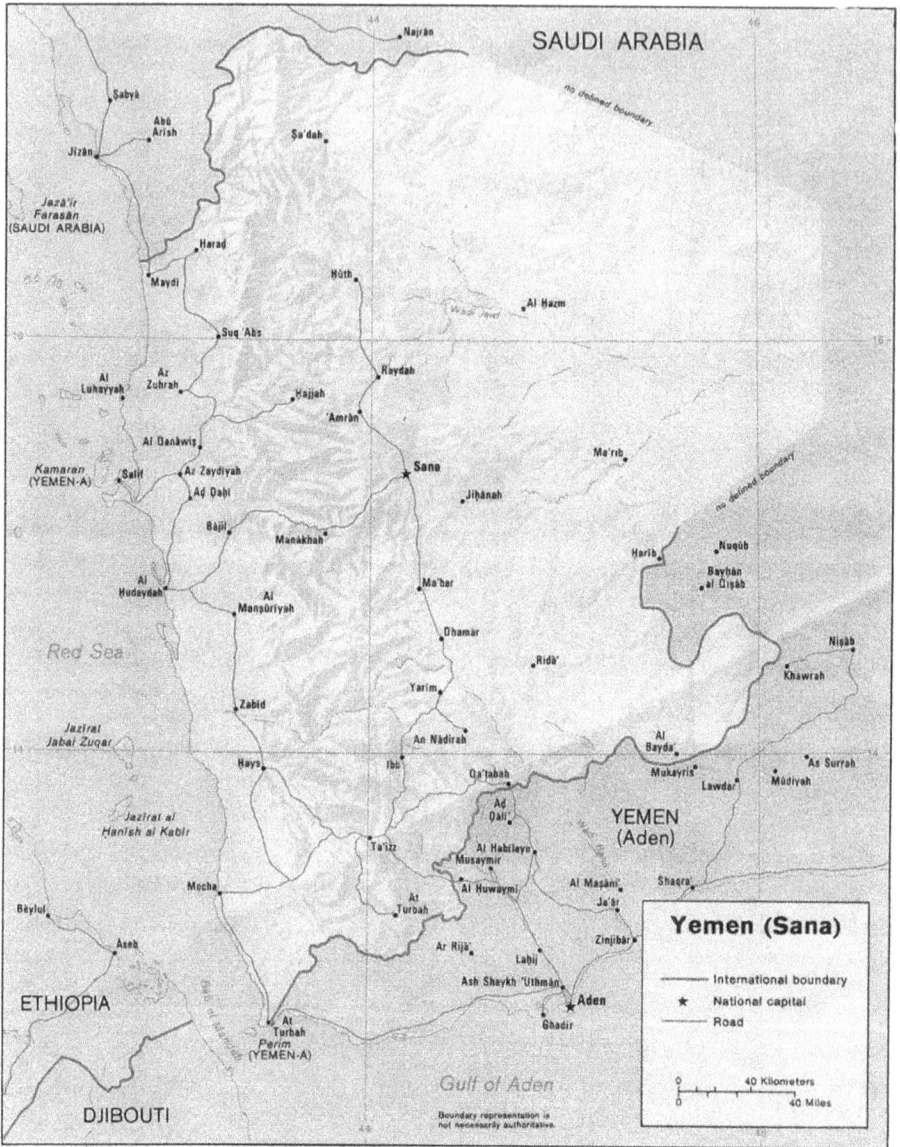

Quelle: Free to use U. S. government document (vgl. worldstatesmen.org: Yemen-Sana).

Anhang 3: Südjemen nach 1968

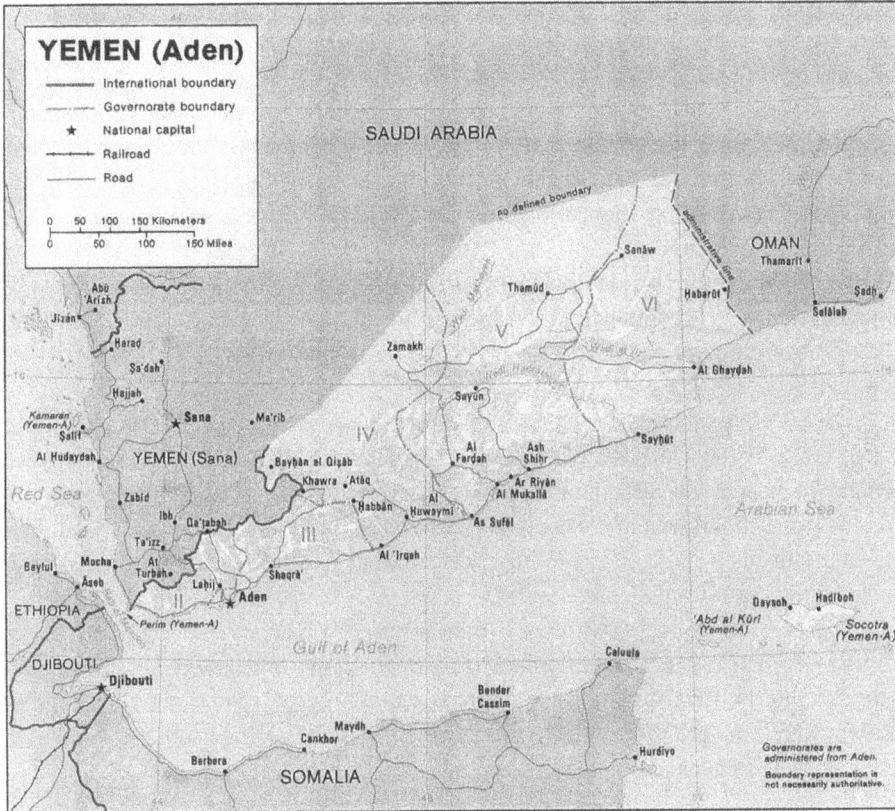

YEMEN (Aden)
- International boundary
- Governorate boundary
- ★ National capital
- Railroad
- Road

0   50   100 150 Kilometers
0   50   100 150 Miles

SAUDI ARABIA

no defined boundary

OMAN

SOMALIA

Quelle: Free to use U. S. government document (vgl. worldstatesmen.org: Yemen-Aden).

Anhang 4: Die Rede des Sultanats vor der UN-Generalversammlung, gehalten von Yousef bin Alawi, New York, 03. Oktober 2015 (vgl. omannews.gov.om 2015; muscatdaily.com 2015: Dialogue).

H. E. Mr. Mogens Lykketoft,

It gives me great pleasure, at the outset of my statement, to extend the warmest congratulations to you and your friendly country, the Kingdom of Denmark, on your election as President of the 70th Session of the United Nations General Assembly. We are confident that your experience in Diplomatic work will have a great impact on the success of this session.

We assure you of our readiness to work with you and the entire delegations of Member States to accomplish all desired goals and objectives, particularly, maintaining of international peace and security, and the achievement of sustainable development.

We are also pleased to express our appreciation to your predecessor, H. E. Mr. Sam Kutesa, Foreign Minister of the friendly Republic of Uganda, for the manner with which, he steered the work of previous Session. I would like to seize this opportunity to renew our confidence in the Secretary-General of the United Nations, H. E. Mr. Ban Ki-moon for his tireless efforts to improve the work of the Organization, in order to meet the aspirations of Member States.

This session coincides with the Seventieth Anniversary of the establishment of United Nations. This occasion represents an opportunity to renew our confidence in the joint international action, through the adoption of positive initiatives by Member States, which would contribute to the establishment of an International Economic Order, based on justice for all States and nations.

Mr. President,

Since the dawn of the Omani Renaissance, on 23 July 1970, we in the Sultanate of Oman have embraced peace and dialogue as basic principles. We are convinced that dialogue is the natural foundation upon which all forms of conflict can be resolved. Throughout history, mankind has aspired to enhance confidence on the basis of agreed and conciliatory ideas, and that principles of the United Nations Charter deepen and widen common interests and mutual benefits. We also believe that dialogue is the best way to settle disputes by peaceful means, instead of, resorting to confrontations and conflicts.

From this stand point, my country welcomes the agreement reached between the Group of 5+1 and the friendly Islamic Republic of Iran, on the nuclear program. Despite the fact that this breakthrough took considerable amount of time and great efforts, but it constitutes a model for solving controversial and complicated issues between countries, on the basis of dialogue and negotiations and regulating of international interests. We hope that this historic agreement would reflect positively on regional and international peace and security, and pave the way for a new area of relations, based on cooperation, respect, and mutual trust.

Mr. President,

The raising of the flag of the State of Palestine, as an observer State to the United Nations, despite its symbolic gesture; reminds us of the tragedy of Palestinian people and their aspiration to attain their legitimate rights. We call on the Palestinians and the Israelis alike to return to the negotiating table, and to work on achieving the two-independent States' vision, living side by side, through steps that would secure the interests of both parties, based on the pillars of the Arab Peace Initiative and relevant international resolutions. We also call upon the United Nations and the parties sponsoring the peace process, in the Middle East, to exert more efforts, so as to reach an agreement for settling this crisis, instead of merely proceeding with managing it.

My country also follows with great concern the developments of the crisis, in the brotherly Republic of Yemen, that resulted in disastrous humanitarian tragedies. While we understand the circumstances that led to igniting this crisis, we believe that the political parties in Yemen are still able to restore security and stability. In this respect, we are deeply concerned that the continuation of violence in Yemen has enabled several terrorist organizations, including those on the United Nations watch lists, to use Yemen as a base for their terrorist activities, which poses a direct threat to the Region's security and stability.

We call upon all political forces in Yemen to support the efforts of UN Secretary-General's Special Envoy, Ismail Ould Alsheikh Ahmed to contribute in restoring peace and stability in the Republic of Yemen, and to achieve the aspirations of the Yemeni people in a safe and dignified life.

My country expresses its strong condemnation of targeting diplomatic and consular premises in Yemen's capital, Sana'a. We call on all parties to respect the rules of international law and refrain from any act that violates their international obligations, particularly, those set forth in the Vienna Convention on Diplomatic Relations of year 1961 and the Vienna Convention on Consular Relations of year 1963.

Mr. President,

As the Syrian crisis entered its fifth year, the Syrian people continue to suffer; hundreds of thousands have left their homes and risked their lives in unprecedented circumstances in modern history. We call upon all Syrian parties and neighboring countries to support the task of UN Secretary-General's Special Envoy, Stefan de Mistura, to restore security and stability to this brotherly country, and contribute in eradicating terrorism, which was able to find a foothold in Syria and currently poses a threat on the regional and international security. My country reiterates its uncompromising stance in condemning all forms of terrorisms, irrespective of their causes and motivations.

While we commend the efforts made by countries, regional, and international organizations to alleviate the humanitarian suffering of the Syrian people, we appeal to them to exert more efforts, in order to provide protection to the brotherly Syrian people at home and abroad. In this respect, we would like to emphasize the continuation of humanitarian program offered by the Sultanate of Oman to help the Syrian refugees.

Mr. President,

My country stresses the importance of maintaining the universality of nuclear non-proliferation regime. This can only be achieved through consolidating the three pillars of the Non-proliferation Treaty (NPT), namely, nuclear disarmament, nuclear non-proliferation, and peaceful uses of nuclear energy.

In this context, we call upon the sponsors of the NPT to fully implement the Resolution of the 1995 NPT Review Conference, regarding the Middle East a free region from nuclear weapons and weapons of mass destruction. This will help safeguard the credibility and universality of this important treaty.

Mr. President,

The General Assembly Resolution 2/55 containing the Millennium Declaration, is considered one of the important documents that set forth an ambitious international program to assist countries achieve high levels of economic and social development. However, the deficiency of the global economy over the past twenty years has led to serious social repercussions, including the increase in numbers of job seekers, which crippled the ability of many countries to achieve the Millennium Development Goals.

Bearing this in mind, we call upon the International Community to put the issues of economy, commerce, and environment at the forefront of urgent issues that need to be addressed; first and foremost, the international commerce of energy, since it's of necessity to organize the international trade in energy, specifically, the price of oil and its by-products.

My country is looking forward to convening the international conference on climate in the French Republic. We hope that participant countries would agree on a balanced international program that takes into account the concerns and interests of all developing and developed countries.

In conclusion, Mr. President, we face real challenges that we should resolutely confront, in order to prevent jeopardizing development, in a manner that helps achieve the Millennium Development Goals. Hence, we believe that the next phase of joint international action requires deepening a genuine concept for partnership and shared destiny, among the members of international community. We hope this session succeeds and that the goals of the United Nations are accomplished.

Quelle: Free to use U. S. government document (vgl. worldstatesmen.org: Yemen-Sana).

Index

https://doi.org/10.1515/9783110481471-010

Über die Autorin

Kathrin Warweg ist Politikwissenschaftlerin und Leadership-Development-Trainerin. Sie hat in NGOs und Institutionen der Internationalen Zusammenarbeit im Forschungs- und Fortbildungsbereich und in der Projektentwicklung gearbeitet. Sie hat zahlreiche lokale, regionale und nationale Projekte in den Bereichen Bildung und Governance entwickelt und Führungskräfte in der partizipativen und nachhaltigen Projektentwicklung in Deutschland und Afrika geschult. Ihre wissenschaftlichen Arbeiten inspirierten Forschungsprojekte an der FernUniversität in Hagen und am Wissenschaftszentrum Berlin für Sozialforschung (WZB).

www.ingramcontent.com/pod-product-compliance
Lightning Source LLC
Chambersburg PA
CBHW080132270326
41926CB00021B/4457